Detlef Bald / Jakob Knab (Hg.)

Die Stärkeren im Geiste
Zum christlichen Widerstand der Weißen Rose

KLARTEXT

DETLEF BALD / JAKOB KNAB (Hg.)

DIE STÄRKEREN IM GEISTE

Zum christlichen Widerstand der Weißen Rose

Geleitwort von Hans Maier

mit Beiträgen von Detlef Bald, Jakob Knab, Hinrich Siefken und Renate Wind

Impressum

1. Auflage Januar 2012
Lektorat, Register, Satz: draft fachlektorat frieden, Wilhelm Nolte, Berlin
Umschlaggestaltung: Volker Pecher, Essen
Druck: leibi, Neu-Ulm
Klartext Verlag, Essen 2012
ISBN 978-3-8375-0660-0

www.klartext-verlag.de

Inhalt

Geleitwort

HANS MAIER

Das Feld des Widerstands ist weit, ja uferlos. Es reicht von Nonkonformität und Verweigerung bis zu Protest, Rebellion und – im äußersten Fall – Verschwörung, Attentat und Umsturz. Die Forschung hat dieses Feld im Laufe der Zeit stark ausgeweitet. Dabei hat sich auch der Widerstandsbegriff gewandelt: Er wurde aus einer Ausnahmeerfahrung immer mehr zu etwas, was im Alltäglichen angesiedelt war – er wanderte gewissermaßen von den Gipfeln und Höhenwegen ins Tal. Die ersten Darstellungen – Rothfels, Ritter – folgten noch einer Höhenlinie, sie beschrieben Extremsituationen, sie hatten einen Widerstand im Auge, der unmittelbar auf den Sturz des Regimes zielte: Der militärische Widerstand nahm einen zentralen Platz ein, bloß gedankliche Resistenz oder Beschränkung auf die „Stunde danach" rückten eher an den Rand. Die Einteilungen waren einfach: Rothfels etwa unterschied tatsächliche Nazis, nominelle Nazis, Nichtnazis und Antinazis: Nur in der letzten Gruppe der Antinazis gab es seiner Meinung nach Widerstand (der sich in der vorletzten Gruppe der Nichtnazis allenfalls vorbereitete). Ähnlich verfuhren die ersten, stark biografisch gefärbten Werke kirchlicher Zeitgeschichte, für die ich stellvertretend die Namen Johannes Neuhäusler und Wilhelm Niemöller nenne.

Dann setzte in den Sechzigerjahren – nach den katalytischen Wirkungen der Kritik an der „Kirchenkampflegende" im evangelischen Bereich, dem bekannten Hochland-Aufsatz von Ernst Wolfgang Böckenförde (1961) und vor allem dem „Stellvertreter" von Rolf Hochhuth (1963) – eine neue Phase ein. Sie war gekennzeichnet einerseits durch eine zunehmende Problematisierung der anfänglichen, in Nachkriegspolitik wie Forschung vorausgesetzten engen Verbindung von Kirchen und Widerstand, anderseits durch ein zunehmendes Interesse der Forschung an bisher wenig untersuchten Seiten des Widerstands: Kleinformen der Verweigerung im Alltag, lokalen und regionalen Bewegungen, anonymen Gruppen, namenlosen Helden, Imprägnierungen durch Tradition und Milieu. Während die Helden vielfach vom Sockel herabstiegen (oder gewaltsam herabgerissen wurden), wurde der Widerstand erstmals unter Einbeziehung statistischer und soziografischer Methoden, „in der Fläche" untersucht, wobei das Bayern-Projekt ein theoretisch wie praktisch vielbeachtetes Muster wurde. Martin Broszat hat aus seiner mehrjährigen Arbeit an diesem Projekt nicht nur die generelle Konsequenz einer „Historisierung des Nationalsozialismus" abgeleitet, er hat auch speziell für die Widerstandsforschung Differenzierungen vorgeschlagen, die den Monolith „Widerstand" in eine Vielzahl resistenter Einzelelemente aufsplitterten. Das führte dann freilich rasch auch an Grenzen, zumal da die vorgeschlagene Wortbildung „Resistenz" – ans Medizinische anklingend – in anderen Sprachen als Kontrast zu Widerstand kaum brauchbar war.

Die dritte Phase, bis heute andauernd, versuchte die zerstreuten Elemente von Widerständigkeit neuerlich zu sammeln und in eine systematische Abfolge zu integrieren. Sie war und ist im Wesentlichen eine Auseinandersetzung um Theoriekonzeptionen des Widerstands. Sie hat zahlreiche Modelle entwickelt, in denen das Begriffsfeld Widerstand abgestuft und differenziert wurde – ich erinnere nur an Namen wie Hoffmann, Hockerts, Gotto, Repgen, Bethge, Löwenthal, Kleßmann, Becker, Steinbach, van Roon. Der ursprüngliche enge Widerstandsbegriff ist am Ende zumindest in der deutschen Forschung deutlich in der Minderheit geblieben: Konsequent vertritt ihn heute nur noch Thomas Breuer, der sich explizit gegen jede Abstufung des Begriffs ausgesprochen hat. Dass er sich dabei an Ian Kershaw anlehnt, ist kein Zufall: Die angelsächsische Widerstandsforschung hat immer an einem engeren politisch-militärischen Widerstandsbegriff festgehalten, während die kontinentale Historie fast durchweg weitere und abgestufte Konzepte verwendete. Das ist vor dem Hintergrund eines totalitären Staatsbildes konsequent: Für den NS-Staat war ja jede Regung von Dissidenz, Protest, Opposition schon „Widerstand"; die Totalpolitisierung aller Lebensbereiche ließ keinen Spielraum übrig für politische Opposition und bürgerliche Öffentlichkeit. Dagegen ist die angelsächsische Rechtskultur bis heute gewohnt, den Widerstand als Sonderfall vom Normalfall bürgerlicher Opposition abzuheben; – weshalb noch Hans Rothfels von „German Opposition" sprechen musste, um sich seinen amerikanischen Lesern verständlich zu machen, wohl wissend, dass in einem totalitären Regime auch die leiseste Opposition schon Widerstand – und im Sinne des Regimes Hochverrat – war.

Ein weiter gefasster Widerstandsbegriff ist wohl nach allgemeiner Einschätzung nötig, um an die Vielzahl individueller Erscheinungen von Widerspruch, Protest, Auflehnung heranzukommen – auch an jene, die dem offenen Bruch mit dem Regime vorausliegen und die eher Haltungen, Einstellungen umschreiben als auf Umsturz zielende Aktionen. Das gilt, wenn ich recht sehe, in besonderem Maße auch für den christlichen Widerstand, der auf weite Strecken vorbereitenden, konditionierenden, begleitenden, bestärkenden Charakter hatte, – ohne dass er freilich im Einzelfall die letzte Konsequenz, den offenen Kampf, das Risiko für Leib und Leben ausschloss.

Zur Motivation des Widerstands

„Das Gewissen steht auf" heißt ein früher weit verbreiteter Buchtitel der Widerstandsliteratur. Er weist auf den Einzelnen und seine freie Entscheidung hin – ein Gesichtspunkt, den man schon deshalb nicht außer Acht lassen darf, weil deutsche Widerstandskämpfer fast stets Einzelkämpfer waren, weil es für den deutschen Widerstand den „sicheren Hafen des Nationalen" (Klemens von Klemperer) nicht gab. Aber wie sahen die motivierenden Kräfte im einzelnen aus? Wo berührten sie – über die wichtigen, nicht zu unterschätzenden Überlieferungen des „Anstands", der „Ehre", der „Verantwortung" hinaus – das spezifisch Christliche? Lassen sich bei Menschen im Widerstand christliche Motive identifizieren? Treten sie nur individuell und punktuell auf, sei es als Rückgriff auf verschüttete Kindheitserinnerungen, sei es in Momenten zeitgeschichtlich oder biografisch bedingter religiöser Erregung und Erschütterung, sei es in der Suche nach Orientierung, nach einem festen Grund (erinnert sei an ökumenische Begegnungen, an Neuentdeckungen religiöser Literatur, an Zuwendungen zu Liturgie und Gebet, an Konversionen)? Gibt es gar in den religiösen Motivationen Ähnlichkeiten, eine gemeinsame (wenn auch vielleicht im Einzelfall konfessionell differenzierte) Struktur? Oder stärker personell gefragt: Was verband christliche Einzelne im Widerstand miteinander? Was verband den evangelischen Theologen Dietrich Bonhoeffer mit dem katholischen Bauern und Kriegsdienstverweigerer Franz Jägerstätter, den Gutsherrn von Moltke mit dem Sozialisten Haubach, den Prediger Rupert Mayer mit dem Historiker Gerhard Ritter, Sophie Scholl mit Eleonore von Trott? Von der Antwort auf solche Fragen hängt es wesentlich ab, ob man von „christlichem Widerstand" als einer eigenen Kategorie des Widerstands sprechen kann – vielleicht sogar sprechen muss.

Widerstand in einem totalitären Staat war kein gebahnter Weg. Wer sich auf ihn einließ, machte sich auf eine ungewisse und gefährliche Reise. Er musste nicht nur kirchliche Traditionen überdenken, die jahrhundertelang nahezu unbefragt gegolten hatten – Römer 13, die Zwei-Reiche-Lehre –; er fand in der theologischen Überlieferung auch wenig Wegweisung für den Extremfall aktiven Kampfes gegen den Staat. So standen die zum Widerstand Entschlossenen den Ungeheuerlichkeiten des Nazismus oft ohne schlüssige Auskunft gegenüber. Dies zwang sie, unmittelbar an Traditionen der Scholastik – oder der Reformation – anzuknüpfen. Es kam im Widerstand zu einer Renaissance rechtsphilosophischen und -theologischen Denkens. Was im Zeitalter des staatsrechtlichen Positivismus aus den Lehrbüchern und aus dem akademischen Unterricht getilgt worden war, die Tyrannis- und Widerstandslehren der klassischen Theorie, aber auch die theologischen Überlieferungen der anomia, der Perversion gerechter Herrschaft, und die sich anschließenden Tyrannenmord-Lehren, das lebte wenigstens in Bruchstücken wieder auf. Manch einem gelang es mit Hilfe solcher Überlieferungen, wenigstens erste Anhaltspunkte für ein neues verantwortliches

Denken und Handeln zu finden – in einer zerstörten Welt, in der die alten Orientierungen nicht mehr galten. Eschatologisches Denken wurde neu entdeckt. „Die große Maskerade des Bösen", schrieb Dietrich Bonhoeffer 1942, „hat alle ethischen Begriffe durcheinander gewirbelt. Dass das Böse in der Gestalt des Lichts, der Wohltat des geschichtlich Notwendigen, des sozial Gerechten erscheint, ist für den aus unserer tradierten ethischen Begriffswelt Kommenden schlechthin verwirrend: für den Christen, der aus der Bibel lebt, ist es gerade die Bestätigung der abgründigen Bosheit des Bösen."

Es wäre eine lohnende Aufgabe zu untersuchen, wie bei Teilnehmern des Widerstands anfangs noch vage, eher gefühlshafte Motivationen durch eine Bewegung hin zum Institutionellen, zu Kirche und Glauben, geklärt und objektiviert wurden, wie der subjektive Impuls, der am Anfang stand, allmählich in breitere, verbindlichere Strukturen einging – bis hin zur Neuentdeckung von Tyrannis, Kaiseropfer, Apokalypse, Kirchengemeinde, Arkandisziplin, Martyria. Man müsste zu diesem Zweck historische, politikwissenschaftliche und theologische Fragestellungen miteinander verbinden. Die einzelnen Elemente liegen längst bereit. Wer integriert sie in eine umfassende Kirchen- und Staatsgeschichte, Strukturelles und Biografisches verschmelzende Darstellung?

Zur Frage nach dem Verhältnis von Einzelnen und Kirche im Widerstand

Auch hier gilt es, die frühen und oft einseitigen Thesen und Antithesen der fünfziger und sechziger Jahre zu überwinden, die z. T. noch immer in den Köpfen herumspuken – sie zu ersetzen durch ein quellennäheres und differenzierteres Bild. Für die ersten Darstellungen aus der Sicht der Zeitzeugen waren Kirche und Widerstand fast Synonyme – der Heroismus christlicher Einzelner schien gegründet auf die Widerständigkeit der Kirche im ganzen. Im evangelischen Bereich wurde der Kirchenkampf vielfach bruchlos mit politischem Widerstand gegen das NS-Regime identifiziert. In der Sicht vieler Katholiken war die Zeit des Dritten Reiches ein Titanenkampf zwischen „Kreuz und Hakenkreuz". Diese Wahrnehmung wirkte in die Nachkriegsgeschichte und -politik hinein: Die Kirchen galten im Nachkriegsdeutschland als unbelastet und von den Ereignissen nicht kompromittiert; ihr öffentlichrechtlicher Status war – im Unterschied zur Zeit nach 1918 – nie ernstlich gefährdet: Sie wuchsen unter den Verhältnissen nach 1945 – in einer von Existenznöten geschüttelten Gesellschaft und einem weithin entleerten staatlichen Bereich – fast selbstverständlich in eine Art von politisch-moralischer Stellvertretung hinein. Das allgemeine Klima war freundlich. Ausfälle gegen die Kirchen, wie sie vereinzelt vorkamen, fielen auf die Urheber zurück. Die Kirchen konnten auf ihre Helden, ihre Martyrer verweisen; und nur vereinzelt wurde die Frage gestellt, ob dies alles zu Recht geschah – ob sie dem

Mut und der Entschlossenheit christlicher Einzelner in der kritischen Zeit stets die nötige Deckung und Hilfe geboten hatten.

Die Vorstellung einer Realunion von Kirche und Widerstand wurde in den sechziger Jahren von Grund auf erschüttert. Die Stimmung sprang ins Gegenteil um: Die Kirchen, so sagten nun viele, hätten sich mit dem NS-Staat arrangiert, wirklichen Widerstand hätten in ihnen nur Einzelne geleistet – oft gegen ihre kirchlichen Obrigkeiten und daher doppelt „zwischen den Stühlen“. Man entdeckte in jenen Jahren nicht nur die Breite und Vielfalt von Widerstand und Widerständigkeit – davon war schon die Rede –, man entdeckte auch die Einsamkeit und Verlassenheit derer, die gegen den NS-Staat kämpften und ihr Leben wagten. Sie waren für ihre Kirchen, so sah man, oft eine Verlegenheit, eine blutige Verlegenheit gewesen – so wie es christlichen Zeugen zu vielen Zeiten kirchlicher Geschichte widerfahren war. Durften sich die Kirchen nachträglich auf ihr Zeugnis berufen? Sollten sie nicht eher über dieses trübe Kapitel schweigen? Eines jedenfalls schien festzustehen: Der Widerstand hatte vor den Toren der Kirche haltgemacht. Die These lautete: Es gab wohl christliche Einzelne im Widerstand, nicht aber Kirchen oder kirchliche Einrichtungen.

Inzwischen sind wiederum Jahrzehnte vergangen, und die schroffen Antithesen – hier eine ganze Kirche im Widerstand, dort allenfalls ein versprengtes Häuflein verlassener Einzelner außerhalb der Kirche, ja gegen sie – haben differenzierteren Bildern Platz gemacht. Wir sehen heute den Widerstand von Christen im Dritten Reich in seiner ganzen Komplexität und seinen Widersprüchen: Er war nicht denkbar ohne den Rückhalt kirchlicher Institutionen, ohne die Integrität von Sphären und Lebensformen, die nicht gleichgeschaltet waren; er setzte die Existenz von „Kirche“ voraus – ganz abgesehen von der Wirkung kirchlicher Herkünfte und Traditionen bei den Einzelnen und der oft bezeugten Entschlossenheit, für die Kirche zu handeln und handeln zu müssen. Jedoch: Dieser Widerstand war nicht ein Widerstand der Kirche; es waren Einzelne in der Kirche, die ihn riskierten, manchmal unter schweigender Zustimmung der Mehrheit der Mitchristen, in seltenen Fällen unter ausdrücklicher Ermunterung, ja Beauftragung durch kirchliche Instanzen. In den meisten Fällen aber in einem freien Glaubenswagnis ohne Auftrag von oben, bestenfalls in der Hoffnung auf Verteidigung im Ernstfall oder – als Minimum – auf nachträgliche Deckung durch die Gemeinde. Man muss es nüchtern sehen: Die Vorstellung, dass eine Kirche sich als ganze „in den Widerstand begibt“, ist wenig realistisch.

Heinz Hürten hat zu Recht bemerkt, Widerstand als politische Kategorie lege das Handeln der Kirche einseitig auf die politische Sphäre fest und verenge und überfordere sie damit. Kirche als Institution kann sich verweigern, sie kann dem Allverfügungs- und Absorptionswillen des totalitären Staates widersprechen – das ist schon viel. Sie schafft damit Voraussetzungen für möglichen Widerspruch und Widerstand oder bescheidener: für das in solchen Situationen geforderte Zeugnis von Einzelnen. Ein solches Zeugnis kann nicht im luftleeren Raum geleistet werden, es setzt ein Minimum an institutionellem Rückhalt voraus. Der NS-Staat wusste das sehr wohl; es ist kein Zufall, dass er Opposition und Widerstand mit allen Kräften in die Anonymität und Vereinzelung zu drängen suchte. Selbst die altchristliche Martyria war noch am Zeugnis im öffentlichen Gerichtsverfahren orientiert: Der neronische Zirkus und das Kolosseum waren öffentliche Plätze. Dagegen dürften die Martyrer des 20. Jahrhunderts überwiegend in Anonymität und Einsamkeit gestorben sein.

Historiker können kein Urteil darüber sprechen, was in einer gegebenen politischen Situation „richtiges kirchliches Handeln" gewesen wäre. Sie können aber herausarbeiten, welches Kirchenbild und Kirchenbewusstsein sich – oft unbewusst – hinter den mannigfachen Varianten kirchlichen Verhaltens in einer totalitären Diktatur verbarg. Sie können auch die Schwierigkeiten des Widerstands sichtbar machen, die in den staatlichen Überlieferungen in Deutschland lagen, im eingewurzelten Vertrauen zu einer „guten Obrigkeit", in der Unfähigkeit, mit der Perversion gerechter Herrschaft, dem Unrechtsstaat, der Tyrannis auch nur von fern zu rechnen. Für viele, auch für Christen, waren das „Tier aus der Tiefe", die „pompa diaboli", der „Tyrannus improbus" unbekannte Größen geworden, und niemand rechnete ernstlich mit ihrem plötzlichen Erscheinen. So wie aus dem positiven Staatsrecht der Typus der Tyrannis, ja selbst die Unterscheidung zwischen guten und schlechten Staatsformen verschwunden waren, so blieb in der liberalen Theologie nach der halb selbstironischen Formulierung Ernst Troeltschs, das „eschatologische Büro geschlossen" – mit all den Folgen, auf die Kritiker wie Karl Barth und Erik Peterson frühzeitig hingewiesen haben.

Nicht zufällig hat sich die Diskussion über die Kirchen im Dritten Reich in den letzten Jahren von der Untersuchung der Widerstandsformen und des Verhaltens im Alltag immer mehr zu Fragen des Kirchenverständnisses verlagert. Die Frage lautet: Was war und wie verstand sich Kirche – wo sie protestierte und sich verweigerte oder wo sie schwieg und auf Widerstand verzichtete? Fühlte sie sich als Teil des politischen Systems (sei es als Opposition oder als „Legalitätsreserve"), begnügte sie sich mit einem Nischendasein in den Lücken totalitärer Herrschaft, war sie ein System der Selbstbewahrung und Selbsterhaltung, gelenkt von einer spezifischen Kirchenräson – oder behauptete sie einfach als Kirche ein eigenständiges Gegen-Dasein? Für all diese Kirchenbilder kann man in der Literatur reichlich Beispiele finden – und so ist über das den Kirchen angemessene Verhalten letzten Endes theologisch und ekklesiologisch, nicht historisch-politisch zu streiten.

Der Nationalsozialismus war eine quasi-religiöse Bewegung. Er erhob Anspruch auf den „ganzen Menschen": Er bestand auf exklusiver Verfügung über das soziale Leben, über Handlungen und Gedanken der Menschen; und er setzte von Anfang an – bewusst aufs Ganze gehend – die Dualitäten und Balancen der überlieferten Staat-Kirche-Ordnung außer Kraft. Die Auseinandersetzung vollzog sich nicht in den gleichen Bahnen wie in Russland nach 1917, eine totale Katastrophe blieb den Kirchen in Deutschland erspart;

vor allem nach Kriegsbeginn wurde die „große Abrechnung“ auf die „Zeit nach dem Endsieg“ vertagt. Dass sie über das Normalmaß institutioneller Auseinandersetzungen zwischen Staat und Kirche weit hinausgegangen und in Kirchenverfolgung und -vernichtung umgeschlagen wäre, steht nach den Ankündigungen Hitlers, Goebbels’, Rosenbergs, Himmlers wie auch nach den die Zukunft vorwegnehmenden Praktiken im Warthegau und anderswo außer Frage. Stellvertretend haben viele einzelne Geistliche wie Laien, vor Gerichten und in Gefängnissen und Lagern diese Entscheidung vorweggenommen und vorauserlitten. Der staatliche Zusammenbruch von 1945 hat den Kirchen im Ganzen die Probe auf die „Endlösung“ erspart.

Fazit: Die christlichen Einzelnen waren ihren Kirchen an Mut und Entschlossenheit weit voraus. Sie appellierten an eine gemeinsame ökumenische – und politische! – Tat. Das blieb zunächst vergeblich: Sinnlos war es nicht.

München, im November 2011 Hans Maier

Der vorangehende Text ist eine leicht gekürzte Fassung der Einführung von Prof. Dr. Hans Maier zum Symposion „Christlicher Widerstand im Dritten Reich“, das vom 19. bis 21. Oktober 2001 in Mooshausen stattfand. Diese wissenschaftliche Konferenz wurde vom Freundeskreis Mooshausen e.V. veranstaltet. Die Einführung ist vollständig publiziert in: Hans Günter Hockerts / Hans Maier (Hg.), Christlicher Widerstand im Dritten Reich, Edition Mooshausen, Annweiler 2003, S. 7-16.

Bibliothek der Benediktinerabtei St. Bonifaz, München

Einleitende Bemerkungen zum christlichen Widerstand

DETLEF BALD, JAKOB KNAB

„Ja, wir glauben auch an den Sieg der Stärkeren, aber der Stärkeren im Geiste." Diese Worte entstammen dem Brief von Sophie Scholl an ihren Freund Fritz Hartnagel im Herbst 1942; sie haben Pate gestanden für den Titel dieses Sammelbandes, und sie geben die Richtung seiner Hauptthesen wieder. Diese Worte führen zur Antwort auf die Frage, hatte der Widerstand der Weißen Rose eine christliche Prägung, die den Hintergrund für die wesentlichen politischen Handlungen, „das Böse" des NS-Regimes anzuprangern und die müde angepasste, deutsche Gesellschaft zur Umkehr aufzurufen? Welche Kräfte stärkten diesen Widerstandskreis und gewährten den Einzelnen Gewissheit und Vertrauen? Woher kamen wichtige motivierende Impulse und Ideen, die das einigende Band bildeten, aus dem Ansporn und Anspruch erwuchsen, mit offenem Widerspruch aufzustehen und zum Widerstand aufzurufen? In diesem Band geht es nicht um eine Gesamtschau der Geschichte der Weißen Rose. Vielmehr gilt es, allein dieser Frage nachzuspüren, inwieweit christliche und religiöse Wurzeln und Wirkungen im Widerstand erkennbar sind und auf ihn eingewirkt haben. Damit wird der Widerstand nicht neu gedeutet, aber ein häufig marginalisierter oder übergangener Faktor zum Verständnis der grundlegenden Motive der Handelnden wird in wichtigen Facetten erhellt. So mag sich das Bild der Weißen Rose abrunden.

Der „Aufstand des Gewissens", wie ein bekanntes Wort den deutschen Widerstand charakterisiert, war bei der Weißen Rose als Widerstandskreis zweifellos christlich getragen. Zitate großer Denker, Dichter und Philosophen des Abendlandes und des Fernen Ostens in den ersten vier „Flugblättern der Weissen Rose" vom Frühsommer 1942 haben wohl dazu beigetragen, sie als humanistisch und idealistisch gebildet zu bezeichnen und das strenge Maß hoher bürgerlicher Tugenden anzulegen. Solche Bezeichnungen aber führten dahin, die Motivation der Weißen Rose in ihren wesentlichen und kennzeichnenden Merkmalen auf die jugendlich idealistische Regimegegnerschaft zu beschränken. Gewiss sticht im Blick auf diese Flugblätter in beeindruckender Weise ins Auge, welchen Horizont europäischer Bildung und tiefer Weltsicht sie widerspiegeln, aber zugleich sind die „Flugblätter der Weissen Rose" große Dokumente christlicher Erfahrung, biblischer Bilder und – natürlich – politischen Denkens. Beeindruckend bezeugen sie apokalyptische Visionen, angelegt auf die Realität und die Programmatik der nationalsozialistischen Gegenwart, um darin das Verbrecherische und Verwerfliche – in biblischer Sprache: das abgründige „Böse" – anzuprangern.

Die Weiße Rose hat aktiven politischen Widerstand geleistet, daran kann nicht gezweifelt werden. Aber die Aktiven und Sympathisanten haben die persönliche Entscheidung zu ihrem Beitrag des Widerstandes im Bewusstsein einer politischen Ethik gefasst, die nicht ohne die christlich-religiöse Fundierung zu begreifen ist. Tagebücher und Briefe, Berichte und Beobachtungen von Freunden und Verwandten gaben, nachdem die Personen des Kerns des Widerstandskreises nach dem fanalgleichen Wurf der Flugblätter in den Lichthof der Ludwig-Maximilians-Universität in München am 18. Februar 1943 namentlich bekannt und vom Volksgerichtshof verurteilt waren, von Anfang an zu erkennen, wie sehr ein christliches Denken und Wollen sie bewegt hatte. Manche Betrachter haben den Wert dieser christlichen Bekundungen allein oder wesentlich auf die Bedrohlichkeit der Zelle im Angesicht des baldigen Todes bezogen und dabei die existenzielle Bedeutung für das umfassende Leben dieser Widerständler und den ursächlichen Zusammenhang mit den Aktionen des Widerstandes selbst vernachlässigt. Das Suchen nach Wahrheit und Freiheit aber zeigt sich in je eigenen, auch jahrelangen Entwicklungen ihrer religiösen Haltungen und Auffassungen, wenn man die vielen Notizen und Hinweise auf Lektüren und Begegnungen über die Zeit hinweg verfolgt – und ernst nimmt.

Der christliche Hintergrund des deutschen Widerstandes gegen das NS-Regime wurde lange Zeit vernachlässigt, zumeist wie bei der Weißen Rose kaum beachtet. Er blieb das Feld weniger. Kirchen und Widerstand hingegen war ein Thema höheren Interesses. Doch die Bereitschaft, dem Thema der christlich bedingten Ethik und Motivation Aufmerksamkeit zu schenken, ist im Wandel begriffen. Von wissenschaftlicher Seite her eröffneten sich gegenwärtig innerhalb weniger Monate verschiedene Perspektiven auf Wege und Formen der Aneignung sowie Ausprägung des christlichen Horizonts bei den Einzelnen der Weißen Rose. Gerade die Analyse der bekannten Zitate der Literatur in den Flugblättern und der vielfachen Hinweise in Briefen und Tagebüchern führte direkt dazu, religiösen und christlichen Notizen einen festen Ort der ethischen Orientierung zu geben; Wolfgang Huber und Wolfgang Frühwald haben solche literarischen Eckdaten eingeordnet. Die christliche Motivation und Zuordnung wurde auch von Historikern, von Hans Günter Hockerts und Hans Mommsen, neu gewichtet. Es scheint so, als ob man die frühe Erkenntnis von Hans Rothfels in seiner Würdigung der deutschen Opposition gegen Hitler aufgreifen wolle, dass der christliche Hintergrund des Widerstandes ihn „mit einem härteren Kern und einer schärferen Schneide versehen“ hätte. Doch ist nur zu begrüßen, das Christliche in der Motivation der Weißen Rose nicht zu tabuisieren oder an den Rand der Bedeutung zu schieben, wenn sogar Experten wie Christoph Strohm über diese Art des Widerstandes im Dritten Reich schreiben, ohne die Weiße Rose als Teil des christlichen Widerstandes zu benennen.

Den inneren Kern des Widerstandskreises der Weißen Rose bildeten nur sechs Personen. Unterschiedlich war ihre konfessionelle Herkunft: Hans Scholl und seine Schwester Sophie stammten aus einem protestantischen Elternhaus; Christoph Probst hatte eine freigeistige Erziehung genossen, aber wurde unmittelbar vor seiner Hinrichtung noch getauft; Alexander Schmorell gehörte der russisch-orthodoxen Kirche an; Kurt Huber, kirchlich nicht eng gebunden, entdeckte in der Todeszelle wieder Tiefen seiner angestammten katholischen Religion; Willi Graf ging seinen Lebensweg von einem katholisch geprägten Elternhaus hin zu einer existenziellen Klarheit. Sie überwanden das konfessionell Trennende und sozial Unterscheidende in christlicher Gemeinsamkeit: im Gespräch miteinander, in der Lektüre gemeinsamer Texte und in der Begegnung mit den philosophisch-religiösen Mentoren, vor allem mit Carl Muth und Theodor Haecker. Die Intensität der Diskurse um ihre Überzeugungen ist Kennzeichen ihrer Auseinandersetzung und Abklärung, die sich bereits früh andeutete, bevor aus Protest und Widerspruch widerständiges Handeln erwuchs.

Unabhängig und konsequent wie sie waren, traf ihre Kritik auch die kirchenleitenden Gremien, von denen sie mehr Gegenhandeln und auch Distanz zum NS-Regime erwarteten. Ihr Ziel war keineswegs der Dialog zwischen den christlichen Kirchen und Konfessionen, deren Organisation als solche von ihnen wenig beachtet wurde. Daher entspricht es ihrer ethischen Gradlinigkeit, dass sie deren verbreiteten Antisemitismus nicht mittrugen, vielmehr die rassenpolitische Umsetzung des NS-Regimes schon in den „Flugblättern der Weissen Rose“ anklagten. Es kann vielmehr als charakteristische Tatsache dieses besonderen Typs der Freundschaft innerhalb der Weißen Rose erkannt werden, dass sie im Selbstverständnis und Einklang einer christlichen Gemeinsamkeit dachten und argumentierten, zugleich fühlten und Trost fanden. „Alle starben sie“, wie Hildegard Hamm-Brücher erinnerte, „mit ungebrochenem Mut und voller Gottvertrauen.“ Konfessionell Ausgrenzendes lässt sich nicht entdecken, vielmehr sticht das auffällig hervor, was heutzutage gelebte Ökumene genannt wird.

Unterschiedlich war auch die landsmannschaftliche Herkunft: Hans und Sophie Scholl stammten aus dem Schwäbischen; Christoph Probst aus Murnau am Staffelsee war der einzige Bayer in der Münchener Gruppe; Alexander Schmorell wurde in Orenburg im Ural geboren, sein Vater war Deutscher, seine Mutter Natalia Russin; Kurt Huber wurde in Chur in der Schweiz geboren, war in Stuttgart zur Schule gegangen und aufgewachsen; Willi Graf erblickte im Rheinland das Licht der Welt und wuchs im Saarland auf. In München trafen sie zusammen, weil hier die Ludwig-Maximilian-Universität noch als eine der wenigen deutschen Universitäten im Kriege geöffnet war und die jungen Männer – Graf, Probst, Scholl und Schmorell – nach Arbeits- und Wehrdienst in der Wehrmacht blieben und, dem militärischen Bedarf entsprechend, Medizin studieren konnten. Die Vorlesungen von Huber zur Philosophie der Aufklärung gaben einen weiteren Anstoß für den keimenden Widerspruch, den die jungen Medizinstudenten verschwörerisch weitertrugen und ab Mai 1942 mit Sophie Scholl teilten.

Die Studenten der Medizin waren zugleich Kameraden der Wehrmacht. Sie studierten in Uniform und unterlagen – bis auf wenige Monate im Sommer und Winter 1942, als sie dennoch dem nahezu täglichen Appell in ihrer Kompanie folgen mussten – dem Kasernenzwang. Alle hatten Kriegs- und Besatzungserfahrungen hinter sich, in der Tschechoslowakei, in Frankreich, in Polen, sogar in der Sowjetunion. Sie wussten, was Krieg und Vernichtung, was militärischer Zwang und Druck bedeuteten; sie kannten die Wirkung der Waffen. Die Wehrmacht bildete sie zu Sanitätern aus; als Mediziner hatten sie die praktische Ausbildung, die Famulatur, hinter sich. Während dieses Dienstes in der Wehrmacht fand das Medizinstudium statt, das nach dem Examen auf die Offizierslaufbahn hinausgelaufen wäre, die andere aus der Studentenkompanie, die zum weiteren Kreis der Weißen Rose gehörten, auch tatsächlich begonnen hatten. Im Sommer 1942 waren sie im Rang von Unteroffizieren, die als Sanitätsfeldwebel von Ende Juli für drei Monate zur Feldfamulatur an die Ostfront in den Brückenkopf gegenüber Moskau abkommandiert wurden. Die Studenten waren also zugleich Soldaten. Die Monate an der Ostfront im Sommer 1942 – nach dem Erleben der SS-Aktion beim Ghetto in Warschau und der brutalen Wirklichkeit des Vernichtungskrieges – aber leiteten eine andere, radikalere und politisch dezidierte Phase des Widerstandes der Weißen Rose ein. Das Erleben dieser Realität führte zu Konsequenzen. Die Weiße Rose entwarf eine politische Zukunftsperspektive, die den Anspruch eines demokratischen und rechtsstaatlichen Deutschland in einem friedlichen, gemeinsamen Europa erhob. Diese Vision macht den Münchener Widerstand einzigartig.

Der christliche Hintergrund der Weißen Rose scheint erstmals klar auf in der Zeit, als Proteste und Aufbegehren gegen staatliche Eingriffe ins familiäre Schul- und Privatleben Widerspruch hervorriefen und sich wandelten hin zum Widerstand gegen Unfreiheit, Kriegführung und Willkür des NS-Regimes. Gerade der christliche Charakter wird erkennbar, als sie auf die Suche nach der Rechtmäßigkeit von Widerstand gingen. Damit lässt sich ein wesentliches Element, das den Beginn des Widerstandes der Weißen Rose markiert, bestimmen. Im Frühjahr 1941 hatte Muth dem jungen Scholl – und bald danach auch Schmorell – den Kontakt zu den Benediktinern in der Abtei St. Bonifaz in München vermittelt. Damals fand die entscheidende, an die Wurzeln gehende Rechtfertigung statt, in eigener persönlicher Verantwortung gegen den Staat und seinen Regenten auftreten und Widerstand leisten zu können. In der dortigen Bibliothek studierten sie die staatsrechtlich relevanten Klassiker, die ein Auflehnen gegen Tyrannei legitimierten, wie der betreuende Benediktinerpater und Historiker, Romuald Bauerreiß, berichtete.[1] In der Abgeschlossenheit des Klosters – ihnen war hier ein Arbeitstisch reserviert worden – konnten sie studieren, aber erlebten auch die Auswirkungen der Zerstörung im Krieg. Die Abtei wurde beim ersten Bombenangriff auf München schwer beschädigt, doch zuvor hatten Schmorell und Scholl tatkräftig anlässlich der vom NS-Regime angedrohten Klosteraufhebung mitgeholfen, mit Karren und Rucksäcken Teile der historisch wertvollen Bibliothek zu „verräumen", wie die Patres sich erinnerten. Einige Bestände kamen in die Villen von Schmorell und Muth, anderes gelangte ins Kloster Andechs. Das Kloster von St. Bonifaz bot Schmorell und Scholl den abgeschlossenen Hort der eindrucksvollen Abgeschiedenheit zum Studium der Klassiker, zugleich trafen sie dort auf die bedrohliche Zerstörung der Heimat durch Krieg. Der prachtvolle Bau und die hochragenden Ruinen wurden daher auf das Titelbild diese Bandes genommen.

Sicherlich zählten die Werke von Plato zur Lektüre, aber dann folgte die alles entscheidende Prüfung nach den Texten der christlichen Klassiker, vor allem der wichtigen Werke des Augustinus, dessen Tyrannenbegriff für das christlich gewordene Abendland verbindlich wurde, und mit Thomas von Aquin, der die Kriterien der Unrechtmäßigkeit des Herrschenden weiter dif-

1 Im Konvolut der Sammlung Ricarda Huch von 1946/47 des Instituts für Zeitgeschichte befindet sich die Abschrift des Briefes von R. Bauerreiß an I. Scholl (o.D.), ZSA 26a Bd. 4, S. 264 f.

ferenzierte. War diese Herrschaft nichtig, verlor die Zwei-Reiche-Lehre nach dem Römerbrief im Neuen Testament ihre Gültigkeit und das biblische Gebot, der Obrigkeit zu gehorchen, konnte aufgegeben werden. Auch bei Luther fand diese alte Tyrannis- und Widerstandslehre einen Widerhall, wenn Verblendung und Gesetzlosigkeit – die „Dämonie der Macht", wie Gerhard Ritter es bezeichnete – staatliches Unrecht schaffen. Dieser Prozess ideengeschichtlicher Abklärung vollzog sich in Auseinandersetzung mit den Texten christlicher Autoritäten bis zum Frühjahr 1942.

Der religiöse Charakter wurde offenkundig, als Schmorell und Scholl im Juni und Juli 1942 in den „Flugblättern der Weissen Rose" das „Böse" mit Hitler gleichsetzten. War Hitler der Tyrann, der Dämon, der Bote des Antichrist, so war gegen ihn auch das äußerste Mittel erlaubt: ja der Widerstand wurde Gewissenspflicht. Der Widerstand richtete sich gegen die „Diktatur des Bösen". Tyrannisch ist der Antichrist, das Tier aus dem Abgrund, wie es in den Flugblättern heißt. Das Nein galt folglich auch der „atheistischen Kriegsmaschine". Auf diese Weise christlich getragen, konnte ein humanistisch ausgefülltes Ideal von der Würde des Menschen in Freiheit verteidigt werden. Wo Hitler als Führer, Erlöser und weltlicher Heiland („Heil Hitler!") wahrgenommen und Kultur, Gesellschaft und Staat nur biologisch-rassistisch begründet wurden, erhob die Weiße Rose ihre Stimme gegen diese totalitären Ansprüche, als sie im fünften Flugblatt den Deutschen entgegenhielt: „Glaubt nicht, dass Deutschlands Heil mit dem Sieg des Nationalsozialismus auf Gedeih und Verderben verbunden sei!" Die Weiße Rose vertraute auf „die Stärkeren im Geiste".

Wenn wir dem überlieferten Bild der Weißen Rose mit diesem Band ein weiteres Blatt des Verständnisses hinzufügen, mag dies für manche neu sein oder für andere bereits Bekanntes nur bestätigen. Die Arbeit hieran war für uns eine die eigene Sichtweise bereichernde Begegnung mit viel Persönlichem aus den Lebenskreisen der Einzelnen, die – auf dieser Ebene – Hintergründiges zu den Motiven der Weißen Rose entfalten konnte. Die Gewichtung des christlichen Grundes und der religiösen Entwicklung in der historischen Gesamtwirkung der Weißen Rose wird unterschiedlich ausfallen, doch es wird in der Erinnerung ein Blatt dieser Weißen Rose bleiben.

Detlef Bald, Jakob Knab München, Kaufbeuren im Herbst 2011

I.

Grundlegungen

Hubert Furtwängler, Hans Scholl und Sophie Scholl mit Sanitätsfeldwebeln der Studentenkompanie am Ostbahnhof München

Die Weiße Rose
Zur Bedeutung des Münchener Widerstandskreises

DETLEF BALD

Der Name Weiße Rose stand in der Überschrift der „Flugblätter der Weissen Rose", die in München von Ende Juni bis Anfang Juli 1942 verschickt wurden. Der Name ist auf die Gruppe selbst übertragen worden. So gesehen war die Geburtsstunde der Weißen Rose der 27. Juni 1942, als „Weisse Rose" den ersten Titel von vier Flugblättern zierte. Geht man nur von den verschwörerisch Handelnden, also von den Verfassern dieser Flugblätter aus, bildeten in dieser Zeit allein Alexander Schmorell und Hans Scholl den Kern der Weißen Rose. Nur sie beide hatten die Idee zum protestierenden Aufruf gegen das NS-Regime gehabt, die Texte geschrieben und die Flugblattaktion vorangebracht; sie hielten vor allen anderen, mit denen sie privat, in der Studentenkompanie oder an der Uni zusammen waren, geheim, dass sie diesen studentischen Widerstand verantworteten. Im Februar 1943 verhaftete die Gestapo jenen Kreis von Menschen, den wir Weiße Rose nennen – vom Volksgerichtshof im Februar und April zum Tode verurteilt, wurden Willi Graf, Kurt Huber, Christoph Probst, Alexander Schmorell, Hans und Sophie Scholl danach getötet.

Die Gruppe

Als Willi Graf im April 1942 nach München zum Studium kommandiert wurde, gab es keine „Gruppe" Weiße Rose oder ähnliches. Die personelle Struktur der Weißen Rose ist kompliziert und nach Zeit und Umständen zu unterscheiden.[1] Es ist notwendig, bei dem aktiven und bewussten Widerstand von dem Kern der Weißen Rose zu sprechen, um den sich ein Umfeld oder Kreis rankte. Als Graf mit dieser losen Gruppe ab Mai 1942 Kontakt bekam und sich anfreundete, hatte er keine Ahnung von künftigen verschwörerischen Entwicklungen, ebenso wie Sophie Scholl, die ihr erstes Semester begann. Beide zählten damit zu dem Kreis von mehr Gleichgesinnten und Sympathisanten, Verwandten und Freunden, eine durch Sport (Wandern, Fechten, Reiten, Skifahren) und Kunst (Singen und Spielen, Bach-Chor; Konzerte und Opern hören; Malen und Modellieren), Kirche und Religion, Literatur und Politik verbundene, verliebte und befreundete Studentengruppe; Vertreter der jungen Generation einer hochgebildeten, kultivierten bürgerlichen Schicht, mit dem Bewusstsein ihrer individuellen Persönlichkeit, der Freiheit und Unabhängigkeit. Beide, der tragende Kreis und der aktive Kern, konstituierten sich im Juni 1942 anders als im Januar 1943. Ende Juli, auf der Fahrt an die Ostfront, weihten Schmorell und Scholl ihren Freund Graf vertrauensvoll in das Geheimnis der Flugblätter ein. In der nächsten Hauptphase der Weißen Rose gehörte Graf dann zum Kern der Gruppe, die sich im Herbst 1942 durch ihn, Christoph Probst, Sophie Scholl und Kurt Huber, den Professor der Philosophie, erweiterte und für den großen, entschieden politischeren Widerstand formierte.

Häufig wurden in der Erinnerung an die Weiße Rose die Reisen und Lieder des jugendbündischen Milieus betont. Dem müssen die bitteren Erfahrungen, Enttäuschungen und Erniedrigungen der Jugendlichen zur Seite gestellt werden. Ebenso die Kontroversen und Intrigen des NS-Regimes, die Huber im beruflichen Werdegang erlitten hatte.[2] Dabei ist wichtig, dass sie

---

1 Ein Überblick bei Detlef Bald, Die „Weisse Rose". Von der Front in den Widerstand, Berlin (erweiterte 2. Aufl.) 2009, S. 16 ff.

2 Vgl. für die Berufswelt Rosemarie Schumann, Leidenschaft und Lebensweg. Kurt Huber im Widerspruch zum Nationalsozialismus, Düsseldorf 2007, S. 35 ff.

als Jugendliche sich mit Leib und Seele für SA, HJ und BDM begeisterten, bevor sie die repressive Sozialisation wahrnahmen und es zu einzelnen Zweifeln und individueller Empörung kam, sie ersten Widerspruch und ernste Verweigerung übten: Persönliche Nöte durch Gängelei, Gruppenzwänge und Gleichschaltung führten zu Klärungen und Umkehr, zum Bewusstwerden von Grundwerten; am Ende stärkte ein christliches Fundament. Sie lernten, Druck standzuhalten, das eigene Tun zu prüfen ebenso wie Gesellschaft und Kirchen, Staat und Politik kritisch zu durchleuchten in Opposition gegen die totalitäre und rassistische Ideologie der NS-Diktatur sowie des Krieges. Den Studenten bot Huber ein Forum – einer der wenigen Dozenten der Philosophie, der die überkommenen Standards einer akademischen Freiheit ohne Antisemitismus verkörperte.[3] Das war auch wichtig.

Als Graf nach München kam, wurde er nicht „Mitglied" der Weißen Rose. Denn Mitglieder im Sinne des Wortes hat es nie gegeben, da persönliche Beziehungen den Zusammenhalt prägten. Dieser Kreis war nicht konspirativ oder nach einem anonymen Zellensystem organisiert, wie es bei anderen Widerstandsgruppen der Fall war. Die enge persönliche Bekanntschaft, ja Freundschaft bildete die Grundlage der sozialkohäsiven und integrativen Eigentümlichkeit der Weißen Rose. Die Kerngruppe war eingebettet in den weiten, offenen Kreis, der den Kern belebte, ihn trug und stützte; spät erst erfuhr der Kreis die Fakten über den Widerstand; manche hatten etwas geahnt, andere wurden schließlich selbst aktiv und handelten eigenständig weiter. Persönliche Solidarität und politische Wertvorstellungen gingen in einer dezidierten Ethik der Freiheit in einander über. Sie schufen das kreative Geflecht, damit aus Empörung Protest wurde, aus Protest die Ablehnung des NS-Regimes wuchs, bis der Widerstand gegen die NS-Diktatur Gestalt fand. Der seinerzeitigen Überzeugung der Mehrheit ihrer Landsleute in der Volksgemeinschaft handelten sie klar zuwider. Personelle und politische Dynamik bestimmte die kurze Geschichte der Weißen Rose.

Der Widerstand der Weißen Rose fand im Krieg statt. Für die Medizinstudenten der Weißen Rose gab es ein äußeres, nicht zu unterschätzendes Element der Gemeinsamkeit: die Uniform der Wehrmacht. Die Uniform gehörte zur äußeren Erscheinung und zum Auftreten der jungen Männer in der Öffentlichkeit. Es wurde lange vernachlässigt und viel zu wenig beachtet, dass sie alle in der Wehrmachtsuniform der Sanitätsfeldwebel studierten. Es war ein „seltsames Kasernenleben, halb Soldat, halb Student". So wurde berichtet: „Das waren zwei entgegengesetzte Welten, die sich nicht vertragen wollten. Und Hans (Scholl, d. Verf.) fiel dieses zwiespältige Leben doppelt schwer."[4] Die Beschränkungen im täglichen Studentenleben wurden von ihnen als „böses und bitteres Zaumzeug" empfunden.[5] Es gab heftige Aufre-

---

3 Vgl. den Gedenkvortrag an der Universität München von Jürgen (George J.) Wittenstein über Kurt Huber: Erinnerungen eines Doktoranden, 13. Juli 1993.

4 IfZ (Institut für Zeitgeschichte), ED 106, 101 Inge Scholl (an Ricarda Huch, o.D.), S. 8.

5 IfZ, ZS/A 26a, Bd. 4, 138 Inge Scholl an Ricarda Huch, 25. März 1947, Anlage.

gung wegen des Kasernenzwanges, der dann durch das Recht, eigene Buden zu beziehen, gelockert wurde; aber die täglichen Appelle und der gemeinsame Marsch zur Uni gehörten zur soldatischen Ordnung. Sie alle hatten nach dem Abitur ihre Wehrpflicht absolviert und waren bei den Eroberungen der Wehrmacht überall dabei. Anfang 1942 hatten sie über Jahre Besatzung oder Krieg, Dienst in Frankreich, Polen, der Sowjetunion, beim Einmarsch nach Österreich, ins Sudetenland und der Besetzung der Tschechoslowakei hinter sich. Diese Kriegserfahrungen stellen das Urteil in Zweifel, sie wären idealistische, realitätsferne Träumer. Militär und militärischer Zwang bestimmten den Alltag der Medizinstudenten weit mehr, als es ihnen lieb war. Die Kommilitonen der Medizin waren Kameraden der Wehrmacht – eine ganz eigene Form des zivil-militärischen Widerstands in Deutschland.[6]

Zur Erinnerungsgeschichte

In Deutschland wird die Weiße Rose gerühmt und anerkannt, wie kaum ein anderer Widerstand erinnert wird. Doch unser Bild wird von anderen, heute oder gestern, nicht geteilt. Vieles aus der Geschichte des Widerstandes war über Jahrzehnte harmonisierend verdeckt und vergessen oder legendengleich verzeichnet und verwoben. Das hat lange Tradition. Schon gleich nach Kriegsende zeigten sich Beteiligte und Verwandte uneins und bewirkten mit „unsicheren und widerspruchsvollen Zeugnissen ... eine Art Legendenbildung“.[7]

Die historische Rhetorik zeigte immer wieder Diskursverlagerungen, die personellen und kulturellen Proportionen der Weißen Rose fanden ihr zeitbedingtes Format. Zunächst – nach 1943 noch lange – waren für eine Mehrheit ihre Konturen als Verräter bezeichnend, während die Einzigartigkeit ihres Tuns, Märtyrer der Freiheit zu sein, nur wenige zu vertreten wagten. Es kann als symptomatisch angesehen werden, wie an der Universität im Auditorium Maximum nur Tage nach der Vollstreckung der ersten Todesurteile eine regelrechte Jubelveranstaltung über das Ende der Weißen Rose abgehalten wurde. Hunderte von Studenten applaudierten, sie „johlten und trampelten“, beschlossen mit dem „Hitler-Gruß“ die Versammlung.[8]

Erst mit der Katastrophe des Kriegsendes wandelte sich diese Einstellung. Auch die Deutung der Geschichte verlagerte sich, gesellschaftlich attraktiv wurde die Moral des Handelns. Widerstand, jugendlicher Widerstand insbesondere, hatte es in sich: Mythen an Heroisierung und Idealisierung

6 Vgl. Peter Steinbach, Der 20. Juli 1944. Gesichter des Widerstands, München 2004, S. 51 f.

7 Karl Voßler, Gedenkrede für die Opfer an der Universität München (2. November 1946), München 1947, S. 19.

8 Christian Petry, Studenten aufs Schafott. Die Weiße Rose und ihr Scheitern, München 1968, S. 121.

wurden geschaffen; andere nutzten den Widerstand zur politischen Instrumentalisierung. Das Bild der Weißen Rose, das ich kennenlernte, war voller Idealismus – junge Menschen, die nur das Gute wollten. Man tat sich lange schwer, die Bedeutung von Krieg und Nationalsozialismus anzusprechen. Der Widerstand sollte „sauber“ sein. Der ursprüngliche politische Kontext, die Realität der konkreten Erfahrungen und der gesellschaftlichen Verantwortung, verlor seine Relevanz. Auch dominierten zeitweilig einzelne Namen, wie die Gleichsetzung der Weißen Rose mit „Geschwister Scholl“ zeigt. Es trifft daher zu, dass um die rechte Deutung des Widerstandes – vom 20. Juli 1944 bis hin zur Weißen Rose – eine Art „Erinnerungskampf“ ausgetragen wurde, wie Norbert Frei diese Wellen der Sinngebung des historischen Geschehens auf den Punkt brachte.[9] Die Phase der idealisierten Bewertung der Weißen Rose bestätigt auch, was Alexander und Margarete Mitscherlich beobachteten, es mangele den Deutschen an der „politischen Durcharbeitung der Vergangenheit“.[10]

Dafür ein Beispiel. Über Jahrzehnte hatte sich durchgesetzt, den Kriegseinsatz der Feldwebel im Krieg im Sommer 1942 als Intermezzo einer entspannten Friedensidylle zu deuten. Die Ostfront des Brückenkopfes vor Moskau schien eine „friedliche Enklave zwischen Front und Hinterland“.[11] Briefe in die Heimat und Tagebücher mochten die Realität des Kriegsalltags der Hilfsärzte bezeugen, die Erinnerungsgeschichte aber blendete sie aus und schwärmte: „Das Politische wich einem ganz unpolitischen romantischen Russlanderlebnis.“[12] Die unpolitische Verzeichnung diente der Idealisierung. Das Bild war einprägsam – aber falsch.

Auch die Zeitzeugen wandelten ihre Erinnerungen. Einer, der einen Monat lang direkt den Stellungs- und Grabenkampf der Front zusammen mit Graf durchlitten hatte, verdrängte diese Schrecken so sehr, dass er sein Erleben auf das Reiten durch Birkenwälder fokussierte; ähnlich verhielt es sich mit anderen aus dem damaligen Kreis der Weißen Rose. Obwohl z.B. in Memoiren berichtet wurde, die Sanitätsfeldwebel hätten im November 1942 „... von der katastrophalen Situation der russischen Zivilbevölkerung ..., von Massentransporten in verschlossenen Güterwagen, ... und von der erbarmungslosen Kriegsführung seitens der deutschen Truppen“ erzählt, folgte man andernorts dem Deutungstrend von der friedlichen Idylle.[13] Die Facet-

---

9 Norbert Frei, 1945 und wir. Das Dritte Reich im Bewußtsein der Deutschen, München 2005, S. 129 ff.; vgl. Ute Frevert, Geschichtsvergessenheit – Geschichtsversessenheit. Vom Umgang mit den deutschen Vergangenheiten nach 1945, Stuttgart 1999.

10 Alexander u. Margarete Mitscherlich, Die Unfähigkeit zu trauern. Grundlagen kollektiven Verhaltens, München 1967, S. 23.

11 Harald Steffahn, Die Weiße Rose mit Selbstzeugnissen und Bilddokumenten, Reinbek 1992, S. 79.

12 Petry, Studenten (Anm. 8), S. 65.

13 Hildegard Hamm-Brücher, Freiheit ist mehr als ein Wort. Eine Lebensbilanz 1921–1996, München 1996, S. 64.

ten der Erinnerungsgeschichte der Weißen Rose sind kaum noch überschaubar, man könnte sie auch die zweite Geschichte des Widerstandes nennen.[14]

Krieg und Kriegserfahrung

Die jungen Männer der Weißen Rose trugen nach dem Abitur und dem Arbeitsdienst die Wehrmachtsuniform, Schmorell und Scholl bereits seit 1938. Dennoch blieben die Archivbestände mit den Militärakten sowie den Gestapoverhören, auch nachdem diese in Berlin zugänglich waren, auffällig lange unbeachtet, weshalb die Wochen vom 23. Juli bis 6. November 1942 in ihrer Bedeutung so verzerrt dargestellt werden konnten.[15] Dieser Kriegseinsatz an der Front hatte eine besondere Wirkung auf die zweite Phase des politischen Widerstandes der Weißen Rose.[16] In dem flammenden Protest des Anfangs hatte der Weltkrieg ja schon eine Rolle gespielt. Im Text der „Flugblätter der Weissen Rose IV" von Anfang Juli 1942 findet sich der Satz: „Täglich fallen in Russland Tausende." Scholl fügte das alte, volkstümliche Bild an: „Es ist die Zeit der Ernte, und der Schnitter fährt mit vollem Zug in die reife Saat." Bereits im ersten Flugblatt erklang die Botschaft der Weißen Rose: „Leistet passiven Widerstand – W i d e r s t a n d – wo immer Ihr auch seid, verhindert das Weiterlaufen dieser atheistischen Kriegsmaschine, ehe es zu spät ist, ehe die letzten Städte ein Trümmerhaufen sind, gleich Köln, und ehe die letzte Jugend des Volkes irgendwo für die Hybris eines Untermenschen verblutet ist."[17]

Dieser Aufruf zum Widerstand fokussiert zwei Pole eines wichtigen Themas der Weißen Rose, die den Kampf gegen die NS-Diktatur bestimmten: zum einen Opfer, Zerstörung und Vernichtung – *Krieg* – und zum anderen Verantwortung zum Gegenhandeln, den Appell an das Gewissen des Staatsbürgers. In dem Beiwort „atheistisch" schimmern Grundhaltungen auf, Unrecht, Leiden und Unterdrückung anzuklagen: Der Widerstand hat eine religiöse Dimension. In diesem Vorwissen fuhren Graf, Schmorell und Scholl mit weiteren aus dem Kreis der Weißen Rose, mit Hubert Furtwängler, Raimund Samüller und Jürgen Wittenstein, am 23. Juli 1942 an die Ostfront. Sie waren alles andere als begeistert, „im Osten famulieren" zu müssen.[18]

Der Transport an die Front machte zunächst einen Zwischenhalt in Warschau. Aufzeichnungen von Wittenstein illustrieren die Eindrücke über die „Ruinen zusammengestürzter Häuser ...: erschütternde Spuren einer wider-

---

14 Vgl. Peter Reichel, Vergangenheitsbewältigung in Deutschland. Die Auseinandersetzung mit der NS-Diktatur von 1945 bis heute, München 2001, S. 199 ff.

15 Die entsprechende Literatur bei Bald, „Weisse Rose" (Anm. 1), S. 22 ff.

16 Vgl. die frühe Arbeit von Karl Heinz Jahnke, Weiße Rose contra Hakenkreuz. Studenten im Widerstand 1942/43, Rostock 2003, S. 20 (Neudruck der Arbeit von 1968).

17 Alle Flugblätter finden sich bei Bald, „Weisse Rose" (Anm. 1), S. 239 ff.

18 Tagebuch W. Graf, 15. Juli 1942, in: Gewalt und Gewissen: Willi Graf und die Weiße Rose. Eine Dokumentation von Klaus Vielhaber, Freiburg 1964, S. 71.

sinnigen Zerstörung.“[19] Die deutschen Besatzer lebten ansonsten privilegiert. Die Münchner empörten sich angesichts der eigens für Offiziere eingerichteten Bordelle. Hatten Schmorell und Scholl bereits in dem zweiten Flugblatt die Vernichtung der Juden in Polen drastisch verurteilt, so wurde das Ghetto zum konkreten Objekt der menschenverachtenden Judenpolitik des NS-Regimes. Doch das große Thema Warschaus war die SS-Aktion zur Deportation der Juden aus dem Ghetto zur Vernichtung ins KZ Treblinka. Graf beklagte, „das Elend sieht uns an.“ Wittenstein hielt in seinen Aufzeichnungen die ungeheure Brutalität fest.

Die Sanitätsfeldwebel wurden in der Umgebung von Gshatsk stationiert. Sie waren an den Hauptverbandsplatz der 252. Division entsandt, weil deren Ärzte und Sanitäter bei der Frühjahrsoffensive ab März 1942 erhebliche Verluste erlitten hatten. Ihre Aufgabe bestand darin, die Verletzten der unmittelbar vor ihnen liegenden Front zu verbinden und chirurgisch zu versorgen, um sie am nächsten Tag ins rückwärtige Feldlazarett nach Vjaz'ma transportieren zu können. Bezeichnend für die Lage war die Eintragung von Scholl vom 2. August, gleich nach der Ankunft: „Bei Dunkelheit sieht man das Mündungsfeuer der Front,“ etwa zehn Kilometer entfernt. Den in Richtung Moskau ausgebildeten Brückenkopf der Wehrmacht griffen im August 1942 die Russen von drei Seiten an und gewannen bei Rshew und Juchnow Raum. Das Grollen der Einschläge begleitete ihre Arbeit bei „Tag und Nacht“. Am 5. September notierte Scholl: „Die ganze Welt steht in Flammen.“ Die Hilfsärzte der Weißen Rose taten Dienst in den chirurgischen Baracken des Feldlazaretts. Innerhalb weniger Tage waren Tausende Verwundete am Hauptverbandsplatz zu versorgen. Operationen und Amputationen kamen auf jeden zu. Das Leiden zu erleben wurde alltäglich. Scholl berichtete, keiner würde die Toten mehr zählen. Die Division legte einen neuen „Heldenfriedhof“ an.

Die Münchener lernten im Sommer 1942 eine neue Form der Unterdrückung kennen: die Besatzungsherrschaft als eine Strategie der rücksichtslosen Ausbeutung und Ausnutzung der russischen Zivilbevölkerung. Das bedeutete: Terror und Vernichtung, großflächige Evakuierung der Zivilbevölkerung, die nach Männern, Frauen und Kindern getrennt, zwangsweise in Lagern untergebracht waren zur Arbeit in der Landwirtschaft, im Straßenbau, zur Reparatur und zum Ausbau der Befestigungsanlagen. So lautete der Auftrag – „Ausbeutung“ aller Ressourcen nannte es die Wehrmacht. Im Hauptverbandsplatz waren weit über hundert russische Hilfskräfte beschäftigt. Es gab Verbote zur „Verbrüderung“ mit den „Untermenschen“. Die Sanitätsfeldwebel knüpften dennoch Kontakte zu den Einheimischen. Solidarisierung verlangte Zivilcourage. Das abendliche Singen mit Russen, über das sie einige Male in Briefen und Tagebüchern berichteten, ist nicht der Nachweis romantischer Idylle. Dies war ein Akt der Solidarisierung der (deutschen) Soldaten mit den (russischen) Entrechteten – über die Stacheldraht-

19 Tagebuch J. Wittenstein, 27. Juli 1942; siehe Beitrag Bald, Deportation, in diesem Band.

verhaue hinüber. Die Wehrmacht duldete keine Verbrüderung. Singen am Lagerfeuer gab es nicht – das ist Legende einer romantisierenden Verfälschung: Das Singen und ein erwähnter Chor fanden nahe der Lager des russischen Sanitäts- und Hilfspersonals, der Baracken der Zwangsarbeiter sowie der separaten Lager der Zwangsarbeiterinnen statt.[20]

Während Graf, Schmorell und Scholl an die Ostfront kommandiert waren, gewannen Sophie Scholl und Kurt Huber eigene Erfahrungen mit dem Krieg. Der Briefwechsel mit ihrem Verlobten, Fritz Hartnagel, führte sie unvermittelt in das militärische Milieu der Wehrmacht und die Schrecken der Vernichtung im Krieg.[21] Er berichtete ihr nachdrücklich von „solchem Elend“, vor Stalingrad. Kurt Huber hatte nicht nur die Gespräche nach seinen Vorlesungen, er erhielt auch Briefe ehemaliger Studenten, die ihm Übergriffe der Wehrmacht darlegten: Von den Russen bleibe „keiner am Leben“ oder es gebe „Gemetzel an Juden“.[22] Für ihn wurde Stalingrad mit der 6. Armee zum Wendepunkt. Er hatte schon am fünften Flugblatt mitgearbeitet und entwarf das sechste Flugblatt allein, sein großes Plädoyer für „wahre Wissenschaft und echte Geistesfreiheit“, für „sittliche Verantwortung“ des Staates.[23] Schließlich ist noch ein Hinweis auf Christoph Probst erforderlich. Ihm, dem Sanitätsfeldwebel der Luftwaffe, war die Bedeutung der Berichte von der Ostfront mehr als einleuchtend. Er klagte wegen Stalingrad Hitler an, den „militärischen Hochstapler“, und die Generalität, verantwortlich für diesen „Massenmord“ zu sein; seine politische Botschaft galt dem Kriegsende und dem Frieden.[24] Diesen Textentwurf für ein Flugblatt trug Hans Scholl bei seiner Verhaftung am 18. Februar 1943 in seiner Manteltasche bei sich.

Die politische Ethik

In den Beweggründen zum Widerstand der Weißen Rose findet sich eine Schicht, der bislang wenig Aufmerksamkeit gilt. Es existiert gewissermaßen eine Dimension, die Kraft und Stabilität verlieh, die ethische Deutlichkeit gewährte und zugleich politische und humanistische Motive trug: Die christliche Gläubigkeit.[25] Die biografische Lebenswelt dieser katholisch, protes-

---

20 Vgl. Bald, „Weisse Rose“ (Anm. 1), S. 91 ff.

21 Vgl. Barbara Beuys, Sophie Scholl. Biografie, München 2010; Thomas Hartnagel (Hg.), Sophie Scholl, Fritz Hartnagel. „Damit wir uns nicht verlieren“. Briefwechsel 1937–1943, Frankfurt/M. 2005.

22 Vgl. Bald, „Weisse Rose“ (Anm. 1), S. 174 f.

23 Vgl. Wolfgang Huber, „Stalingrad ist mein Schicksal geworden“. Kurt Huber im Widerstand der „Weißen Rose“, in: Detlef Bald (Hg.), „Wider die Kriegsmaschinerie“. Kriegserfahrungen und Motive des Widerstandes der „Weißen Rose“, Essen 2005, S. 118 ff. Das Dokument in: Wolfgang Huber, Kurt Huber vor dem Volksgerichtshof. Zum zweiten Prozess gegen die Weiße Rose, Essen 2009.

24 Faksimile der Rekonstruktion des Flugblattentwurfs in: Bald, „Weisse Rose“ (Anm. 1), S. 178 f. und im Anhang dieses Bandes.

25 Vgl. die wichtigen Beiträge zu Hans und Sophie Scholl sowie Willi Graf bei Bald,

tantisch und orthodox aufgewachsenen Widerstandskämpfer zeichnet die Überzeugung aus, auf der Basis ihrer religiösen Welt auf dem rechten Weg zu sein, Widerstand gegen einen Tyrannen leisten zu dürfen und für eine rechte Ordnung eintreten zu müssen.[26] In ihren Briefen und Tagebüchern sowie in den Verhören vor der Gestapo hatten alle den Stellenwert des Religiösen für sie selbst betont. In dem Film „Sophie Scholl" des Regisseurs Marc Rothemund aus dem Jahr 2005 konnte man dies nachempfinden. Doch schon die vier „Flugblätter der Weissen Rose" waren von diesem Zeugnis durchdrungen. Hier ist deshalb festzuhalten: Das religiöse Maß fundierte Werte und Motive des Widerstandes der Einzelnen. Es gab ihnen Kraft und stärkte die Zuversicht, der inflationären Entgrenzung der Werte im Nationalsozialismus entgegenzutreten; es hilft, das Wort von der „atheistischen Kriegsmaschine" nochmals weit zu begreifen.

Das Wirken in den Raum des Politischen zum Umsturz der NS-Diktatur und einer europäischen Friedensordnung ist ein historisches Merkmal, das dieser Gruppe eine unverwechselbare Charakteristik gibt. In den Verhören vor der Gestapo bekannte die Weiße Rose eine internationale Vision des Friedens und der Freiheit. Real und konkret legten sie ihre Gründe für einen politischen Umsturz offen. Scholl beispielsweise begründete: „Ich konnte mir nicht vorstellen, dass nach diesen Methoden der Herrschaft eine friedliche Aufbauarbeit in Europa" noch möglich sei;[27] Schmorell forderte wegen der „Verwüstungen und Zerstörungen" in Russland eine sofortige „Kriegsverkürzung";[28] auch Graf bezog die „Vorgänge und Rückschläge an den Fronten" für seine Entscheidung ein.[29] Der Krieg wurde zu einem signifikanten Moment der politisch-kulturellen Selbstidentifikation der Weißen Rose. Hans Scholl, Alexander Schmorell und Willi Graf gingen nach ihren Aussagen vor der Gestapo von Februar und März 1943 bewusst in den Widerstand; sie hatten sich durchgerungen, „nicht nur in Gedanken, sondern auch in der Tat" ihre „Gesinnung" zu zeigen. Schmorell erklärte: „ich habe sogar damit gerechnet, dass ich im Ermittlungsfalle mein Leben verlieren könnte."

Die Gespräche im Umkreis der Weißen Rose gewannen im Winter 1943 eine einzigartige politische Dimension. Der passive Widerstand, zu dem in den „Flugblättern der Weissen Rose" noch im Sommer 1942 aufgerufen worden war, wurde weitergetrieben. Militärische Machtbesessenheit wie innenpolitische Machtansprüche des NS-Regimes hatten sie darin geeint, das Ende dieser NS-Diktatur auch gewaltsam in einem Umsturz herbeizuführen. Das Ideal des „freien, verantwortungsbewussten Menschen" verlange in Konsequenz, so Sophie Scholl, „die heutige Staatsform zu beseitigen". Graf

---

Kriegsmaschinerie (Anm. 23).

26 Vgl. die Dokumente von Helmut Gollwitzer, Käthe Kuhn und Reinhold Schneider (Hg.), „Du hast mich heimgesucht bei Nacht", Gütersloh 1985.

27 BA (Bundesarchiv Berlin) ZC 13267, Bd. 2, 12 Gestapo München, Vernehmung H. Scholl, 18. Febr. 1943.

28 BA ZC 13226, 13 Gestapo München, Vernehmung A. Schmorell, 26. Febr. 1943.

29 BA NJ 1704, Bd. 8, 32 Gestapo München, Vernehmung W. Graf, 16. März 1943.

formulierte den Konsens der Gruppe, mit aller Kraft „gegen die heutige Staatsführung und damit gegen den heutigen Staat“ einzutreten. Schmorell zögerte nicht zu bekunden, die beiden Hauptträger der Weißen Rose, Scholl und er, „wollten einen Umsturz herbeiführen.“[30] Dieses Einverständnis band sie existenziell, sie wagten das Äußerste. Ihnen drohte die Anklage wegen Hochverrat. Sie handelten bewusst, in persönlicher Verantwortung, im Wissen um den ethischen Charakter ihres Tuns.

Mit der Entscheidung für den Umsturz verband sich das Nachdenken über die Zeit im Frieden danach, die Diskussionen verlagerten sich auf politisches Neuland. Welche „Staatsform“, welche politische Ordnung oder welches Regierungssystem sinnvoll sei, blieb anfänglich im Dunkeln, wie der unsystematische Gebrauch der Begriffe „autoritäre Staatsform“, „Opposition“ oder „Volkswille“ anzeigte. Klar aber war die Richtung: Die „Willkür“ des Staates sollte beschnitten, „Freiheiten“ garantiert, eine „gute Ordnung“ aufgebaut werden. Scholl wurde deutlicher, ging in dieser Richtung voraus, wie die Protokolle der Gestapo bezeugen. Er entdeckte historische Zusammenhänge, warum die Demokratie in der Weimarer Republik belastet war und von bürgerlichen Schichten abgelehnt wurde. Alternative zum deutschen autoritären System könne nur, verfocht er in „einer sehr leidenschaftlichen Ausdrucksweise“, die Demokratie sein. Hatte die „Regierungsform, wie sie die Schweiz“ entwickelte, Faszination ausgeübt, blieb es nicht bei diesem Ansatz.[31]

Scholl setzte darauf, die neue „Staatsform“ vom „Standpunkt einer Demokratie“ in Europa aufzubauen.[32] Er überwand im Januar 1943 die in Deutschland verbreitete Ablehnung des parlamentarischen Regierungssystems und überraschte mit „demokratischen Ansichten“, die er im Westminster-Modell erkannte, was einige als „Englandhörigkeit“ einstuften.[33] Sie demonstrierten in subtiler Weise die innere „Annäherung an die anglo-amerikanischen Staaten“, wie Probst den politischen Aspekt umriss.[34] Eine kleine Episode von Anfang November 1942 in Warschau, bei einem Zwischenhalt auf der Rückfahrt von der Ostfront, mag beispielhaft dies verdeutlichen. Man ahnt die Stimmung in der Gruppe, den Druck der Gereiztheit, die Kühnheit der Provokation. Graf, Schmorell und Scholl, berichtete Furtwängler, blieben abends im Lokal „Blaue Ente“ ungerührt von der Anwesenheit einiger deutscher Uniformträger, „Goldfasane“ genannt, intonierten die Hymne des Feindes und sangen „God save the King“.[35]

Das politische Denken näherte sich einem demokratischen Konzept. Das NS-Regime sollte in doppelter Weise überwunden werden: erstens die inter-

30 Belege bei Bald, „Weisse Rose“ (Anm. 1), S. 152 ff.
31 STA (Staatsarchiv München) 1 Z 530, 26 Gestapo München, Vernehmung M. Eickemeyer, 6. April 1943.
32 BA NJ 1704, Bd. 8, 10 Gestapo München, Vernehmung W. Graf, 26. Febr. 1943.
33 STA 1 Z 530, 35 Gestapo München, Vernehmung W. Geyer, 5. April 1943.
34 BA ZC 13267, Bd. 4, 4 Gestapo München, Vernehmung C. Probst, 20. Febr. 1943.
35 Mitteilung Hubert Furtwängler, 9. Juli 2002.

nationale Allianz für ein baldiges „Kriegsende" unterstützen und zweitens von innen her die Diktatur durch einen Umsturz beseitigen. Politische Entschiedenheit zeichnet den Widerstand der Weißen Rose einzigartig aus. Die „Flugblätter der Weissen Rose" vom Sommer 1942 boten Grundlagen für Deutschlands Weg nach Westen: zur politischen Ethik der Freiheit und der Toleranz, des Rechtsstaats und der Menschenwürde. Staatlicher Willkür sollten normative Grenzen gesetzt werden. Die Weiße Rose entlarvte mit wachem Geist den alten Autoritätsglauben, erkannte Willkür, Unrecht und Terror der Diktatur und setzte auf eine demokratische Zivilgesellschaft. Die Entschlossenheit zum Umsturz des „Dritten Reiches" resultierte aus einer programmatisch und grundlegend in Diskussionen entwickelten politischen Ethik. Damit weitete sich die Motivation zum Widerstand, insofern neben Kriegsverhinderung und Anklage des Unrechts eine neue Qualität erkennbar wird, die Zukunft des Staates nach dem Ende der NS-Regimes in die Überlegungen einzubeziehen. National-staatliche wie auch bürgerlich-freiheitliche Prinzipien bestimmten die Konturen einer europäischen Friedensordnung. Die Feldwebel der Wehrmacht erkannten den inneren Zusammenhang einer Kriegsstrategie der militärischen Vernichtung und der innenpolitischen Bedrückung sowie Gleichschaltung als wesenstypische Elemente der NS-Diktatur.

Die Weiße Rose ist noch in anderer Hinsicht einzigartig. Dies betrifft den Antisemitismus. Ein vergleichender Blick auf Parteien, Kirchen und auch den Widerstand des 20. Juli zeigt den Unterschied und die Eindeutigkeit der Haltung des Münchener Widerstandskreises. Bereits die „Flugblätter der Weissen Rose" dokumentieren die Anklage gegen Ghettoisierung und Verfolgung der Juden, wie ihnen durch Berichte aus Polen bekannt geworden war. Dieses „Elend" erfuhren sie später persönlich beim Anblick des Ghettos in Warschau. Die Weiße Rose lehnte den Judenmord und die menschenunwürdigen Pogrome uneingeschränkt ab; auch die rassistische Untermenschenpolitik in der Sowjetunion stieß auf ihren Widerspruch. Eindeutig und nachhaltig nahm die Weiße Rose eine Haltung ein, die prinzipiell keine Konflikte zwischen ethischen Geboten und politischem Handeln zulassen wollte. Die Kritik, die vehement von Hannah Arendt an den meisten Verschwörern des 20. Juli geübt wurde,[36] sie seien moralisch ambivalent, trifft nicht auf die Weiße Rose zu. Sie wandte sich eindeutig gegen die NS-Judenpolitik.

Ihr Widerstand unterschied sich auch in anderer Hinsicht markant vom Widerstand des 20. Juli. Dieser wurde auf militärischer Seite von höheren Offizieren durchgeführt, um die politische Regierungsgewalt durch einen militärischen Putsch zu übernehmen; er scheiterte. Preußische Tradition und Freiheit sollten an die Stelle der „Eskalation des Verbrechens" treten.[37] Aber

---

36 Vgl. Hannah Arendt, Eichmann in Jerusalem. Ein Bericht von der Banalität des Bösen, München 1964; Christoph Dipper: Der Deutsche Widerstand und die Juden, in: Geschichte und Gesellschaft, 9/1983, S. 349 ff.

37 Hans Mommsen, Die Stellung der Militäropposition im Rahmen der deutschen Wi-

er setzte ein Zeichen, das seine eigene Gültigkeit hat. Gleichwohl ist anzumerken, die „nationalkonservative Substanz des Widerstands" war kaum freiheitlich-demokratisch bestimmt; obwohl es kaum direkt in Tradition zu den Werten der Verfassung der Bundesrepublik stand, führte dies dennoch sogar zu einer „Überhöhung" in der Erinnerung.[38] Bedeutsam schien hauptsächlich, dass der Putsch gegen das NS-Regime „überhaupt" zur Ehrenrettung Deutschlands unternommen wurde, wie Karl-Dietrich Erdmann die Richtung der Tradition wies, um eine breite gesellschaftliche Akzeptanz zu fördern.[39] Die Sanitätsfeldwebel hingegen waren von einem derartigen Anspruch auf Machtübernahme weit entfernt, sie wandten sich an die Bevölkerung, wollten aufrütteln, mitreißen und Mut für gesellschaftlichen Widerstand gegen das verbrecherische NS-Regime machen.

Die Weiße Rose steht für zivilen Widerstand, der im Krieg und im hochmilitarisierten NS-Regime in Uniform zum Tragen kam. Ihr Plädoyer für eine politische Kultur der Pluralität und Toleranz in Gesellschaft und Staat hebt sich ab in der Geschichte des deutschen Widerstandes. Als Soldaten verurteilten sie die militärische Expansion, als Bürger setzten sie auf liberale Werte und demokratische Orientierung. Die Weiße Rose bietet eine einzigartige zivil-militärische Symbiose mit einem Tradition stiftenden, Zukunft weisenden Rang. Denn dieser Widerstand weist auf die Grundwerte der Verfassung und des demokratischen Neuanfangs nach 1945: Die in der Präambel des deutschen Grundgesetzes bekannte Verantwortung vor Gott, die Würde des Menschen, die Garantie der kulturellen, religiösen, individuellen und sozialen Freiheitsrechte, sowie das Friedensgebot und die Grundsätze des sozialen, republikanischen und demokratischen Rechtsstaates. Dies macht den Wert der Weißen Rose aus: Der Widerstand setzt Zeichen bis heute, Zeichen der Hoffnung.

derstandsbewegung gegen Hitler, in: Gerd R. Ueberschär (Hg.), NS-Verbrechen und der militärische Widerstand gegen Hitler, Darmstadt 2000, S. 130.

38 Peter Steinbach, Widerstand und Wehrmacht, in: Die Wehrmacht. Mythos und Realität, im Auftrag des Militärgeschichtlichen Forschungsamtes hrsg. von Rolf-Dieter Müller, Hans-Erich Volkmann, München 1999, S. 1158.

39 Karl-Dietrich Erdmann, Der Zweite Weltkrieg, in: Herbert Grundmann (Hg.), Gebhardt. Handbuch der deutschen Geschichte, Bd. 4, Stuttgart 1976, S. 578.

Grabstätte von Hans und Sophie Scholl sowie Christoph Probst auf dem Friedhof am Perlacher Forst in München

„Das ist für mich jetzt alles gleich“ Das ökumenische Vermächtnis der Weißen Rose

RENATE WIND

Abendmahl und eine gemeinsame Zigarette

Am Ende wollten die drei, die als erste den Widerstand der Weißen Rose gegen das Naziregime mit dem Leben bezahlen mussten, gemeinsam die Kommunion erhalten. Sophie und Hans Scholl, evangelisch getauft, und Christoph Probst, der sich kurz vor der Exekution katholisch taufen ließ, hatten die Gefängnisgeistlichen um eine solche Möglichkeit gebeten. Was aber bis heute nicht offiziell zugelassen ist, war auch damals selbst angesichts des Todes nicht möglich: das ökumenische Gemeinschaftsmahl von Christinnen und Christen katholischen und evangelischen Glaubens. Die Scholls hätten dem katholischen Ritus der Mahlfeier zugunsten des gemeinsamen Abschieds vom Leben offenbar zugestimmt. Deshalb findet sich bis heute in manchen Veröffentlichungen die Ansicht, sie seien am Ende katholisch geworden, zuweilen mit dem mehr oder weniger deutlichen Unterton, dass beide doch noch zum wahren Glauben gefunden hätten.

Dieser Ansicht ist der jüngste Bruder Werner, der den Abschied von Hans und Sophie von den Eltern miterlebt hat, bald darauf in einem Brief entgegengetreten. Er schreibt vorweg, er sei „vielen Gerüchten begegnet, die einen Glorienschein um sich trugen und von gemeinen Gehirnen ersonnen waren.“[1] Dann fährt er fort: „Als wir von Sophie Abschied nahmen, kam der katholische Vikar und sagte Sophie, Hans habe den Wunsch geäußert, das Heilige Abendmahl von ihm zu empfangen und Sophie schloss sich diesem Wunsch an. Unsere Mutter hat das etwas seltsam berührt, als ich ihr aber sagte, sie solle Sophie in ihrer letzten Stunde ganz frei entscheiden lassen, war sie beruhigt. Und Sophie sagte: Siehst du, Mutter, das ist für mich jetzt alles gleich.“[2] Weiter beschreibt Werner Scholl die Gründe für den Wunsch nach einer gemeinsamen Mahlfeier und bestätigt, dass seine Geschwister, nachdem eine gemeinsames Abendmahlsfeier nicht möglich war, von dem für sie zuständigen evangelischen Geistlichen das letzte Abendmahl erhielten, während Christoph von dem katholischen Pfarrer begleitet wurde. Der sehnlich gewünschte gemeinsame Abschied war dann eben nicht ein ökumenisches Abendmahl, sondern die letzte gemeinsame Zigarette, die das Gefängnispersonal, von dem Schicksal der jungen Menschen angerührt, den dreien zugestand.

Gegen eine gnadenlose Diktatur

Fünf junge Leute finden sich Anfang der 40er Jahre in München, tun sich zusammen, werden in der kurzen Zeit, die ihnen bleibt, zur Widerstandsgruppe Weiße Rose. Unter diesem Namen verfassen und verteilen sie Flugblätter, die zur Abkehr von der faschistischen Ideologie und zum Aufstand gegen den nationalsozialistischen Staat aufrufen. „Sie fochten mit bloßen Händen, mit ihrem Glauben, ihrem armseligen Vervielfältigungsapparat gegen eine grausame und gnadenlose Diktatur.“[3]

Sie kommen aus unterschiedlichen sozialen Schichten und Milieus, sind in verschiedenen kulturellen und religiösen Traditionen aufgewachsen, und

1 Barbara Beuys, Sophie Scholl, Biographie, München 2010, S. 436.
2 Ebenda.
3 Anneliese Knoop-Graf, Zum Gedenken an die „Weiße Rose“; in: Die Weiße Rose und das Erbe des deutschen Widerstands, München 1993, S. 33.

sie haben vor allem eines gemeinsam: die Suche nach einem eigenen, selbst verantworteten Weg durch ihr Leben, das sie lieben. Die bald nach dem Krieg einsetzende Heiligsprechung der Weißen Rose hat aus ihnen unnahbare Heilige und Märtyrer gemacht und damit das Schweigen der großen Mehrheit entschuldigt. Widerstand, so wollten die vielen Mitläufer glauben, konnten nur Menschen leisten, die eben nicht ganz „normal" waren. In der neueren Forschung zur Weiße Rose, aber auch durch die Erinnerung von überlebenden Freunden, Verwandten und anderen Zeitzeugen ist dieses Bild der jungen Widerständler eindrücklich korrigiert worden. Inzwischen sind sie als wirkliche Menschen sichtbar geworden, allesamt lebenshungrig und sinnenfroh, mit Schönheit und Klugheit begabt, mit intensiv gelebten Freundschaften und Liebesbeziehungen, die das Opfer ihres Lebens aus Liebe zum Leben brachten, nicht aus seiner Verneinung. Sie alle waren in unterschiedlicher Weise religiös geprägt, aber ihr Sterben war kein religiös motivierter „Opfergang".

Was sie von der Masse der Nazianhänger und Mitläufer unterschied, war die Sehnsucht nach Freiheit und Selbstverantwortung in einer Gesellschaft, die mehrheitlich in Marschtritt und Gleichschaltung erstarrt war, und die Fähigkeit zur Empathie mit den Opfern, die einer gegenüber dem Leid der anderen apathisch gewordenen Gesellschaft weitgehend abhanden gekommen war. So wollten sie nicht leben und dafür wollten sie nicht sterben. In einer Zeit, in der der Tod allgegenwärtig war, wollten sie für das Leben einstehen, und sei es um den Preis des eigenen Lebens. „Einmal muss das Menschliche hoch empor gehalten werden, dann wird es eines Tages wieder zum Durchbruch kommen. Wir müssen dieses Nein riskieren gegen eine Macht, die sich anmaßend über das Innerste und Heiligste im Menschen stellt und die Widerstrebenden ausrotten will. Wir müssen es tun um des Lebens willen. Diese Verantwortung kann uns niemand abnehmen."[4] Dieser Christoph Probst zugeschriebene Satz beschreibt den Kern ihrer gemeinsamen Überzeugung, die auf einem allgemein christlichen, noch allgemeiner: zutiefst humanistischen Gedanken beruht und sich nicht konfessionell vereinnahmen lässt. Wohl war ihr Leben gerade in ihren letzten Jahren begleitet von geistigen Wegweisern und spirituellen Gesprächspartnern, doch auch diese waren in unterschiedlichen religiösen Traditionen beheimatet. Es waren nicht die institutionalisierten Kirchen, die ihr widerständiges Denken und Handeln beeinflussten. Die entscheidenden Anstöße kamen aus denjenigen philosophischen, theologischen und literarischen Traditionen, die samt und sonders institutions- und konfessionsübergreifend entstanden sind und gewirkt haben. Die unterschiedlichen religiösen Sozialisationen, aus denen sie jeweils kamen, waren für sie nicht nur kein Problem, sondern im Grunde kein Thema mehr.

Alexander Schmorell war als Sohn einer russischen und früh verstorbenen Mutter orthodox getauft, Willi Graf katholisch, Hans und Sophie Scholl

4 Ebenda S. 38.

evangelisch, Christoph Probst überhaupt nicht. Er wuchs bereits multikulturell und multireligiös auf, mit Elementen katholischer, jüdischer und asiatischer Religion. Alle waren sie also mehr oder weniger traditionell religiös sozialisiert, suchten aber jeweils ihren ganz eigenen Weg über die überkommene Prägung hinaus. Sie lasen und diskutierten Dostojewski und Berdjajew, Claudel und Bernanos, Augustinus und Thomas von Aquin, Pascal und Kierkegaard, Maritain und Newman. Nachdem die moderne Literatur der großen Bücherverbrennung zum Opfer gefallen war, hielten sie sich an das, was ihnen auf andere Weise die Möglichkeit der Dissidenz zum Nazistaat und seiner brutalen Geistlosigkeit eröffnete.

Entscheidend wurde vor allem für Hans und Sophie Scholl die Begegnung mit zwei theologischen Denkern, die zwar nicht im offenen Widerstand, aber doch in eindeutiger Dissidenz zum Nationalsozialismus standen und in literarischen und philosophischen Geheimzirkeln wirkten: Carl Muth, der Herausgeber der später verbotenen Zeitschrift „Hochland", und Theodor Haecker, dessen geheime Aufzeichnungen später in den „Tag- und Nachtbüchern" veröffentlicht wurden. Haecker war anerkannter Übersetzer und Deuter von Kierkegaards Werken und versuchte, katholische Lehre und existenzialistische Lebensdeutung miteinander zu verbinden. Muth und Haecker gehörten zu der in dieser Zeit entstehenden und nachhaltig wirkenden Bewegung der *renouveau catholique*, der übrigens etliche konvertierte Protestanten zugehörten, die von der Fülle der katholischen Tradition, nicht aber von der Enge ihrer Lehrautorität angezogen worden waren. Auch Muth schwebte ständig „zwischen Exkommunikation und Heiligsprechung",[5] wie es Inge Scholl ausdrückte, die zusammen mit ihrem Freund und späteren Mann Otl Aicher ebenfalls zum Freundeskreis von Muth und Haecker gehörte. Bei den geheimen Lesungen waren von Haecker solche Worte zu hören: „Die Führung Deutschlands ist heute, darüber ist nicht der geringste Zweifel, also auch keine Ausrede möglich, dezidiert antichristlich – sie hasst Christus, den sie gar nicht mehr nennt." Und auch: „Sie kreuzigen ja heute Christus zum zweiten Mal, *als Volk!*"[6] Dass der nationalsozialistische Staat nicht gottgewollte Ordnung und die Verfolgung der Juden nicht gerechte Strafe für den „Christusmord" war – wie viele Angehörige beider großen Kirchen immer noch glauben wollten – wurde hier deutlich zum Ausdruck gebracht.

Muth und Haecker litten nicht zuletzt unter dem Schweigen ihrer Kirche zur Judenverfolgung ebenso wie unter den vielfältigen Formen ihrer politischen Anpassung. Dass sie dennoch die katholische Kirche als die allein wahre Una Sancta ansahen, ist schwer nachvollziehbar, waren ihre Existenz und ihr Denken doch bereits von dem überkonfessionellen Ansatz eines christlichen Existenzialismus bestimmt, der sie mit evangelischen Theologen

---

5 Richard Hanser, Deutschland zuliebe. Leben und Sterben der Geschwister Scholl. Die Geschichte der Weißen Rose, München 1980, S. 135.

6 Theodor Haecker, Tag- und Nachtbücher, Notat 928, 13. September 1941, Innsbruck 1989, S. 199.

aus dem Widerstand, vor allem mit Dietrich Bonhoeffer, verband. So bleibt auch für die Mitglieder der Weißen Rose als gemeinsamer Nenner vor allem ein christlicher Existenzialismus erkennbar, der am ehesten auf die Frage nach einem eigenen, selbst verantworteten Glauben und Leben antworten konnte. Verantwortlich handeln, ohne die Sicherheit einer überkommenen Tradition und Institution, wurde die große Herausforderung für alle Christinnen und Christen in der Zeit des Dritten Reiches, vor allem deshalb, weil die großen Kirchen in dieser unüberbietbaren Bedrängnis und Gefährdung der Humanität keine wirkliche Hilfe boten.

Kirche

Die Mitglieder der Weißen Rose auf die eine oder andere Weise konfessionell zu vereinnahmen, verbietet sich nicht zuletzt deshalb, weil sie, wie alle christlich motivierten Widerstandsangehörigen, zwar aufgrund ihres christlichen Glaubens, jedoch gegen die Haltung ihrer Kirche zum aktiven Widerstand gegen das Naziregime gefunden haben. Sowohl die evangelische als auch die katholische Kirche verurteilten offiziell die Teilnahme am politischen Widerstand, gleich welcher Art, und dies teilweise noch über den Zusammenbruch des Dritten Reiches hinaus. Das, was die Kirchen nach anfänglicher Sympathie für die neue „Ordnung" an Widerstand aufbrachten, war die Sicherung ihres „Innenbereichs". Im Reichskonkordat, das zwischen der Hitler-Regierung und den deutschen Bischöfen geschlossen wurde, „versuchte die Kirche mit vertraglichen Mitteln ihre Struktur und Identität zu wahren … Der Akzent lag auf der Selbstbehauptung; der Widerstand der Kirchen galt vor allem –wenn auch nie ausschließlich – der Verletzung des inneren Bereichs; er war kirchlich motiviert, nicht politisch," betont Hans Maier in seiner Weiße-Rose-Gedächtnisvorlesung, und er fährt fort: „Hier weist die Verteidigungslinie der katholischen Bischöfe deutliche Parallelen mit dem Verhalten der evangelischen Landesbischöfe in den „intakten Kirchen" auf. In der Flut einer Bewegung, die alles zu überschwemmen drohte, versuchte man ein Stück eigener Existenz, eigener Integrität zu retten."[7] In einer solchen Kirche wuchsen die Geschwister Scholl auf. Die „intakten" evangelischen Landeskirchen von Bayern und Württemberg hatten die innerkirchliche Machtübernahme durch die nazistischen „Deutschen Christen" abgewehrt, und damit den „Kirchenkampf", der ausschließlich ein innerkirchlicher Kampf war, für sich für beendet erklärt. Wer sich darüber hinaus mit dem Staat anlegte, konnte mit keiner Unterstützung von Seiten der Kirchenleitungen rechnen. Die lutherische Zwei-Reiche-Lehre erlaubte Widerstand dort, wo der Staat in die Kirche hineinregieren wollte, verbot aber geradezu das Eingreifen der Kirche in „weltliches Regiment", dem damit eine

7 Hans Maier, Christlicher Widerstand im Dritten Reich, in: Die Weiße Rose und das Erbe des deutschen Widerstands, Münchner Gedächtnisvorlesungen, München 1993, S.120.

weitgehende „Eigengesetzlichkeit“ zugestanden wurde. Auch die „Bekennende Kirche“, die sich in den deutsch-christlich dominierten Landeskirchen als innerkirchliche Opposition bildete, ist über diese Grenze kaum hinausgegangen. Als die Regierung mit einem „Befriedungskonzept“ ihren Forderungen entgegenkam, hat ein breiter kompromissbereiter Flügel der Bekennenden Kirche seinen Frieden mit dem NS-Staat gemacht. Übrig blieb ein kleiner radikaler Flügel, eine Art „bekennende“ Bekennende Kirche, die bald der Verfolgung durch die Nazibehörden ausgesetzt war. Zu ihren Märtyrern gehört Dietrich Bonhoeffer, der am Ende den Schritt in den unmittelbar politischen Widerstand wagte und mit dem Leben bezahlte. Er hatte schon 1933 vergeblich den Widerstand der Kirche gegen die Menschenrechtsverletzungen des NS-Staates eingefordert und unter anderem geschrieben: „Es muss endlich mit der theologisch begründeten Zurückhaltung gegenüber dem Tun des Staates gebrochen werden. Es ist ja doch alles nur Angst. Tu deinen Mund auf für die Stummen – wer weiß denn das heute noch in unserer Kirche, dass dies die mindeste Forderung der Bibel in diesen Zeiten ist.“[8] Er wäre den Scholls ein überzeugender evangelischer Gesprächspartner gewesen.

Elternhaus

In der evangelischen Gemeinde in Ulm gab es wohl kaum Anstöße zu Nonkonformismus oder gar Dissidenz. Dass die Scholls zunächst allesamt begeisterte und teilweise geradezu militante Mitglieder der Hitlerjugend waren, fand in ihrer Kirche jedenfalls keinen kritischen Widerhall. Im Gegenteil, der freundliche und weltoffene evangelische Stadtpfarrer sympathisierte mit dem neuen Deutschland. Dass sich Sophie Scholl als einzige ihres Jahrgangs in der BDM-Uniform konfirmieren ließ, hat ihn offenbar nicht dazu veranlasst, ihr den kirchlichen Segen zu verweigern – Pfarrer Paul Schneider, der im KZ ermordete „Prediger von Buchenwald“ aus der Bekennenden Kirche des Rheinlands, hatte in einem ähnlich gelagerten Fall den Konflikt nicht gescheut. Mit solchen evangelischen Dissidenten hatte man in Ulm keine Berührung, dafür aber mit katholischen kritischen Jugendlichen, die sich um Pfarrer Weiß, einen entschiedenen Gegner der Nazis gesammelt hatten. Sie werden für die Scholls in der Phase der Abkehr von dem faschistischen Gemeinschaftsmodell der Hitlerjugend eine wichtige Rolle spielen. Vor allem die Freundschaft mit Otl Aicher, dem schon früh durch Pfarrer Weiß der Weg in den Widerstand gewiesen worden war, machte den Schritt in die grundsätzliche Dissidenz möglich. Er ist auch derjenige, der die Geschwister mit seinem kritischen katholischen Milieu, am Ende auch mit Muth und Haecker bekannt macht. In jugendlichem Bekehrungseifer und zugleich tie-

8 Hier zitiert nach Renate Wind, Dem Rad in die Speichen fallen: die Lebensgeschichte des Dietrich Bonhoeffer, Gütersloh 2006, S. 104.

fem, gläubigem Ernst möchte er gerne die ganze Familie Scholl, in der er bald wie ein Sohn verkehrt, zu guten Katholiken bekehren.

Das evangelische Element des Widerstands kam im Fall der Geschwister Scholl also nicht von außen, sondern von innen, von den Eltern. Sie waren es, die dem Naziregime von Anfang an ablehnend gegenüberstanden und dies den Kindern gegenüber auch deutlich begründeten. Doch wann hören Jugendliche in ihrer Sturm-und-Drang-Phase schon auf ihre Eltern, vor allem wenn die „Peer Group“ ganz anders denkt? Woche für Woche hängt der Vater das Hitlerbild im Zimmer seines Sohnes ab, jeden Tag aufs Neue, bis er einsieht, dass Hans selber zur richtigen Einsicht und Entscheidung kommen muss. Und welche Diskussionen Sophies Entscheidung für die BDM-Uniform am Familientisch gegeben haben mag, lässt sich jedenfalls erahnen.[9] Doch bei allen Auseinandersetzungen scheint die familiäre Kommunikation nie abgebrochen gewesen zu sein; man hält in Liebe aneinander fest, redet, streitet und bleibt doch die verlässliche Insel des Zusammenhalts in einer Welt, die auch für die Scholl-Geschwister nach und nach fragwürdiger und bedrohlicher wird.

Robert Scholl ist evangelisch im Sinne eines freiheitlichen Protestantismus, auch er gehört keinem kirchlichen „Mainstream“ an. Schon in der Zeit des ersten Weltkrieges vertritt er pazifistische Ideen, verweigert den Kriegsdienst, kritisiert leidenschaftlich die deutschnationale Ausrichtung der Kirche. Als junger Sanitäter begegnet er Magdalena, der zehn Jahre älteren Diakonieschwester aus dem schwäbischen Pietismus. Mit ihr, dem „Linäle“, beginnt eine zärtliche und zugleich politische Korrespondenz; sie sind sich einig in ihrem Freiheitswillen und einer Menschenfreundlichkeit, die sich auch in gesellschaftliche Realität umsetzen lassen muss. Diese Haltung und Überzeugung geben sie an ihre fünf Kinder weiter, und darüber hinaus ist ihnen wichtig: eine immer möglichst große Wohnung, viel Raum zum Wachsen und sich Entwickeln, Freiheit des Denkens und einen Schutzraum zum Anderssein, kritische Dissidenz und beschützende Fürsorge zugleich. Sie bieten eine Lebenswelt, die zunehmend in Gegensatz zu allem gerät, was der Nazistaat und die faschistische Ideologie unter Werte- und Volksgemeinschaft versteht. Ab 1938 häufen sich die Konflikte, Hans wird wegen „bündischer Umtriebe“, dem Versuch, die Hitlerjugend mit autonomer Jugendkultur zu unterwandern, verhaftet, der Vater einige Jahre später wegen „Heimtücke“. Er war angezeigt worden, weil er Hitler eine „Gottesgeißel der Menschheit“ genannt hatte. Am Ende wird er sich Zugang zu dem Prozess gegen seine Kinder verschaffen und in den „Volksgerichtshof“ mit dem Mut der Verzweiflung sein „Es gibt noch eine andere Gerechtigkeit“ hineinrufen. An der Familie Scholl werden die Nazis schließlich als erste die später noch oft vollzogene „Sippenhaft“ praktizieren, von der nur der jüngste Sohn Werner verschont bleibt, weil er als Soldat an der Ostfront „gebraucht“ wird. Er wird von dort nicht zurückkehren.

9 Barbara Beuys, Sophie Scholl. Biografie, München 2010, S. 135 ff.

Die Eltern von Hans und Sophie Scholl haben deren Dissidenz also nicht nur ermöglicht, sondern selbst gelebt und erlitten. Wie schwierig das gerade in familiären Beziehungen sein kann, zeigt ein spontaner Satz des alten Vaters, in dem sich der Stolz auf die Tat seiner Kinder mit der unendlichen und lebenslangen Trauer über ihren frühen Tod vermischt: „Manchmal denke ich, meine Kinder könnten noch leben, wenn sie einen anderen Vater gehabt hätten." Die Kinder zur Freiheit zu erziehen – „Ich möchte, dass ihr gerad und frei durchs Leben geht" – und sie gleichzeitig zu schützen ist in der Zeit einer totalitären Diktatur ein im Grunde unauflösbarer Widerspruch, unter dem vor allem die Mutter schwer gelitten haben muss. Sie bringt ein weiteres evangelisches Element in die Erziehung zum Widerstand ein: ein dem Nächsten zugewandtes praktisches Christentum und die Orientierung an der Bibel. „Sing, bet und geh auf Gottes Wegen, verricht das Deine nur getreu" – dieses Lied aus dem pietistischen Tatchristentum könnte über ihrem Leben stehen, aber auch die Mahnung des Propheten Micha: „Es ist dir gesagt, Mensch, was gut ist: der Weisung Gottes folgen, den Nächsten lieben und demütig sein vor deinem Gott." Diese biblische Werteorientierung musste in Gegensatz zu allem geraten, was faschistische Herrenmenschenideologie proklamierte und praktizierte. Von ihren früheren Mitschwestern in der Diakonie erfährt Magdalena Scholl von dem Euthanasieprogramm der Nazis, der Vernichtung „lebensunwerten Lebens" und ist entsetzt. Sie bringt die fundamentale Ablehnung des Nazistaates und seiner Ideologie aus ihrer Fähigkeit zum Mitleiden hervor, die sich in vielen praktischen Aktionen der Hilfe und Unterstützung für Bedürftige und Bedrängte ausdrückt. Die Mutter von Hans und Sophie umsorgt nicht nur ihre Kinder, sondern auch deren Freunde. Diese finden bei den Scholls ein offenes Haus und Fürsorge, auch und gerade in den Zeiten kriegsbedingter Lebensmittelknappheit. Dem von den Kindern verehrten Carl Muth werden Forellen, Wein und Weißbrot geschickt, was diesen übrigens nicht abhalten wird, seinem jungen Freund Otl Aicher, der die ganze Familie Scholl zum Katholizismus bekehren möchte, Anfang 1943 zu schreiben: „Die Mutter ist mit ihrer frühen Jugend und dem Diaconissenleben noch so verknüpft, dass es noch großer Erschütterungen braucht, wenn sie den Kindern folgen sollte, falls diesen die Gnade der Heimkehr zur Una Sancta zuteil werden sollte."[10]

Die Erschütterung würde nicht lange auf sich warten lassen, und Magdalena Scholl wird sie in ihrem evangelischen Glauben durchstehen. Wenige Wochen später sehen die Eltern ihre Kinder Hans und Sophie zum letzten Mal: „Gelt Sophie, Jesus", sagt die Mutter und schreibt am nächsten Tag an Sophies Freund Fritz Hartnagel: „Sofie und Hans waren so gefasst und abgeschlossen mit dem Leben, dass man selbst ganz getröstet war. Sofie lehnte leicht und lächelnd an der Heizung und hatte einen Glanz in den Augen, den ich sonst nicht kannte ..."[11] Während der bedrückenden Monate der Sippen-

10 Hier zitiert nach Barbara Beuys, Sophie Scholl. Biografie, München 2010, S. 431.

11 Magdalena Scholl, Brief vom 23. Februar 1943, in: Sophie Scholl / Fritz Hartnagel,

haft wird Magdalena Scholl sich um ihre Mithäftlinge kümmern, um die junge Zwangsarbeiterin aus der Ukraine, die sich bei ihr ausweint, um die schwangere Französin, die regelmäßig vom Mund abgespartes Brot zugesteckt bekommt. Und Otl Aicher, der spätere Schwiegersohn, wird ihr ins Gefängnis schreiben: „Ach, dass gerade Sie von solch harten Dingen betroffen werden, die Sie von Natur voller Milde und Güte sind und von allem wohl noch schlimmer getroffen werden als andere. Sie konnten doch nicht die kleinste Ungerechtigkeit mit ansehen und statt sie zu rügen, waren Sie immer voller Milde und Großherzigkeit. Und nun ist Ihr Herz gezwungen, zu diesem wilden Trubel zu schweigen. Aber vertrauen Sie nur auf die Kraft Gottes, die Ihrer Sophie dieses selige Lächeln schenkte. Bedenken Sie, dass auch Sie zu den Menschen gehören, die die Bergpredigt selig preist.“[12]

Von Magdalena Scholl wird am Tage der Beerdigung von Sophie, Hans und Christoph der vielleicht stärkste Impuls biblisch begründeter Widerständigkeit ausgehen. Aus dem biblisch orientierten pietistische Laienchristentum kommend, greift sie zur Bibel und liest das 7. Kapitel aus dem 2. Makkabäerbuch vor. Es erzählt von der Konfrontation einer jüdischen Mutter und ihrer sieben Söhne mit König Antiochus IV., dem gnadenlosen Vollstrecker der „Zwangshellenisierung“ im Jerusalem des 2. Jahrhunderts v.Chr., der die Söhne zwingen will, die Gesetze des jüdischen Glaubens zu brechen. Ihre Weigerung kostet sie Folter und Tod, und als der letzte der Söhne von der Mutter zum Nachgeben überredet werden soll, antwortet diese. „Ich bitte dich, mein Kind, sieh Himmel und Erde an und alles, was darin ist, und bedenke: Dies hat Gott alles aus nichts gemacht, und wir Menschen sind auch so gemacht. Darum fürchte dich nicht vor diesem Henker, sondern nimm den Tod auf dich wie deine Brüder, damit dich Gott zur Zeit seines Erbarmens samt deinen Brüder wiedergebe.“[13]

Apokalypse

Diese Geschichte aus dem 2. Jahrhundert v.Chr. ist zwar eine Lehrerzählung, sie hat aber einen realistischen Hintergrund. Sie kommt aus der Zeit des ersten Imperiums der Geschichte, das von den Unterworfenen nicht nur Steuern und Sklavenarbeit einforderte, sondern auch die Herzen und Gewissen seiner Untertanen zu beherrschen trachtete. Das Programm der Zwangshellenisierung unter dem hellenistischen Seleukidenherrscher Antiochus IV. Epiphanes existierte tatsächlich und forderte unter den Juden, die ihrem Glauben

Damit wir uns nicht verlieren. Briefwechsel 1937–1943, Frankfurt/Main 2005, S. 463.

12 Otl Aicher, undatiertes Schreiben an Magdalena Scholl, in: Inge Scholl, Sippenhaft. Nachrichten und Botschaften der Familie in der Gestapo-Haft nach der Hinrichtung von Hans und Sophie Scholl, Frankfurt am Main 1993, S. 35 f.

13 Zitiert in: Barbara Beuys, (Anm. 1), S. 459; hier wird diese Szene auf den 21. Februar datiert, nach der Erinnerung von Traute Lafrenz fand die Lesung (vielleicht zusätzlich?) nach der Beerdigung statt.

treu blieben, unzählige Opfer, bis der Makkabäeraufstand unter Judas Makkabäus dem Land eine kurze Phase der Freiheit bescherte und der Judenheit das Chanukkafest im Gedenken an die Tempelreinigung nach der Entfernung der heidnischen Götzenbilder.

In dieser Zeit wandelte sich die jüdische Prophetie zur Apokalyptik, die unter der Chiffre „Babylon" (das zu dieser Zeit längst untergegangen war), eine herrschafts- und ideologiekritische Analyse dieses ersten totalitären Systems formulierte. Unter den biblischen Schriften ist diese Richtung im Buch Daniel zu finden, das zur gleichen Zeit wie die Makkabäerbücher entstanden ist. Als am Ende des ersten Jahrhunderts n.Chr. das römische Imperium eine ähnliche Politik verfolgte, die Teilnahme am Kaiserkult zur staatsbürgerlichen Pflicht machte und die Verweigerung des Kaiseropfers mit Gefängnis, Folter und Tod bedrohte, nahm der Apokalyptiker Johannes die Tradition und Metaphorik des Danielbuches auf, um der bedrängten Gemeinde Trost und Mut zuzusprechen: nur eine kurze Zeit noch herrschen die „großen Tiere" mit ihrer Gewalt und ihrem Terror gegen alle, die sich nicht unterwerfen, dann aber wird der Sieg Gottes und des „geschlachteten Lammes" Christus die Welt erneuern und von Unrecht, Gewalt und Tod befreien. Es ist kein Zufall, dass Christen beider Konfessionen in der Zeit des Dritten Reiches gerade dieses lange unverstandene Buch der Johannesapokalypse wiederentdecken. „Die Herren der Welt gehen, unser Herr kommt", dieser Satz von Martin Niemöller (oder doch von Gustav Heinemann) gehört zu dem Erbe der „bekennenden" Bekennenden Kirche. Hatten die Nazis von dem italienischen Faschismus die Ideologie und Symbolik des römischen Kaiserkultes übernommen, wurde im Widerstand gegen den Faschismus vielen Christinnen und Christen die Aktualität der Johannesapokalypse deutlich. Vor allem das 13. Kapitel über die drei Tiere, – den Satan, das Tier aus dem Abgrund und das Tier aus der Erde – machte deutlich, dass der Rat des Paulus in Römer 13, der Obrigkeit untertan zu sein, nicht das letzte Wort sein konnte. Hatte der Apokalyptiker Johannes mit seinem Bild von den drei Tieren gut erkennbar die römische Staatsmacht als Agentur des Satans und seine Ideologen als Lügenpropheten entlarvt, so erkannten Christen im Widerstand in dem Tier aus dem Abgrund Hitler als den Agenten des Satan und in dem Lügenpropheten seinen Propagandaminister, der die Masse des Volkes dazu verführte, „das Tier" anzubeten. Diese Erkenntnis stand in schroffem Gegensatz zu den Verlautbarungen der Kirchenleitungen und ihren Aufrufen, für das Wohl eines Führers und einer Obrigkeit zu beten, die sich in selbstherrlicher Hybris längst selbst zu Herren über Leben und Tod der Völker gemacht hatten.

Wiedersehen

In den Aufzeichnungen und den Flugblättern der Weißen Rose wird deutlich, dass es vor allem drei biblische Erkenntnisse waren, die quer durch die Konfessionen den Widerstand spirituell begründet haben. Zuerst die in den ersten Kapiteln der Genesis durchbuchstabierte Erkenntnis, wohin es führt, wenn Menschen „wie Gott“ sein wollen. Die Unbarmherzigkeit des deutschen Herrenmenschentums, die sich den jungen Studenten und Sanitätssoldaten vor allem und noch einmal überdeutlich bei ihrem Fronteinsatz in der Sowjetunion offenbarte, war ihnen unerträglich und mit der guten Schöpfung und menschenfreundlichen Ordnung Gottes unvereinbar. Ein weiteres Element ist die Wiederentdeckung der alttestamentlichen Prophetie, die Aufforderung, die Stimme gegen Unrecht und Gewalt zu erheben, nicht nur nach den Geheimnissen des Himmels zu fragen, sondern nach der Ermöglichung eines menschlichen Zusammenlebens auf der Erde. Damit verbunden ist der Aufruf zum Mitleiden, zur Compassio, die Verpflichtung, den Mund aufzutun für die Stummen, öffentlich das Verbrechen an den Juden und den Völkern des Ostens anzuklagen. Das dritte Element ist die Erkenntnis der Apokalyptik, dass es mit einer Obrigkeit, die zur Agentur des Satans wurde, keine Kompromisse geben kann, nur die totale Anpassungsverweigerung und den entschiedenen Widerstand.

Wie weit dieser Widerstand in die lebensgefährdende Widerstandsaktion führt, ist für jeden einzelnen Menschen in jener Zeit eine sehr persönliche existenzielle Frage gewesen, und seine Bereitschaft, sein Leben einzusetzen ist eine Entscheidung, die sich jeder Vereinnahmung durch Konfessionen oder auch politische Parteien entzieht. Das ökumenische Vermächtnis der Weißen Rose besteht gerade darin, dass es ein allgemein christliches, noch allgemeiner: ein menschliches Vermächtnis ist. In der existenziellen Situation des Widerstands haben sich hier wie überall im Deutschland des Dritten Reiches Menschen gefunden und als Mitmenschen erkannt, die sich zuvor fremd gegenüber gestanden haben, Protestanten und Katholiken, Christen und Sozialisten, Angehörige unterschiedlichster Schichten und Lebensbereiche. In den letzten Stunden waren sie sich alle gleich, in ihrer Würde und ihrem Mut und ihrer Hoffnung, dass – auf welche Weise auch immer – der Tod nicht das letzte Wort haben wird. Und so könnte es am Ende doch ein guter, menschlicher, von allen konfessionellen Schranken befreiter Abschied gewesen sein, diese letzte gemeinsame Zigarette und das Abschiedswort von Christoph Probst: „In der Ewigkeit sehen wir uns wieder!“

Carl Muth

„Eine Bibliothek, das ist ja eine Art Biographie" Die religiösen Mentoren der Weißen Rose

JAKOB KNAB*

Der Erste Weltkrieg (1914–1918) gilt als die Urkatastrophe des 20. Jahrhunderts.[1] Mit diesem historischen Umbruch sind die individuellen Lebensgeschichten der späteren Protagonisten der Weißen Rose verwoben: Alexander Schmorell wurde im Epochenjahr 1917 in Orenburg (Ural) kurz vor der Oktoberrevolution geboren, Willi Graf und Hans Scholl im letzten Kriegs-

* Ich widme diesen Aufsatz dem Historiker und Theologen Dermot Fenlon (Dublin, Cambridge und Birmingham) zu seinem 70. Geburtstag am 4. Dezember 2011.

1 Diese Bezeichnung stammt von dem US-amerikanischen Historiker und Diplomaten George F. Kennan („the great seminal catastrophe of this century"). – Ich danke Reimar Güthner (Kaufbeuren) für seine freundschaftliche Unterstützung.

jahr 1918, Christoph Probst im Jahr, als der Friedensvertrag von Versailles geschlossen wurde, und Sophie Scholl im Jahr 1921, als die Gegner der Weimarer Republik von rechts und links ihre Agitation gegen den Staat entfesselten. Deren Höhepunkt war die Ermordung Erzbergers im August 1921, der für seine Feinde als die Inkarnation aller Schwächen der jungen Republik galt. Knapp ein Jahr später wurde Reichsaußenminister Walther Rathenau Opfer des rechtsextremen Lagers; wegen seiner jüdischen Abstammung war er zu einem Symbol der verhassten „Judenrepublik" geworden. In einer historischen Perspektive wird der Zweite Weltkrieg als Konsequenz und Folge des Ersten gesehen; die Machtübernahme Hitlers im Deutschen Reich wird auch auf den Vertrag von Versailles zurückgeführt.

Die Kindheit der späteren studentischen Kerns der Weißen Rose lag in der Zeit der Weimarer Republik. Sie erfuhren die Familie als Ort der elterlichen Zuwendung. Dazu gehörten dann auch Konflikte bei der Ablösung vom Elternhaus. Doch sie lebten noch im familiären Schutzraum, als die NSDAP von einer Splitterpartei zur Massenbewegung anwuchs. Bei Hitlers Machtergreifung im Januar 1933 waren sie noch leicht entflammbare Jugendliche. Hans Scholl grenzte sich von seinen Eltern ab, indem er gegen ihren Willen schon im Mai 1933 der Hitlerjugend beitrat.[2] Schon damals war Hans Scholl, der spätere politische und charismatische Kopf der Weißen Rose, ein Mensch von überschäumender Energie und unbändiger Vitalität. Sein kurzer Lebensweg führte ihn in Grenzbereiche: Als Fähnleinführer trug er die Hakenkreuzfahne auf dem Nürnberger Parteitag der NSDAP, doch Jahre später widersagte er der „Diktatur des Bösen", und schließlich endete sein junges Leben unter dem Fallbeil der Nazi-Henker. Umschlagspunkte, Krisen und Begegnungen, Mut, Kontaktfreude und Sendungsbewusstsein markierten seine Lebensgeschichte. Sein letzter Satz, den er in der Freiheit schrieb, lautete: „La vie, c'est une grande aventure vers la lumière."[3] Dieses Abenteuer hin zum Licht erlebten Hans Scholl und seine Freunde in einer Intensität, die auch den heutigen Zeitgenossen in ihren Bann schlägt.

Carl Muth (1867–1944)

Den ersten Kontakt zwischen Hans Scholl und Carl Muth hatte Otl Aicher geknüpft.[4] Damit gehört Aicher zu den Geburtshelfern der Weißen Rose. Denn das Haus Muth wurde ein Ort, in dem religiöse Fragen geklärt und po-

2 Weiterführend hierzu Eckard Holler, Die Ulmer „Trabanten". Hans Scholl zwischen Hitlerjugend und dj.1.11., puls 22. Dokumentationsschrift der Jugendbewegung, Stuttgart 1999.

3 Hans Scholl / Sophie Scholl, Briefe und Aufzeichnungen, hrsg. von Inge Jens, Frankfurt am Main 1984, S. 116.

4 Otl Aicher (1922–1991) war Mitbegründer und von 1962 bis 1964 Rektor der Hochschule für Gestaltung in Ulm. Berühmt wurde er durch das von ihm entwickelte Erscheinungsbild der Olympischen Spiele von 1972 in München.

litische Probleme erörtert wurden. In dieser neuen Welt des Geistes begegnete Scholl Menschen großen Formats; begierig nahm er Lektüreanregungen auf. Im Kriegswinter 1941 schrieb Muth an Aicher: „Hans [Scholl] geht bei mir als lieber und sehr geschätzter Hausfreund ein und aus. Er ist auch oft mein Tischgast und kommt mit allerhand Menschen in Berührung, die ihn interessieren.“[5] Scholl lernte diese Menschen großen Formats kennen: Theodor Haecker, Werner Bergengruen, Sigismund von Radecki und Alfred von Martin. Sie alle gehören in den umfassenden Kreis der religiösen Mentoren.

Warum hatte Otl Aicher Muth in München aufgesucht? Von seinem Jugendpfarrer in Söflingen bei Ulm hatte Otl Aicher Anregungen zur vertieften Lektüre erhalten. Diese reichten von den *Bekenntnissen* des Augustinus, von den Büchern Theodor Haeckers bis hin zu Carl Muths Zeitschrift *Hochland*. Aicher wollte diese Persönlichkeiten kennenlernen; er besuchte im Sommer 1941 zunächst Carl Muth in München und später auch Theodor Haecker. Zur Jahreswende 1937/38 war um Aicher, der nicht in die Hitlerjugend eingetreten war, und um die Geschwister Scholl ein neuer Freundeskreis entstanden, der in Ulm auch „Scholl-Bund“ genannt wurde. Als Hans Scholl im August 1941 durch Aichers Vermittlung erstmals Carl Muth traf, da war dies nicht nur eine Begegnung zweier Generationen. Es trafen sich Scholls ungestüme Vitalität und Muths gereifte Besonnenheit, die mitunter „fanatische“ und „dämonische“ Lebensgier des jungen Scholl und die reiche Lebenserfahrung des alten Gelehrten Muth. Beide einte sogleich der Zorn über die Machthaber, denn erst wenige Wochen zuvor war das *Hochland* von den NS-Machthabern eingestellt worden. Und als Muth Scholls Faszination an der Literatur spürte, bat er ihn, seine umfangreiche Privatbibliothek zu ordnen. In diesem anregenden Umfeld ergaben sich die Gespräche über die Verflechtung von christlichem Glauben und politischem Handeln. „Mein treuester Freund ist immer noch Carl Muth“, schrieb Scholl im Frühjahr 1942, „bei ihm kannst Du mich täglich finden.“[6]

In der Begegnung mit Muth betrat Scholl ein intellektuell vibrierendes, schon seit langen Jahren gewachsenes Kraftfeld: Unter dem Pseudonym „Veremundus“ hatte Muth 1898 die Streitschrift „Steht die katholische Belletristik auf der Höhe der Zeit?" veröffentlicht. Um das katholische Bildungsbürgertum an die geistigen Auseinandersetzungen seiner Zeit heranzuführen, gründete er im Oktober 1903 die Monatsschrift Hochland; sie sollte der „Wiederbegegnung von Kirche und Kultur in Deutschland“ dienen. Im Weltkrieg 1914–18 waren auch die Kirchen ein Bestandteil der europäischen Kriegsgesellschaften. Ebenso war Carl Muth erfasst von jener Kriegsbegeisterung, als er im zweiten Kriegsjahr über das „Kriegsunwetter“ jubelte: „Das war der Anfang: ein Schauspiel für Gott und Menschen und herrlich

5 Carl Muth, Schreiben vom 19. Dezember 1941, in: Briefe und Aufzeichnungen, S. 321.

6 Hans Scholl, Schreiben vom 13. April 1942, in: Briefe und Aufzeichnungen, S. 103. – Der Vorname von Muth wird in diesem Aufsatz einheitlich Carl geschrieben.

bis zum Jüngsten Tag!"[7] Nach Kriegsende stellte sich Muth politisch im Sinne eines „Vernunftrepublikanismus" auf die Seite der jungen Republik. Die Festschrift, die 1927 zu seinem 60. Geburtstag erschien, vermittelt einen anschaulichen Einblick in die damalige geistige Lage.[8] Man knüpfte an die Romantik an und hoffte auf einen „Dante'schen Geist". Ein Autor hingegen rühmte die „fruchtbare Bewegtheit des Volkstums". Sogar schon in dieser Festschrift vertrat Carl Schmitt den Standpunkt, dass es jetzt nur „einen Weg zur Rettung gebe: die Diktatur."[9] Darüber kam es schließlich zum Bruch zwischen Muth und Schmitt.[10]

Scholl erkannte bald, dass Muth ein früher Gegner der rassistischen Ideologie des Nationalsozialismus war. Nie wurde der Name „Adolf Hitler" im *Hochland* erwähnt. Es verwundert nicht, dass mit Kriegsbeginn 1939 die Schikanen zunahmen; mehrere Ausgaben wurden beschlagnahmt und mussten eingestampft werden.[11] Eine Möglichkeit, auf die „Ehre und Größe des jüdischen Volkes" hinzuweisen, fand Muth in den Beiträgen zum Alten Testament.[12] Im Juni 1941 wurde „aus kriegswirtschaftlich Gründen" kein Papier mehr zugeteilt, die Zeitschrift musste eingestellt werden. Namhafte Theologen, Kulturphilosophen und Schriftsteller wie Erik Peterson, Joseph Bernhart, Werner Bergengruen und Theodor Haecker schrieben auch Beiträge über die NS-Ideologie als Heilslehre. [13] Haecker hatte u.a. auch Predigten Newmans für das *Hochland* ins Deutsche übertragen. Deren idealtypischer Grundtenor war der Widerspruch zwischen der Freiheit des Gewissens und den Übergriffen einer weltlichen Herrschaft. Es trat auch der Gedanke zutage, dass das Böse in der Geschichte schließlich durch das Martyrium gläubiger Menschen überwunden werde. Newmans Predigten führen auch den heutigen Leser in die existenzielle Mitte dieses so „instinktiven" Theologen, der mit seinem herausragenden Gespür ideengeschichtliche Zusammenhänge erfasst hatte.

Im Jahr 1934 wurde Newmans Predigt „Die christliche Kirche. Eine imperiale Macht" im *Hochland* veröffentlicht.[14] Diese Oxforder Kanzelrede aus

---

7 Carl Muth, Zum zweiten Kriegsjahrgang, in: Hochland 13 (1915), S. 1-9, hier: S. 1.

8 Wiederbegegnung von Kirche und Kultur in Deutschland. Eine Gabe für Carl Muth, München 1927.

9 Weiterführend hierzu: Lexikon der theologischen Werke, hrsg. von Michael Eckert, Stuttgart 2003, S. 810 f.

10 Weiterführend hierzu: Piet Tommissen, Der Briefwechsel zwischen Carl Muth und Carl Schmitt, in: Jahrbuch für politisches Denken, Berlin 1998, S. 127-159.

11 Siehe hierzu auch den Eintrag Hochland. Monatsschrift für alle Gebiete des Wissens, der Literatur und Kunst. http://www.historisches-lexikon-bayerns.de/artikel/ artikel_ 44729.

12 Joseph Bernhart, Um das Alte Testament, in: Hochland Heft 32, (1934), S. 99 f.

13 Siehe hierzu auch Konrad Ackermann, Der Widerstand der Monatsschrift Hochland gegen den Nationalsozialismus, München 1966.

14 1938 wurden Haeckers Übertragungen in Buchform veröffentlicht: John Henry Kardinal Newman, Kirche und Welt. Predigten, Leipzig 1938, hier: S. 44-61. Newman, der Uni-

dem 19. Jahrhundert richtete sich gegen die Anmaßungen weltlicher Macht. Gegen den „Geist der Welt“ und seiner „Grausamkeit und Tyrannei“, gegen „Angriff und Vorrücken“, gegen „Kriegführen gegen die Feinde“ setzte der Prediger Newman den Gott des Alten Testamentes, der „Seinem Volk Israel Recht schafft.“[15] *Hochland* druckte diese Worte im Jahr 1934, als die Juden Schritt für Schritt ausgegrenzt wurden und politische Gegner in einer Säuberungswelle nach dem so genannten Röhm-Putsch ermordet wurden. Der kundige Leser konnte verstehen, worauf sich jene Worte von der „Grausamkeit und Tyrannei“ bezogen.

Die *Hochland*-Hefte wurden von den Lesern weitergereicht, denn diese Beiträge waren noch nicht Opfer einer ideologischen Gleichschaltung. 1938 erschienen in zwei *Hochland*-Ausgaben zwei weitere Newman-Texte. Zunächst seine Predigt „Der Glaube und die Welt“,[16] wo Newman die grausame Wirklichkeit des Bösen in der Welt aufgreift, wenn er von der „maßlosen Tyrannei“, von „Mustern des Bösen“ und vom „geheimen Anstifter Satan“ spricht. Gegen Werte der Welt wie „Macht und Rang und Vermögen“, wie „Krieg, Politik und Handel“ setzte Newman die „Zartheit des Gewissens“. Der Prediger betete um jene „Liebe, dass wir Sehnsucht haben nach der Wahrheit“. Ebenfalls 1938 druckte *Hochland* Newmans Ansprache „Die Religion des Tages“.[17] Damit meinte der Prediger gängige „Trugbilder“, die er auch „widerwärtige Gespenster“ nannte. In Newmans Schau waren es die „Tyrannen eines hintergangenen Volkes“, die zum „Trugbild der Wahrheit“ verführen. Die Leser des Jahres 1938, in dem die Gotteshäuser der Juden zerstört wurden, verstanden die Anspielungen, wer mit den „widerwärtigen Gespenstern“ und mit den „Tyrannen“ gemeint war.

Theodor Haecker (1879–1945)

Im Hause von Carl Muth hatte Hans Scholl auch den Polemiker, Konvertiten und Kulturphilosophen Theodor Haecker kennengelernt. Er galt als verschlossen und unnahbar. Doch die spürbare Abneigung der beiden gegen den Ungeist des Nationalsozialismus war ein erster Anknüpfungspunkt. Scholl war fasziniert von Haeckers Ausstrahlung. Er plante Lesungen mit Haecker im größeren Freundeskreis.

Theodor Haecker war 1905 nach München gekommen. Mit Kriegsbeginn im August 1914 war er zum Satiriker geworden. Bald wurden seine polemischen Angriffe auf den militaristischen Zeitgeist von der Zensur verhin-

versitätspfarrer von Oxford, hatte diese Predigt am 27. November 1842 unter dem Titel „The Christian Church. An Imperial Power“ gehalten.

15 Newman, Kirche und Welt, S. 61.

16 Newman, Kirche und Welt, S. 26-43. Newman hatte diese Predigt am 18. November 1838 unter dem Titel „The Church and the World“ gehalten.

17 Newman, Kirche und Welt, S. 158-173. Newman hatte diese Predigt am 26. August 1832 unter dem Titel „The Religion of the Day“ gehalten.

dert. Wer aber Haecker in seiner existenziellen und religiösen Tiefe verstehen will, muss sich auf dessen Lebensentscheidung einlassen, auf seinen Überschritt und seine Hinwendung von der Leidenschaft eines Kierkegaard hin zur Reife und Weisheit eines John Henry Newman. Im April 1921 konvertierte Haecker zur katholischen Kirche. Nach Hitlers Putschversuch im November 1923 sprach Haecker von Adolf Hitler als der „Bestie".[18]

1933, im ersten Jahr von Hitlers Herrschaft, erschien Haeckers Werk „Was ist der Mensch?" Er wollte darin den Sinn der Geschichte ergründen. Das Wesen des Politischen sei vorrangig, so Haecker, die Verknüpfung von Gerechtigkeit und Frieden, aber nicht das Freund-Feind-Verhältnis. Er attakkierte einen „untergeistigen" Heldenkult: „Es gehört sehr viel mehr wirklicher Mut dazu, gegen die Ungerechtigkeit oder die Lüge eines geistigen oder geistlichen Tyrannen ein Wort zu sagen, als triebhaft in ein Maschinengewehrfeuer zu laufen."[19] In seiner großen, historisch-ethisch-religiösen Schau sprach Haecker auch von der „Singularität der Juden"[20] als dem auserwählten Volk. Auch damit bezog er Position gegen den Antisemitismus. Das NS-Regime reagierte. Im Umfeld der Bücherverbrennungen vom Mai 1933 wurde Haeckers Haus durchsucht, er selbst wurde vorübergehend festgenommen, 1936 erhielt er Rede- und 1938 Publikationsverbot. Haecker gehörte zu den angesehenen Intellektuellen seiner Zeit. Für den neomarxistischen Philosophen Max Horkheimer (1895–1973) erweckte Haeckers Wort Achtung, 1936 urteilte er über dessen neues Buch: „Die Verkündigung des unendlichen Wertes der Person, die Treue zum angeborenen Recht des Individuums, der Kampf gegen die Ideologien von Rasse, Nation und Führertum, diese Momente seines Denkens bilden Eigenschaften einer vor der anbrechenden Dunkelheit auf dem Rückzug befindlichen Gesinnung und Zivilisation und verbinden Haecker mit denen, die um eine bessere Zukunft der Menschheit kämpfen."[21]

Haecker war von der Begegnung mit Scholl sehr beeindruckt. Ihm war die existenzielle Ablehnung des NS-Regimes ein hohes Anliegen. Gerade auch in den Worten Newmans, von ihm keineswegs vordergründig-technisch übersetzt, hatte er eine tiefe Wahrheit erfahren. Er spürte, was dies für seinen Widerspruch gegen das Regime und sein Widersagen gegen das Böse bedeutete. Wir können Haeckers Haltung und seinen Anspruch am schönsten aus einer Aufzeichnung ersehen, die in seinem Nachlass gefunden wurde: „Ich habe nicht die Macht zu verhindern, daß heute das Gesindel die Welt regiert, aber gegen eines kann ich mich Gott sei Dank doch wehren, so schwach ich auch bin, daß mir nämlich das Gesindel die Welt erklärt. Hier bin ich nicht

---

18 Weiterführend hierzu Hinrich Siefken (Hg.), Theodor Haecker 1879–1945, Marbacher Magazin 49/1989, S. 24.
19 Theodor Haecker, Was ist der Mensch? Leipzig 1933, S. 72.
20 Haecker, Was ist der Mensch? S. 68.
21 Max Horkheimer, Zu Theodor Haecker: Der Christ und die Geschichte, in: Zeitschrift für Sozialforschung, Jg. 5, 1936, S. 372; hier zitiert nach Hinrich Siefken, Marbacher Magazin 49/1989, S. 53.

wehrlos."[22] Persönlich war er von der Hinrichtung von Hans Scholl, Sophie Scholl und Christoph Probst am 22. Februar 1943 tief getroffen. Theodor Haecker versank in einem „Meer der Schwermut" und verstummte bis Juni 1943. „Ihn bewegte dabei", so erinnerte sich Jahrzehnte später ein Weggefährte Eugen Turnher, „nicht nur Trauer und Schmerz, sondern immer wieder die Frage, ob Einsatz und Verlust unserer Freunde in einem richtigen Verhältnis standen. Diese Frage ließ ihn nie los, er kam immer wieder auf sie zurück."[23]

Alfred von Martin (1882–1979)

Auch der Historiker und Soziologe Alfred von Martin zählte zu den Gelehrten einer älteren Generation aus dem Kreis um Carl Muth, mit denen Hans Scholl Kontakt pflegte. Martin gehörte zu den prägenden Gestalten der „Hochkirchlichen Vereinigung".[24] Sein ökumenisches Anliegen führte ihn zur Bewegung *Una Sancta*, die der Priester Max Josef Metzger an Pfingsten 1939 gegründet hatte.[25] Jahrzehnte später erinnerte sich ein Teilnehmer an eine ökumenische Begegnung im Sommer 1940: „Da war ein Professor Alfred von Martin: ohne ein Blatt vor den Mund zu nehmen, verdonnerte er den Nationalsozialismus so, dass ich mir nicht vorstellen konnte, wie er mit dem Leben davonkommen könne."[26] Alfred von Martin hatte auch im *Hochland* veröffentlicht. Hans Scholl war beeindruckt von Alfred von Martins christlich begründetem Humanismus, der auch in dessen ideengeschichtlichen Studien „Die Religion in Jacob Burckhardts Leben und Denken. Eine Studie zum Thema Humanismus und Christentum" (1942) sowie „Nietzsche und Burckhardt" (1942) seinen Niederschlag fand. Ab Frühjahr 1942 wurde Hans Scholl ab und an in dessen Münchner Haus eingeladen. Dort lernte er auch den äußerst belesenen ehemaligen Justizbeamten Josef Furtmeier ken-

22 Theodor Haecker 1879–1945, bearbeitet von Hinrich Siefken, Marbacher Magazin 49/1989, S. 7.

23 Eugen Turnher (Innsbruck), Schreiben an Jakob Knab vom 8. Dezember 2002.

24 Diese Vereinigung wurde 1918 gegründet. Neben der biblischen Predigt trat sie ein für eine liturgisch-sakramentale Gestaltung des Gottesdienstes im Sinne einer hochkirchlichen evangelischen Tradition. Im Dritten Reich wurde diese Vereinigung verboten.

25 Max Josef Metzger (1887–1944) gründete im Oktober 1917 den „Friedensbund Deutscher Katholiken" (FDK). 1940 gab es im Deutschen Reich 80 *Una-Sancta*-Kreise, die im Gebet und in der Bibellektüre das ökumenische Anliegen voranbringen wollten. Aufgrund einer Friedensbotschaft nach Stalingrad wurde Metzger wegen Hochverrat vom Volksgerichtshof zum Tode verurteilt. Sein Leben endete am 17. April 1944 im Zuchthaus Brandenburg-Görden. Metzger gehört zu den charismatischen Pioniergestalten der Friedensbewegung sowie der Ökumene.

26 Alfons Beil, Max Josef Metzger in der Friedensarbeit, in: Max Josef Metzger. Auf dem Weg zu einem Friedenskonzil, hrsg. von Rupert Feneberg und Rainer Öhlschläger, Stuttgart 1987, S. 21.

nen.[27] Dieser stellte die Verbindung zwischen Scholl und dem Architekten Manfred Eickemeyer her, von dem die Freunde der Weißen Rose über die Gräueltaten der deutschen Besatzungsherrschaft in Polen erfuhren. Nach dem Krieg war es Furtmeier, der Anstöße für jene Gedenkfeier gab, die im November 1945 in München stattfand.

Sigismund von Radecki (1891–1970)

„Sicher ist", so wurde zutreffend hervorgehoben, „dass Sigismund von Radecki auf Grund seiner starken christlichen Orientierung in das Umfeld der Mentoren passte."[28] Erstmals war Hans Scholl Radecki am 24. April 1942 im Hause Muth begegnet. Scholl schätzte vor allem Radeckis Buch „Wort und Wunder", in dem der Autor die These entfaltet, dass „Wort und Geschlecht nur aus dem Christlichen heraus zu verstehen sind."[29] Radeckis Einsichten münden ein in dieses anrührende Bekenntnis: „Nicht umsonst steht im Mittelpunkt der heiligen, und damit aller Geschichte ein Liebesakt – die Empfängnis vom Heiligen Geist!"[30]

Am 30. Mai 1942 schrieb Sophie Scholl an ihre Freundin Lisa: „Gestern trank ich mit Herrn Prof. Muth und Sigismund von Radecki zusammen Tee."[31] Eine Woche später teilte sie ihrer Freundin mit: „Vorgestern abend las Sigismund von Radecki, von Hans aufgefordert, vor einem Kreis von etwa 20 Personen einige Essays, Gedichte und Übersetzungen. Er liest ganz blendend vor, mit ungeheuren Bewegungen, er spielt alles, was er liest. Was haben wir gelacht! Früher war er Schauspieler und bestimmt kein schlechter. Nachher waren wir noch zu fünft mit ihm auf meinem Zimmer. Leider fährt er für drei Monate weg, nachher aber ist er bereit, allerhand mitzumachen."[32] Zu Radeckis engen Weggefährten gehörte neben Theodor Haecker auch Karl Kraus.

Bemerkenswert ist zu Radecki, dass auch ihn die Newman-Lektüre in seiner Gläubigkeit nachhaltig prägte. In der Skizze „Einiges über Radecki" berichtet er auffallend nüchtern und lapidar in der dritten Person über sich, „daß er drei Jahre Schauspieler war, daß er eine Ausstellung von 62 Porträtzeichnungen veranstaltete, und außerdem, daß er 1931 katholisch wurde.

27 Weiterführend hierzu: Ein Weggefährte der Geschwister Scholl. Die Briefe des Josef Furtmeier 1938–1947, hrsg. von Sönke Zankel und Christine Hikel, München 2005. – Beim Gedenken am 4. November 1945 würdigte Furtmeier seine hingerichteten Freunde, „deren Schicksal unser Herz erschütterte und deren Glaube an das Gute in unserem Volke auch unseren zagenden Glauben beleben soll."

28 Zankel, Mit Flugblättern, S. 242.

29 Sigismund von Radecki, Wort und Wunder, Wien 1942, S. 9; Originalausgabe: Salzburg 1940.

30 Radecki, Wort, S. 133.

31 Hans und Sophie Scholl: Briefe und Aufzeichnungen, hrsg. von Inge Jens, Frankfurt am Main 1984, S. 208.

32 Brief Sophie Scholl, 6. Juni 1942, in: Briefe und Aufzeichnungen, S. 209.

Diesen Schritt – wohl den vernünftigsten, den er je getan – verdankte er dem Studium von Newmans 'Development of Christian Doctrine‘. Radecki erkannte, daß nur das Christentum für die beiden ihm wichtigsten Dinge, nämlich Wort und Geschlecht, die tiefste, die wahre Erklärung hat.“[33] Auch in Radeckis Standpunkten fand Hans Scholl Halt, sie dienten ihm zur eigenen Orientierung.

„Es gilt, eine Wahrheit zu finden ...“

Die Liebe zu Büchern und zur Welt des Geistes, zu Theologie und Geschichtsphilosophie also, verband auch Radecki mit Carl Muth. „Eine Bibliothek“, schrieb er im Frühjahr 1944 an Muth, „das ist ja eine Art Biographie.“[34] Und auch zu Werner Bergengruen, Muths Nachbarn in München-Solln, fand Hans Scholl Kontakt. Er schätzte ihn „über alle lebenden deutschen Schriftsteller.“[35] Im Frühjahr 1942 hatte Bergengruen die Predigten des Bischofs von Galen nachts in Briefkästen verteilt. Diesen Mut zeigte er auch Monate später; denn er folgte der Bitte, die am Ende der Flugblätter der Weißen Rose zu lesen war: „Bitte vervielfältigen und weitersenden!“ Auch Willi Graf war von Bergengruens Romanen begeistert, wie er im September 1942 an eine Bekannte schrieb: „Bergengruens ‚Am Himmel wie auf Erden’ las ich im Juni und war wie Du begeistert von diesem Buch. Manches wahre und warnende Wort steht darin, und man ist froh darüber.“[36] Zahlreiche Situationen dieses historischen Romans sind als Parallelen zwischen der Gewaltherrschaft eines Landesfürsten und der Barbarei des Hitler-Regimes zu verstehen. Vermutlich las auch Scholl diesen Roman mit dem leitmotivischen Motto „Fürchtet euch nicht!“.

„Eine Bibliothek, das ist ja eine Art Biographie.“ Zu den vielfältigen literarischen Einflüssen, die Hans und Sophie Scholl beeinflusst und geprägt haben, gehört an erster Stelle der Kirchenlehrer Augustinus mit seinen „Bekenntnissen“. Auch dessen Psalmenkommentar „Enarrationes in Psalmos“, das spirituell reifste Werk des Augustinus, findet sich im Nachlass von Hans und Sophie Scholl. Ebenso eine Einführung in seine Lehre, das Werk das französischen Philosophen Étienne Gilson „Der heilige Augustin“, daneben auch dessen Buch „Der Heilige Bonaventura“. Auch Romano Guardini und sein Werk „Die Bekehrung des heiligen Aurelius Augustinus. Der innere Vorgang in seinen Bekenntnissen“ gehört in diese Reihe. Schließlich auch die umfangreiche Auswahl von Augustinus-Texten „Augustinus. Die Gestalt

33 Sigismund von Radecki, Bekenntnisse einer Tintenseele. Geschichte und Erinnerungen, Freiburg – Heidelberg 1980, S. 368; Originalausgabe: Köln 1957.

34 Zankel, Mit Flugblättern, S. 230.

35 Brief Hans Scholl, 5. Januar 1943, in: Briefe und Aufzeichnungen, S. 40.

36 Brief Willi Graf, 24. September 1942, in: Briefe und Aufzeichnungen, S. 170.

als Gefüge“. In der abendländischen Geistesgeschichte ragt Augustinus heraus dank der Weite und des Reichtums seines Lebenswerkes.

Zu diesen Gestalten und Leseerlebnissen[37] zählen neben allen Werken von Theodor Haecker auch die Vertreter des *renouveau catholique* – wie Georges Bernanos („Tagebuch eines Landpfarrers“, „Die Sonne Satans“), Paul Claudel („Der seidene Schuh“) und Léon Bloy („Das Blut des Armen“, „Der Pilger des Absoluten“), ein von Ewald Wasmuth herausgegebenes Werk mit dem Titel „Pascal: Über die Religion“, der englische Satiriker, Konvertit und Apologet Gilbert Keith Chesterton, „Ketzer. Eine Verteidigung der Orthodoxie gegen ihre Verächter. Ein Plädoyer gegen die Gleichgültigkeit“, der Gegner der dialektischen Theologie Erik Peterson („Der Monotheismus als politisches Problem“), der „russische Haecker“[38] Nicolai Berdjajew („Das neue Mittelalter“), der große Daseinsphilosoph Kierkegaard und seine „Religiösen Reden“ sowie der Freiburger Historiker Gerhard Ritter („Machtstaat und Utopie“). Es finden sich noch viele weitere heute kaum mehr bekannte Autoren wie Alois Dempf („Kierkegaards Folgen“), Martin Deutinger („Über das Verhältnis der Poesie zur Religion“) , Hermann Hefele („Geschichte und Gestalt“), Raissa Maritain („Der Engel der Schule. Thomas von Aquin der Jugend dargestellt“), Fedor Stepun („Die Liebe des Nikolai Pereslegin“) sowie Karl Thieme („Das alte Wahre: eine Bildungsgeschichte des Abendlandes“).[39] Überblickt man diese Liste, so fällt auf, dass es sich hier um Autoren handelt, die in der abendländischen Tradition stehen bzw. dem christlichen Existenzialismus zugehören. Erwähnenswert ist, wie die genannten Autoren häufig von den „Bekenntnissen“ des Augustinus mitgeprägt sind. Dessen „subjektiver“ Ansatz geht von der sinnenhaften und intuitiven Suche nach Wahrheit aus.

Stellvertretend für die moderne Daseinsphilosophie steht der Name von Søren Kierkegaard, dem Begründer des christlichen Existenzialismus. Hans und Sophie Scholl befassten sich mit dessen „Religiösen Reden“ und dessen „Tagebüchern“. Theodor Haecker hatte u. a. Kierkegaards umfangreiche Tagebücher in einer Auswahlausgabe aus dem Dänischen ins Deutsche übersetzt; ebenso dessen „Religiöse Reden“. In einer Reihe von Flugschriften hatte Kierkegaard der Staatskirche den Kampf angesagt. Eines seiner Leit-

---

37 Hier eine Liste der Autoren aus dem Nachlass Scholl beim IfZ München: Thomas von Aquin, Augustinus, Carossa, Claudel, Dante, Dempf, Deutinger, Dostojewski, Gilson, Guardini, Haecker, Hesse, Victor Hugo, Kierkegaard, Kleist, Nikolaus von Kues, Muth, Newman, Nietzsche, Peterson, Pieper, Rilke, Tauler, Verlaine, Stefan Zweig sowie in der Privatbücherei von Elisabeth Hartnagel: Chesterton, Guardini, Haecker, Hermann Hefele, Hölderlin, Kierkegaard, Raissa Maritain, Newman, Radecki, Gerhard Ritter und Stepun.

38 Schreiben Otl Aicher an Hans Scholl, 30. November 1941; hier zitiert nach, Zankel, Mit Flugblättern, S. 236.

39 Gespräch mit Elisabeth Hartnagel (Stuttgart) am 2. August 2006. Die ehemalige Privatbibliothek von Hans und Sophie Scholl befindet sich zum Teil im Nachlass Scholl im Institut für Zeitgeschichte (IfZ) München, zum Teil im Privatbesitz von Elisabeth Hartnagel.

motive war, dass alles wesentliche Erkennen die menschliche Existenz betrifft. Oft zitiert wird auch sein Satz: „Die Subjektivität ist die Wahrheit." Der Philosoph Wilhelm Weischedel deutet diesen oft missverstandenen Satz so: „Ob etwas Wahrheit für den Menschen werden kann, hängt davon ab, ob er es mit voller Leidenschaft als seine persönliche Wahrheit ergreifen kann. Eine Wahrheit zu erwerben hat keinen Sinn, wenn sie die Existenz nicht berührt und verwandelt."[40] Vielleicht stießen die Freunde von der Weißen Rose auch auf diese existenzielle Botschaft von Kierkegaard: „Es gilt, eine Wahrheit zu finden, die Wahrheit für mich ist, die Idee zu entdecken, für die ich leben und sterben will."[41]

„Wahrheit wird aber nur in Freiheit"

Begegnungen und auch intensive Lektüre prägten also das Lebensgefühl des Widerstandskreises von der Weißen Rose. Jene „Lesewut" erfuhren diese jungen Menschen als die wundersame, große Möglichkeit, die eigene Lebensspur zu finden und zu selbstbestimmten Persönlichkeiten zu reifen. „Es ist manchmal so", gestand Willi Graf Ende 1941 seiner Schwester, „daß man nur die Sinnlosigkeit sieht und doch in ihr bestehen muß. Unser Versuch müßte sein, in allen Dingen einen Sinn zu sehen, denn daß es nichts ohne ihn gibt, wird allmählich doch klar …" Er gelangt zur Gewissheit, dass „letzter Sinn nie klar wird, höchstens erst im Tod." Er spricht sich Mut zu, dass man „nicht planlos herumirren darf", da man sonst dabei „zugrunde geht."[42] Vor allem in der Lektüre von Schriften des Religionsphilosophen Romano Guardini[43] fand Graf schon seit der Zeiten der katholischen Jugendbewegung, zuerst beim „Bund Neudeutschland" und dann beim „Grauen Orden", Orientierung. „Wir sprechen wiederum", so fasst er Mitte Februar 1943 ein Gespräch mit seiner Schwester Anneliese zusammen, „über den Glauben und die Offenbarung, wo sich für uns ja alles entscheidet." Dies ist auch der Grund, warum er seiner Schwester Guardinis Schriften „Glaubensgeschichte und Glaubenszweifel"[44] sowie „Die Offenbarung als Geschichte"[45] schenkte. Willi Graf selbst betrachtete diese Hefte der Reihe „Christliche Besinnung" als wertvolle Begleiter. „Man könnte sagen," so die Worte Guardinis, „die

40 Wilhelm Weischedel, Die philosophische Hintertreppe, München 1975, S. 233.

41 Hier zitiert nach Weischedel, Hintertreppe, ebenda.

42 Willi Graf, Briefe und Aufzeichnungen, hrsg. von Anneliese Knoop-Graf und Inge Jens, Frankfurt am Main 1984, S. 138. – Noch bevor Hannah Arendt (1906–1975), die große jüdische Gelehrte, 1924 in Berlin ihr Abitur ablegte, besuchte sie Guardinis Vorlesungen an der Humboldt-Universität. Hans Eckert (1914–1941), Willi Grafs Freund aus dem „Grauen Orden", war 1939/1940 Mitarbeiter Guardinis in Berlin.

43 Eine erste Einführung in sein Leben und Werk bietet dieser Bild-Text-Band: Romano Guardini. Zeugnisse eines großen Lebens, Fotografien von Max Oberdorfer, Ostfildern 2010.

44 Romano Guardini, Glaubensgeschichte und Glaubenszweifel, Würzburg 1940.

45 Romano Guardini, Die Offenbarung als Geschichte, Würzburg 1939.

Wahrheit habe den Charakter eines Lichtes, das auf einen Weg fällt; es reicht immer so weit, als nötig ist, um den nächsten Schritt zu tun."[46] Willi Graf fühlte sich wohl von dieser existenziellen Einsicht Guardinis angesprochen: „Wahrheit wird aber nur in Freiheit."[47] Schließlich ermahnte Guardini den Leser, dort „in Treue auszuharren", wo alles „durch die Dunkelheit der Erde verhüllt ist."[48] Damit fand Graf seinen Platz in der „Ordnung" der Welt – und seine Rechtfertigung zum Handeln im Widerstand.[49]

Allein eine knappe Aufzählung nur einiger Autoren und Titel aus den Jahren 1940 bis 1943 zeigt, wie stark Willi Graf von der „Lesewut" gepackt war: Romano Guardini, „Hölderlin. Weltbild und Frömmigkeit",[50] Georges Bernanos, „Tagebuch eines Landpfarrers"[51], Kleinschriften aus der Reihe „Christliche Besinnung",[52] Theodor Haecker, „Der Christ und die Geschichte"[53], Nikolaj Gogol, „Betrachtungen über die göttliche Liturgie",[54] Werner Bergengruen, „Am Himmel wie auf Erden",[55] Josef Pieper, „Über das christliche Menschenbild",[56] Michael Schmaus, „Katholische Dogmatik"[57] sowie Reinhold Schneiders „Macht und Gnade".[58]

Neben belletristischer Literatur wie etwa Stifters „Nachsommer" galt Grafs vorrangiges Interesse zeitgenössischen Werken der christlichen Existenzphilosophie. Diese Richtung fand er im Werk von Romano Guardini und Reinhold Schneider. „Es ist eigentümlich", schrieb er Anfang Februar 1943, „welche überragende Bedeutung Schneider für uns gewonnen hat, er ist wohl einer der ganz wenigen Menschen, die uns Wesentliches zu sagen haben."[59] Willi Graf war von Reinhold Schneiders „Macht und Gnade" begeistert, weil es ihm großartige Bilder der Vergangenheit und Gegenwart aufzeigte. Diese

46 Guardini, Offenbarung, S. 6.
47 Guardini, Offenbarung, S. 7.
48 Guardini, Offenbarung, S. 20.
49 Weiterführend hierzu Detlef Bald, Die „Weisse Rose". Von der Front in den Widerstand, Berlin ^{2}2009, S. 40 ff.
50 Romano Guardini . Hölderlin. Weltbild und Frömmigkeit, Leipzig 1939.
51 Georg Bernanos, Tagebuch eines Landpfarrers. Ein Roman, Leipzig 1936.
52 Diese Reihe, die bis 1940 im Werkbund-Verlag Würzburg erschien, umfasste 40 Kleinschriften. Einen Großteil dieser Traktate verfasste Guardini.
53 Theodor Haecker, Der Christ und die Geschichte, Leipzig 1935.
54 Nikolaj Gogol, Betrachtungen über die göttliche Liturgie, Freiburg im Breisgau 1938.
55 Werner Bergengruen, Am Himmel wie auf Erden, Hamburg 1942.
56 Josef Pieper, Über das christliche Menschenbild, Leipzig ^{2}1940.
57 Michael Schmaus, Katholische Dogmatik, München 1937–1941. In den drei Bänden werden alle großen Fragestellungen der Theologie, von der Schöpfung bis zur Erlösung und Vollendung, aus einer existenzphilosophischen Perspektive heraus erkundet und erhellt. In seinem Neuansatz geht es Schmaus um eine personale Entscheidung des Christen.
58 Reinhold Schneider, Macht und Gnade. Gestalten, Bilder und Werte in der Geschichte, Leipzig 1940.
59 Willi Graf, Brief an Marita Herfeldt vom 2. Februar 1943, in: Graf, Briefe und Aufzeichnungen, S. 182.

anspruchsvolle Lektüre öffnete für Graf ganz persönliche Perspektiven; er bekannte, dass er „manchmal Dinge ahnt, die verborgen waren."[60]

„Die Verbesserung der geistigen Kräfte"

Alexander Schmorell war weniger ein Büchermensch, er war eine instinktive, lebenshungrige und kraftvolle Künstlernatur. Auch er verachtete die Helden der Kriegspropaganda; für ihn waren sie die „ausführenden Organe der Tötungsbefehle."[61] Doch Gedichte von Hermann Hesse sprachen ihn an und bestärkten ihn darin, seinen ausgeprägten Individualismus gegen die verordnete Vermassung zu leben: *„Weich ist stärker als hart / Wasser ist stärker als Fels / Liebe ist stärker als Gewalt.*"[62] Seine Liebe zur Freiheit fand in einem Brief von Anfang Mai 1937 an Angelika Probst, der Schwester seines Freundes Christoph, beredten Ausdruck: „Denn nichts ist schöner, als die Freiheit des Gedankens und die Selbständigkeit des eigenen Willens, wenn man sie nicht fürchtet."[63] In diesem Brief entwarf und entfaltete er seine Lebensphilosophie. Er teilte, dabei Fjodor Dostojewski folgend, die Menschen auf in die Masse und in die Individualisten. Aus Angst gehorcht die Masse fremden Befehlen und folgt dem Herdentrieb, um nicht zu irren. Wenn Schmorell die Individualisten als die „Auserwählten" sah, folgte er damit auch Dostojewski. Im Frühjahr 1937 las er dessen großen Roman „Die Brüder Karamasow". In Dostojewskis Sichtweise hat Christus den „Auserwählten" die freie und verantwortete Entscheidung des Gewissens anvertraut. Auffallend sind die Parallelen zum ersten „Flugblatt der Weissen Rose", in dem diese Anklage gegenüber den Deutschen erhoben wird: „… wenn die Deutschen so jeder Individualität bar, schon so sehr zur geistlosen und feigen Masse geworden sind, dann, ja dann verdienen sie den Untergang." In diesem Flugblatt werden die Deutschen auch „eine seichte willenlose Herde von Mitläufern" genannt.

Im Dezember 1942 befasste sich Alexander Schmorell oft mit Glaubensfragen, vor allem mit der Grenzerfahrung Sterben und Tod. Seine Weggefährtin Lilo Ramdohr war davon betroffen, aber sie konnte diese „Neugier aufs Jenseits" nicht teilen: „Er aber glaubte felsenfest an ein Leben nach dem Tode und sogar an eine Verbesserung der geistigen Kräfte nach dem leiblichen Tode."[64] Diese Aussage lässt ahnen, warum er in seinem Abschiedsbrief vor der Hinrichtung so klar die Hoffnung aussprechen konnte: „In wenigen Stunden werde ich im besseren Leben sein."[65] Wenige Tage vor seiner

60 Ebenda.
61 Moll, Gesammelte Briefe, Anm. 553, S. 500.
62 Lilo Fürst-Ramdohr, Freundschaften in der Weißen Rose, München 1995, S. 25.
63 Alexander Schmorell, Brief an Angelika Probst vom 1. Mai 1937, in: Moll, Gesammelte Briefe, S. 295.
64 Hier zitiert nach Fürst-Ramdohr, Freundschaften, S. 102.
65 Moll, Gesammelte Briefe, S. 530.

Hinrichtung hatte er angesichts seines „harten Unglücks" an seine Halbschwester Natascha geschrieben, dass er für den „Fingerzeig Gottes" dankbar sei: „Denn was wusste ich bisher vom Glauben, vom wahren tiefen Glauben, von der Wahrheit, der letzten und einzigen, von Gott? Sehr wenig!"[66]

„Das Zeugnis des Gewissens"

Als am 20. Mai 1942 Sophie Scholl, wenige Wochen nach Beginn ihres Studiums, ihren Freund Fritz Hartnagel[67] in München zum letzten Mal sah, schenkte sie ihm zum Abschied u. a. zwei Bände Predigten von John Henry Newman. Im Juni 1942, während der großen Sommeroffensive der Wehrmacht, wurde Oberleutnant Hartnagel an die Ostfront nach Mariupol (= Marienstadt) am Asowschen Meer abkommandiert. Seine Nachrichteneinheit gehörte zur 6. Armee, die auf dem Weg nach Stalingrad die Eroberungspolitik des NS-Regimes willig vollstreckte, die sich „im Genozid an den Juden, an der Bekämpfung der wirklichen und angeblichen Partisanen und in der Aushungerung der Zivilbevölkerung realisiert."[68]

Hartnagel, der junge Oberleutnant. sah am Südabschnitt der Ostfront die Härte des Krieges: Leichen sowjetischer Kriegsgefangener, die vor Erschöpfung zusammengebrochen und von deutschen Bewachern erschossen worden waren, auch hörte er von Massenexekutionen an der jüdischen Bevölkerung. Wenn es im Kreis der Offiziere politischen Streit gab, dann fand er nun als Einziger den Mut, gegen die nationalsozialistische Rassen- und Vernichtungsideologie Stellung zu beziehen: „Allein habe ich oft einen harten Stand."[69] In einem Brief an Sophie Scholl, geschrieben am 26. Juni 1942, klagte er: „Es ist erschreckend, mit welcher zynischer Kaltschnäuzigkeit mein Kommandeur von der Abschlachtung sämtlicher Juden des besetzten Rußland erzählt und dabei von der Gerechtigkeit dieser Handlungsweise vollkommen überzeugt ist. Ich saß mit klopfendem Herzen dabei. Oh wie froh war ich, als ich wieder allein auf meinem Feldbett lag und zu Dir und meinem Gebet flüchten konnte."[70] Hartnagel sprach in diesem Brief auch von den Quellen seiner inneren Kraft; denn er hatte in diesem Kriegssommer

66 Moll, Gesammelte Briefe, S. 528.

67 Siehe hierzu auch Jakob Knab, Fritz Hartnagel. Vom Wehrmachtsoffizier zum Ostermarschierer, hrsg. von Detlef Bald / Wolfram Wette, Friedensinitiativen in der Frühzeit des Kalten Krieges, Friedenskonzeptionen in Westdeutschland 1945–1955, Essen 2008, S. 123-137.

68 Bernd Boll / Hans Safrian, Auf dem Weg nach Stalingrad. Die 6. Armee 1941/42. Vernichtungskrieg. Verbrechen der Wehrmacht 1941 bis 1944, hrsg. von Hannes Heer / Klaus Naumann, Hamburg 1995, S. 263.

69 Brief Fritz Hartnagel, 12. September 1942, in: Briefwechsel, S. 405.

70 Brief Fritz Hartnagel, 26. Juni 1942, in: Sophie Scholl / Fritz Hartnagel, Damit wir uns nicht verlieren. Briefwechsel 1937–1943, hrsg. von Thomas Hartnagel, Frankfurt am Main 2005, S. 368.

auch die „herrliche Welt“ des John Henry Newman entdeckt. Jede Zeile nahm er in sich auf wie „Tropfen eines kostbaren Getränks“.[71] Newman hinterließ bei ihm offenkundige Spuren; denn wenige Tage nach judenfeindlichen Entgleisungen seines Vorgesetzten schrieb er: „Welcher Irrtum ist es, die Natur zum Maßstab unseres Handelns zu machen und ihre Grausamkeit als ‚groß‘ zu bezeichnen.“[72] Auch Anfang Juli 1942 wird die Frucht seiner Newman-Lektüre erkennbar: „Wir aber wissen, von wem wir erschaffen sind, und daß wir zu unserem Schöpfer in einem verpflichtenden Verhältnis stehen. Uns ist mit dem Gewissen die Fähigkeit gegeben, Gutes von Bösem zu unterscheiden.“[73] Ein genauer Textvergleich zeigt, dass Hartnagel in diesen Tagen Newmans Predigt „Das Zeugnis des Gewissens“[74] las. Er schloss seinen Brief mit der Einsicht: „Diesen Geheimnissen müssen wir unsere Vernunft unterwerfen und uns zum Glauben bekennen.“[75] Damit knüpft er nahezu wörtlich an Newman an, der Glauben als „Unterwerfen des Intellekts unter Geheimnisse“[76] sieht.

Die Lesungen Theodor Haeckers

Im Januar 1942 fuhr Werner Scholl, der Bruder von Hans und Sophie Scholl, der in der Ulmer Boelcke-Kaserne stationiert war, nach München, um dort Theodor Haecker bei einem Leseabend im Hause Muth zu erleben. Haecker las Texte von Newman vor, die er ins Deutsche übertragen hatte.[77] Um welche Texte es sich seinerzeit handelte, ist nicht bekannt. Vor jenem befreundeten Widerstandskreis, der sich um Hans Scholl und Alexander Schmorell gebildet hatte, las Theodor Haecker mehrmals aus seinen Werken vor. Zum ersten Mal geschah dies am 10. Juli 1942.[78] Es war die Zeit, als Hans Scholl und Alexander Schmorell bereits die drei „Flugblätter der Weissen Rose“ verbreitet hatten. Neben Notaten aus seinen *Tag- und Nachtbüchern* trug Haecker Auszüge aus seinem Werk „Der Christ und die Geschichte“ vor, wobei es sich um die Kapitel „Träger der Geschichte“, „Der Fortschritt in der Geschichte“, „Die drei geschichtswirkenden Mächte“ und „Die Kirche in der Geschichte“ handelte. Im Kapitel über die Kirche übernahm Haecker folgende Sätze aus Newmans Zustimmungslehre: „Das Prinzip der Macht der Kirche Christi ist offenbart in der Bergpredigt: Segnet, die euch flu-

---

71 Brief Fritz Hartnagel, 30. Juli 1942, in: Briefwechsel, S. 382.
72 Brief Fritz Hartnagel, 4. Juli 1942, in: Briefwechsel, S. 374.
73 Brief Fritz Hartnagel, 4. Juli 1942, in: Briefwechsel, S. 375.
74 John Henry Kardinal Newman: Zur Philosophie und Theologie des Glaubens, I. Teil, Mainz 1936.
75 Brief Fritz Hartnagel, 4. Juli 1942, in: Briefwechsel, S. 375.
76 Newman, Zur Philosophie, S. 154.
77 Beuys, Sophie Scholl, S. 331.
78 Weiterführend hierzu Hinrich Siefken, Die Weiße Rose und ihre Flugblätter, Dokumente, Texte, Lebensbilder, Erläuterungen, Manchester – New York 1994, S. 165 f.

chen." Haecker folgte Newmans Glauben an die geistige Kraft des Christentums; denn „auf seinen Hauptschlachtfeldern sollten seine Prediger schlechthin ohne Waffen sein, und leiden, aber Herr werden. Wenn wir nicht so vertraut wären mit den Worten unseres Herrn, ich glaube, sie würden uns verblüffen. ‚Siehe, ich sende euch wie Schafe mitten unter die Wölfe.' ... ‚Denn also haben sie verfolgt die Propheten, die vor euch gewesen sind', sagt unser Herr. ... Sie wurden ‚gesteinigt, zerhackt, zerstochen, durchs Schwert getötet'."[79]

Noch am selben Tag, am 10. Juli 1942, hielt Willi Graf in seinem Tagebuch fest: „Häcker liest uns aus ‚Der Christ und die Geschichte'. Noch lange sind wir zusammen: Hans und Alex."[80] Haecker hatte an diesem Abend auch die Motive vom „gefallenen Engel" und von „reinen Geistern", „von „Christus und dem Antichrist", von „Gut und Böse" sowie vom „Auftreten des Antichrist in persona in den letzten Tagen der Geschichte" entfaltet.[81] Der spontane, begeisterungsfähige Hans Scholl griff diese Diktion in dem vierten Flugblatt auf, das zwei Tage später, am 12. April 1942, verschickt wurde. Haeckers apokalyptischer Duktus ist spürbar. Vor dem „metaphysischen Hintergrund des Krieges" herrschen entweder die „Macht des Bösen", der „gefallenen Engel", der „Satan", die „Dämonen", der „Antichrist", der „Druck des Bösen" – oder aber, der Mensch bekennt sich zum „Namen des Allmächtigen", so die „Flugblätter der Weissen Rose IV".

An einem Sonntag in der Adventszeit 1942 deutete Haecker bei einer Zusammenkunft des Freundeskreises[82] die Bibelstelle vom Auftreten des Antichrist.[83] Diese apokalyptische Stelle im zweiten Brief an die Thessalonicher spricht vom „Abfall von Gott", von „Menschen der Gesetzwidrigkeit", vom „Sohn des Verderbens", von der „Kraft des Satans" und von „Irrtum und Lüge". Wir wissen über jenen Nachmittag durch Eugen Turnher, Haeckers Weggefährten. Scholl hielt bei jener Zusammenkunft an der Vorstellung fest, der „Dämon"[84] sei Adolf Hitler, die perverse, apokalyptische Bestie. Haecker trug aus seiner Newman-Übersetzung auch die folgende Stelle vor: „Weiter scheint es, daß die Zeit der Tyrannei des Antichrist dreieinhalb Jah-

79 Theodor Haecker, Der Christ und die Geschichte, Leipzig 1935, S. 134 f.; Auszug aus: Newman, Philosophie des Glaubens (Grammar of Assent), Ins Deutsche übertragen von Theodor Haecker, München 1921, S. 387 f.

80 Willi Graf, Briefe und Aufzeichnungen, hrsg. von Anneliese Graf / Inge Jens, Frankfurt am Main 1988, S. 41.

81 Theodor Haecker, Der Christ und die Geschichte, S. 194 f.; hier zitiert nach: Hinrich Siefken (Hg.), Die Weiße Rose, S. 165 f.

82 Eugen Turnher, Schreiben an den Verfasser vom 8. Dezember 2002. – Eugen Turnher (1922–2007) hörte als Student in München zusammen mit Theodor Haecker englische Sender ab. Von 1945 bis 1990 war er am Institut für Germanistik an der Universität Innsbruck als Assistent, Dozent und Professor tätig.

83 Zweiter Brief des Paulus an die Thessalonicher, Kapitel 2, Verse 1-12.

84 „Es sind Dämonengeister, die Wunderzeichen tun; sie schwärmten aus zu den Königen der ganzen Erde, um sie zusammenzuholen für den Krieg am großen Tag Gottes, des Herrschers über die ganze Schöpfung." (Offb 16, 14).

re sein wird, oder, wie die Schrift es ausdrückt, ‚eine Zeit und Zeiten und eine halbe Zeit‘[85] oder ‚42 Monate‘.“[86, 87] Hans Scholl, Sophie Scholl und Christoph Probst konnten damals nicht ahnen, dass ihnen ihr Ende bevorstand, dass jene „42 Monate“ für sie selbst nicht im übertragenen Sinne, sondern im zeitlichen, kalendermäßigen Sinne Wirklichkeit werden würden. Sie, die drei Freunde von der Weißen Rose wurden „42 Monate“ nach Beginn von Hitlers Vernichtungskrieg enthauptet.

Am 4. Februar 1943, zwei Wochen vor der Verhaftung von Hans und Sophie Scholl, las Theodor Haecker zum letzten Mal im Kreis der Weißen Rose vor. Haecker brachte den ersten Teil seines Werkes „Schöpfer und Schöpfung“ mit der Überschrift „Zum Problem der Theodizee“ zum Vortrag. Darin griff er die Frage auf, wie Gott eine Welt erschaffen konnte, „in der es Schuld und Sünde gibt“ ... „und all das Entsetzliche an Leid und Leiden und Tränen.“[88] In dem Versuch, sich dem Geheimnis und der Wirklichkeit des Bösen in der Geschichte begrifflich anzunähern, folgte Haecker Newmans Spuren: „Das Persönlichste des Menschen ist das Gewissen, das in sich über den Tod hinausgeht.“[89] Er gelangte zu der Einsicht: „Über der Allmacht Gottes steht seine Liebe, und die überquellende Fülle Seiner Gerechtigkeit ist Seine Barmherzigkeit.“[90] Seine letzten Worte im Kreis der Weißen Rose waren: „Nicht das Leiden erlöst, sondern die Liebe, die Liebe Gottes …“[91]

Nach dem gewaltsamen Tod von Hans und Sophie Scholl pflegte die Familie Scholl Kontakt zu Haecker. Nach der Entlassung aus der „Sippenhaft“ im Juni 1944 verließ Magdalena Scholl mit ihren Töchtern Inge und Elisabeth die Stadt Ulm, um aus dem Gesichtskreis der Gestapo zu verschwinden. Im „Bruderhof“, einem Einödhof bei Ewattingen im Schwarzwald, tauchten sie bis zum Kriegsende unter. Im Juli / August 1944 verbrachte Haecker sieben Wochen auf dem „Bruderhof“. Zum Abschied schrieb Haecker in das Gästebuch der Familie Scholl: „Ich lebte unter der ehernen Sonne glorreicher Sommertage, ich sah den zunehmenden Mond und den vollen und den abnehmenden, ich sah die dunkle Nacht und den überreichen Sternenhimmel. Aber weil das Herz zum Herzen spricht, war doch das Schönste: ich durfte sieben Wochen gute Taten sehen und gute Worte hören von guten Herzen. Dafür danke ich und bitte Gott, daß er mit seiner Güte ihre Güte lohnen möge. 26. August 1944 Theodor Haecker“.[92]

85 Buch Daniel, Kapitel 7, Vers 11.
86 Offenbarung (Apokalypse) des Johannes, Kapitel 13, Vers 5.
87 Newman, Antichrist, S. 12.
88 Theodor Haecker, Schöpfer und Schöpfung, Leipzig 1934, S. 25.
89 Haecker, Schöpfer, S. 75.
90 Haecker, Schöpfer, S. 79.
91 Haecker, Schöpfer, S. 81.
92 Vgl. http://www2.badische-zeitung.de/cache/PDF_1211526913_613.pdf (Zugriff am 7. Oktober 2008) – Das Gästebuch vom Bruderhof befindet sich im Privatbesitz von Elisabeth Hartnagel. Der einzige Eintrag stammt von Theodor Haecker.

Mit der Formulierung „Aber weil das Herz zum Herzen spricht…“ übernahm Haecker Newmans Spruch: COR AD COR LOQUITUR. Einige Monate später, am 9. April 1945, starb er in Ustersbach bei Augsburg.

„Es lebe die Freiheit!“

Der Widerstand der Weißen Rose ist einzigartig in der deutschen Geschichte. Der Sommer 1941 hatte größte Bedeutung für den künftigen Widerstandskreis Weiße Rose. Otl Aicher hatte den Kontakt zu Carl Muth gesucht und damit einen Stein ins Rollen gebracht, als er Hans Scholl nach München-Solln führte. In der Begegnung mit Muth betrat Scholl ein intellektuell vibrierendes, schon seit langen Jahren gewachsenes Kraftfeld. Carl Muth liebte den ungebändigten, vorwärtsdrängenden Geist von Hans Scholl. Das Haus von Muth wurde zum politischen Freiraum, zum geistigen Schutzraum, zum existenziellen Kristallisationspunkt. Von diesem Haus ging ein bedeutsamer Einfluss auf den Widerstandskreis Weiße Rose aus. Carl Muth schuf Kontakte zu Autoren und Persönlichkeiten, er stellte auch den Kontakt zur Abtei St. Bonifaz in München her. So gehören das Haus Muth und die Abtei St. Bonifaz zu den Geburtsstätten der Weißen Rose.

Die erhebende Atmosphäre von Bibliotheken schuf eine Gegenwelt zum „ungeistigen“ Nationalsozialismus. Auch für die Freunde von der Weißen Rose war eine Bibliothek eine Art Biographie. So erlangten sie ihre ganz eigene Freiheit.

***

Alle hatten sie Angst auf dem Weg zur Hinrichtung. Aber ihr Mut war stärker. Ihre letzten Worte sind das existenzielle Vermächtnis an ein Volk, das zwölf Jahre lang von einer „großen Räuberbande“[93] beherrscht wurde. Überliefert ist der Ruf von Hans Scholl: „Es lebe die Freiheit!“. Sophie Scholl hatte in der Todeszelle einen „Glanz in ihren Augen“, den ihre Mutter am Tage der Hinrichtung wahrnahm.[94] Christoph Probst verabschiedete sich von Hans und Sophie Scholl mit den Worten: „In wenigen Augenblicken sehen wir uns in der Ewigkeit wieder.“[95] Kurt Huber wandte sich an seine Henker: „Schämen Sie sich!“[96] Alexander Schmorell legte seinen Eltern ans Herz:

---

93 „Nimm das Recht weg – was ist dann ein Staat noch anderes als eine große Räuberbande.“ (Augustinus, De civitate Dei, IV, 4, 1).

94 Lina Scholl, Schreiben an Fritz Hartnagel vom 23. Februar 1943, in: Barbara Beuys, Sophie Scholl. Biografie, München 2010, S. 465.

95 Hier zitiert nach Wladyslaw Bartoszewski, Aus der Geschichte lernen? in: Die Weiße Rose und das Erbe des Widerstandes, München 1993, S. 113.

96 Wolfgang Huber, Kurt Huber vor dem Volksgerichtshof. Zum zweiten Prozess gegen

„Vergesst Gott nicht!“[97] Im Abschiedsbrief tröstete Willi Graf seine Familie: „Gottes Segen über uns, in Ihm sind und leben wir. Lebet wohl und seid stark und voller Gottvertrauen!“[98]

die Weiße Rose, Essen 2009, S. 260.

97 Christiane Moll (Hg.), Alexander Schmorell / Christoph Probst: Gesammelte Briefe, Berlin 2011, S. 530.

98 Graf, Briefe, S. 239.

Ricarda Huch, Romano Guardini

Der christliche Hintergrund der Weißen Rose in frühen Zeugnissen Die Beispiele Ricarda Huch und Romano Guardini

DETLEF BALD

„Für die Märtyrer der Freiheit" war der Aufruf überschrieben, der im Sommer 1946 in deutschen Zeitungen abgedruckt wurde. Es ging darum, den Widerstand gegen das NS-Regime dem Vergessen zu entreißen, vor verächtlicher Verurteilung zu schützen und die Handelnden als heldenmütige, tapfere Menschen zu erinnern; Angehörige und Freunde wurden ersucht, die Informationen, Berichte oder Briefe, Fotos oder Tagebücher über die Widerstandskämpfer und den Hintergrund ihrer Taten zu geben. Namentlich wurden vor allem Hingerichtete der zivilen und militärischen Gruppen des 20. Juli 1944, aber auch Dietrich Bonhoeffer sowie aus dem Widerstandskreis in

München Professor Kurt Huber, Hans und Sophie Scholl genannt. Der Begriff Weiße Rose tauchte nicht auf.

Auf der Suche nach der historischen Wirklichkeit

Ricarda Huch, die Historikerin und Dichterin, wandte sich – altbetagt, damals bald 82-jährig, ihr Leben und die deutsche Geschichte vor Augen – mit diesem Aufruf an die deutsche Öffentlichkeit, Material für ihr seit dem Attentat gegen Adolf Hitler bestehendes Vorhaben zu sammeln, diesen Menschen Achtung zu erweisen; sie folgte dem Drang, in ihren Worten, eine „Pflicht der Dankbarkeit" zu erfüllen. Sie plante biografische Skizzen, „Lebensbilder dieser für uns Gestorbenen", in einem Gedenkbuch der „Bilder deutscher Widerstandskämpfer", um Impulse für den politischen und gesellschaftlichen Neuanfang nach Kapitulation und Katastrophe des Jahres 1945 zu geben.[1] Sie setzte auf eine Stunde Null der Besinnung. Nahe an den Ereignissen des 20. Juli hatte sie ihre Verbundenheit mit den Widerstandskämpfern gegen das NS-Regime offenbart und das Gedicht „An unsere Märtyrer" gleich nach dem Attentat auf den „Führer" verfasst, aus dem diese beiden Zeilen stammen:

> Ihr, die das Leben gabt für des Volkes Freiheit und Ehre,
> Nicht erhob sich das Volk, euch Freiheit und Leben zu retten.[2]

Huch wurde schnell die Bedeutung der Münchener Gruppe bewusst, als sie von den Anverwandten aller vom Volksgerichtshof Verurteilten Berichte, authentische Aufzeichnungen und Unterlagen erhielt. So konnte sie bis zum Frühjahr 1947 die Kurzbiografien der Weißen Rose verfassen, neben Kurt Huber sowie Hans und Sophie Scholl erweitert um die Namen Willi Graf, Christoph Probst und Alexander Schmorell. Zwar hat Huch ihr ursprünglich skizziertes Werk, ein Gedenkbuch für den gesamten Widerstand zu verfassen, nicht mehr vollenden können, doch der Widerstandskreis der Weißen Rose fand seine Gestalt, auch wenn die Beiträge erst nach ihrem Tode und in gekürzter Version erschienen sind.[3] Die vollständigen Texte hat dankenswerter Weise Wolfgang Matthias Schwiedrzik vor wenigen Jahren ediert; auf sie kann nun zurück gegriffen werden.[4]

Diese Arbeit von Ricarda Huch ist die erste umfassende Analyse und Würdigung der Weißen Rose, die von einer fachlich ausgewiesenen Historikerin vorgelegt und zu Unrecht viel zu wenig beachtet wurde. Die zweite Präsentation zur Weißen Rose aus der frühen Nachkriegszeit ist dem Theo-

---

1 Ricarda Huch: In einem Gedenkbuch zu sammeln ..., Bilder deutscher Widerstandskämpfer, hrsg. und eingeleitet von Wolfgang Matthias Schwiedrzik, Leipzig 1997, S. 77 f.
2 Ebenda, S. 29.
3 Neue Schweizer Rundschau NF 16, 1948/49, H. 5 und 6, S. 283 ff. und S. 346 ff.
4 Schwiedrzik hat die textkritische Ausgabe nach den Unterlagen vor allem in Marbach vorgelegt (Anm. 1).

logen und Religionsphilosophen Romano Guardini zu verdanken, der bereits im Herbst 1945 in München die erste öffentliche Rede zu diesem Widerstand hielt.[5] Beide Autoren verbindet, dass sie für ihre, in der je eigenen Denkweise geprägten, unterschiedlichen Ausarbeitungen auf Zeugnisse zurückgreifen konnten, die nur wenige Jahre nach den Ereignissen 1942 und 1943 von den sich äußernden Angehörigen und Mitbeteiligten an sie übermittelt wurden. Bei Guardini handelt es sich um nur gerade zwei Jahre Distanz zu dem Geschehen. Dies zu betonen erscheint wichtig, da die zeitliche Nähe eine besonders spürbare persönliche Betroffenheit in den schriftlichen Berichten über Motive und Abläufe des Widerstandes widerspiegelt, natürlich auch zeitbedingt nach dem Ende des NS-Regimes. Doch es ist sicherlich so, dass in ihnen ein Wert liegt, der noch frei ist von späteren Reflexionen und Erkenntnissen der historischen Forschung, welche die Authentizität mancher Berichte von Zeitzeugen sonst überlagern können.

Beide Autoren sind Autoritäten in ihren Fächern, ihre Darlegungen und Deutungen sind Pionierarbeiten zum Widerstand, sie haben Gewicht. Ihr Rang misst sich anders als etwa damalige Nachrichten in Zeitungen. Unser Augenmerk gilt im Wesentlichen ihren Erkenntnissen zur Weißen Rose, inwiefern, wie sehr und wie geprägt dieser Widerstand aus seinen religiös-christlichen Grundlagen und persönlichen Glaubenswurzeln zu verstehen ist. Um diesen Schwerpunkt allein geht es hier; hier nehmen wir keine umfassende Bewertung oder kritische Einordnung von Guardini und Huch insgesamt vor. Beide Autoren geben der religiösen Thematik einen herausragenden Stellenwert. Beispielhaft, um ihre Darlegungen zum christlichen Hintergrund des Widerstandes in einer für sie zutreffenden, charakteristischen Formulierung aufzuzeigen, heißt es bei Guardini: „Zuinnerst aber haben sie in der Strahlung des Opfers Christi gelebt“;[6] und bei Huch über Hans und Sophie Scholl: Die „Entdeckung des Christentums“ hätten sie „als eine neu ihnen zuteil gewordene Offenbarung und als eine Botschaft, die verwirklicht werden sollte,“ erfahren.[7]

Mangelnde Anerkennung christlicher Motive

In der vorherrschenden Meinung in der Literatur zur Weißen Rose sind immer wieder skeptische Töne zur christlich getragenen und mitbestimmten Motivation des Widerstandshandeln zu hören. Entsprechend gab es zu Be-

5 Erstmals veröffentlicht von Romano Guardini: Die Waage des Daseins. Rede zum Gedächtnis von Sophie und Hans Scholl, Christoph Probst, Alexander Schmorell, Willi Graf und Prof. Dr. Huber, Tübingen 1946; im Folgenden zitiert nach der leichter zugänglichen Ausgabe von Romano Guardini: Freiheit und Verantwortung. Die Weiße Rose – Zum Widerstand im „Dritten Reich“, München 1997, S. 7 ff. (2. Aufl. Kevelaer 2010).

6 Ebenda, S. 20.

7 Huch, Gedenkbuch (Anm. 1), S. 89.

ginn der sechziger Jahre im Bekannten- und Verwandtenkreis der Widerständler die Klage, dass in den Darstellungen zur Weißen Rose alles getan worden sei, „um jedes christliche und religiöse Symbol zu vermeiden“. Benediktinerpater Mauritius Schurr, der aus langen Gesprächen über beste Kenntnisse der Beweggründe von Scholl und Schmorell verfügte,[8] führte als wichtige Ursache für diese Tatsache politische und gesellschaftliche Tendenzen im Jahrzehnt des Wirtschaftswunders an, die ein „Ressentiment gegen alles Religiöse sehr deutlich“ erzeugt hätten.[9] Doch derartige Tendenzen können in der unmittelbaren Nachkriegszeit noch keine Rolle gespielt haben, als diese zwei Autoren sich erstmals zur Weißen Rose überhaupt äußerten und Huch eine politische Erinnerungstradition zu begründen beabsichtigte.

Doch ist noch anzumerken, dass in der ansonsten anerkannten Forschung über den Widerstand unerklärlicherweise pauschal über die frühe Phase der Erinnerung der Weißen Rose die Auffassung vertreten wird, das „bis 1948 entstandene Bild (der Weißen Rose, d. Verf.) spiegelte ein breites, historisch ohne allen Zweifel in weiten Bereichen unzutreffendes Interpretationsspektrum wider“.[10] Als Beleg hierfür dient dem Leiter der Berliner Gedenkstätte Deutscher Widerstand, Johannes Tuchel, nun gerade der christliche Hintergrund, auf den von einigen Autoren damals hingewiesen wurde. Auch betont Tuchel, sie hätte das Bedürfnis geleitet, die NS-Vergangenheit zu entpolitisieren und den Widerstand zu heroisieren sowie zu idealisieren. Doch diese Klassifizierung erscheint überzogen. Denn welches Bild des 20. Juli oder der Weißen Rose hatte in jenen Jahren Bestand, dem man hätte Anerkennung zollen können? Das gängige Urteil ging dahin, all diese Aktionen als Landesverrat zu verdammen – und: Wer kannte im Herbst 1945 (Guardini) oder 1947 (Huch) schon die Fakten von 1942/43 in München oder des 20. Juli genauer? In diesen Jahren war nicht einmal der Begriff „Weiße Rose“ verbreitet oder allgemein als zutreffend für diesen Widerstandskreis anerkannt. Es ist bezeichnend, dass sogar unter den Verwandten und Informierten andere Bezeichnungen kursierten, so „Münchner Studentenrevolte“[11] oder die „Scholl-Aktion“.[12] Kaum Fakten oder Zusammenhänge galten als gesichert, da es über sie weder eine historische Forschung noch ein journalistisch verbreitetes Bild gab.

Huch war die erste, die mit viel Aufwand und Energie die historischen Ereignisse durch systematische Suche, Sammlung und Auswertung von

8 Vgl. Detlef Bald: Die Weiße Rose. Von der Front in den Widerstand, Berlin 2. Aufl. 2010, S. 13 ff.

9 IfZ (Institut für Zeitgeschichte, München) Fa 215, Bd. 3, S. 167 f., Mauritius Schurr an Dohrn, 13. Febr. 1963.

10 Johannes Tuchel: Im Spannungsfeld von Erinnerung und Instrumentalisierung – Die Wahrnehmung der studentischen Widerstandsgruppe Weiße Rose im westlichen Nachkriegsdeutschland bis 1968, in: Mathias Rösch (Hg.), Erinnern und Erkennen. Festschrift für Franz. J. Müller, München 2004, S. 46.

11 IfZ ZS/A 26 a, Bd. 4, 1 Hertha Blaul an Ricarda Huch, 20. Aug. 1946.

12 IfZ ZS/A 26 a, Bd. 4, 13 Gunter Groll an Ricarda Huch, 31. Mai 1947.

Quellen aufarbeitete. Die Beiträge der wenigen, die sich dazu überhaupt kompetent äußern konnten und zu Mitteilungen darüber bereit waren, hat sie unter den äußerst schwierigen Kommunikationsbedingungen dieser Jahre eingeholt. Aufbereitete Archive gab es nicht. Es ist unzulässig, aus der Retrospektive von mehr als einem halben Jahrhundert die ersten publizierten Äußerungen zur Weißen Rose überhaupt mit Kategorien unter den Stichwörtern „Heroisierung und Martyrium“ in negativer Weise zu bewerten; so hinsichtlich der kleineren Publikationen von Angelika Probst oder von Franz Joseph Schöningh, die unter anderem auf religiöse Hintergründe, auch des Tyrannenmords, hinwiesen.[13] Immerhin war Angelika Probst die Schwester von Christoph und Schöningh der neue Herausgeber der gerade wieder neu zugelassenen katholischen Zeitschrift *Hochland* und zudem persönlich vertraut mit den wichtigen Kontakten der Weißen Rose zu ihren religiösen Mentoren Theodor Haecker und Carl Muth.[14]

Es ist nicht angemessen, Veröffentlichungen aus diesen Jahren bereits in das Urteil zu zwängen, die Weiße Rose sei „für unterschiedlichste Zwecke instrumentalisiert“ worden. Entsprechend verkürzt Tuchel den Theologen Guardini, wenn er formuliert, er „nutzte die Tat“, um philosophische Fragen „aus christlicher Sicht“ zu thematisieren und der „Institution Universität einen Rechtfertigungssinn zu geben“. Er mache das „Bedürfnis deutlich, dem Opfer einen Sinn zu geben“.[15] Guardini ging es wie anderen Autoren und ebenso auch Ricarda Huch, deren Werk zur Weißen Rose aus der Literaturübersicht von Tuchel (warum nur?) ausgespart blieb, sicherlich nicht um eine behauptete Entpolitisierung des Widerstandes; gerade Huch präsentierte erstmals mit ihren biografischen Skizzen ausführlich und in denkwürdiger Weise die politische Relevanz der Aktivitäten in München. Guardini und Huch gaben in diesen Publikationen erste wichtige Ansätze zur Erinnerung dieses Widerstandskreises – Wahrheit suchend auf der Basis des historischen Wissens, über das sie verfügen konnten, und aus ihrer Sicht, der Analyse einer Historikerin und der Wahrnehmung eines Theologen.

Historische Quellen von Ricarda Huch

Die Neubesinnung in Deutschland nach 1945 war für Ricarda Huch auch aus der preußisch-deutschen, zentralistischen Geschichte mitbegründet; als His-

---

13 Tuchel, Spannungsfeld (Anm. 10), S. 49 und 51.

14 Es gab auch seitens der Katholischen Kirche Probleme mit kirchenkritischen Autoren, die in den dreißiger Jahren im *Hochland* publizierten; vgl. Nachlass Faulhaber, EAM 6888 (Erzbischöfliches Archiv München). Das erste Heft des neuen *Hochland* erschien im November 1946; Schöningh kannte die Bedeutung der Erörterungen der Weißen Rose im Kreis der alten *Hochland*-Autoren Muth und Haecker seit Sommer 1941. Muth war bis zum Verbot des *Hochland* durch das NS-Regime im Juni 1941 Herausgeber der Zeitschrift gewesen.

15 Tuchel, Spannungsfeld (Anm. 10), S. 51 f.

torikerin hatte sie vielfach dazu geforscht und geschrieben. Ihr Denken richtete sich – überzeugt von der „Chance der Niederlage des Nationalsozialismus“ – auf die Erneuerung der Rechtsordnung und des Schulwesens, der Wirtschaftsordnung und des staatlichen Aufbaus, um schließlich „die Grundlagen des Denkens und der Moral zu erneuern“; dies schien ihr nur möglich „durch Rückbesinnung auf die Fundamente des christlichen Glaubens“.[16] Diese Überzeugung manifestierte sich durch vielerlei Kontakte zu Mitgliedern des 20. Juli, von denen sie Elisabeth von Thadden und Ernst von Harnack persönlich kannte; aber auch in ausführlichen Korrespondenzen beispielsweise mit dem Bischof von Münster, Clemens August Graf von Galen, oder die Bekanntschaft mit dem evangelischen Gefängnispfarrer von Plötzensee, Harald Poelchau.[17] So entwickelte Huch das Konzept, den „Hintergrund der Ereignisse“ des Widerstandes in dem Gedenkbuch zu schildern, überzeugt von dem Gedanken, „dass es sich in dem Kampf gegen Hitler um eine religiöse Bewegung handelte .... Dieser Charakter, der ziemlich durchgehend nachgewiesen werden kann, gibt diesen Ereignissen das Großartige.“[18] Ab Ende Mai 1947, kaum ein halbes Jahr vor ihrem Tode, begann sie, ihre biografischen Erinnerungen des Gedenkbuches zum Widerstand zu schreiben – zu einer Zeit, in der die alten NS-Mitläufer ihr Vorhaben als Provokation geißelten und sie wüst beschimpften, sie verherrliche die gemeinsten Verbrechen der deutschen Geschichte.[19]

Was nun sagen die Unterlagen aus dem Widerstandskreis der Weißen Rose, die Ricarda Huch vorlagen und sie zu der Gewissheit führten, dem religiösen Charakter dieser Menschen eine hohe Bedeutung beimessen zu können? Huch kam 1946 in Kontakt mit allen Familien sowie einigen Bekannten der Hingerichteten der Weißen Rose: mit Clara Huber, der Witwe von Kurt Huber, ebenso mit dessen Schwestern; mit Hugo Schmorell, dem Vater von Alexander; mit der Schwester von Christoph Probst; mit Anneliese Knoop, der Schwester von Willi Graf; und mit Inge Scholl, der Schwester von Hans und Sophie. Sicherlich ist in dieser Unterlagensammlung allein schon der quantitative Stellenwert der Darlegungen von Inge Scholl – begleitet und ermuntert von Otto Aicher, genannt Otl Aicher – spürbar stark, die, wie sie Huch im August 1946 mitteilte, in ihrer Familie „das Amt des Nachrufs mit Liebe und Sorgfalt“ auf sich genommen hätte.[20] Doch an dieser Stelle ist

16 Schwiedrzik (Anm. 1), S. 30.

17 Die Hilfe von Harald Poelchau im Gefängnis wird beispielsweise deutlich in: Helmuth James und Freya von Moltke: Abschiedsbriefe Gefängnis Tegel. September 1944 – Januar 1945, hrsg. von Helmuth Caspar von Moltke und Ulrike von Moltke, München 2011, S. 16 ff. und passim.

18 Zitat aus Brief von Ricarda Huch an Pfarrer Herbert Krimm, Juli 1946: Schwiedrzik (Anm. 1), S. 32.

19 Vgl. Schwiedrzik (Anm. 1), Einleitung; Barbara Bronnen: Fliegen mit gestutzten Flügeln. Die letzten Jahre der Barbara Bronnen, Zürich/Hamburg 2007, S. 94 f.

20 IfZ ZS/A 26 a, Bd. 4 Inge Scholl an Ricarda Huch, 7. Aug. 1946, Abdruck in Schwiedrzik (Anm. 1), S. 92.

nicht weiter zu verfolgen, aber nur zu erwähnen, wie durch ihre Initiativen von Anfang an und auch in den späteren Jahren die Legende der „Geschwister Scholl“ als Synonym für die Weiße Rose befördert wurde.

Es soll hier nur von der übermittelten religiösen Überzeugung die Rede sein, wie sie in diesen Unterlagen ihren Ausdruck finden. Mit diesen Berichten an Huch über die Personen und Aktionen der Weißen Rose ist ein eigener, besonderer Typ von historischer Quelle gegeben, der in zeitlicher Nähe zum Tode der, wie der Schreibduktus zu erkennen gibt, geliebten Personen entstanden ist. Einem heutigen Leser fällt sogleich auf, in welcher Offenheit und Direktheit persönliche, ja intime Äußerungen über Glaubensfragen der Hingerichteten ausgesprochen werden. Sicherlich ist manche Passage ausdrucksstark zutreffend, anderes gewiss emphatisch überhöht; auch sollte nicht unterschätzt werden, dass es der familiären Anerkennung und zugleich der einfachen Rechtfertigung dienen mochte. Sicherlich war es ein Beitrag auf der Suche nach öffentlicher Respektierung, anstelle der jahrelangen kollektiv erlittenen Missachtung und nachbarschaftlichen Ausgrenzung. Viele Formen der Diktion religiöser Befindlichkeit, die in diesen Berichten vorkommen, mögen der damaligen Generation vertraut gewesen sein, heutzutage ist es weniger üblich, christliche Frömmigkeit beziehungsweise Empfindungen zu zeigen oder gar zu bekennen. Manche Passagen können als sehr emotional bezeichnet werden oder sind von einem Pathos getragen, das wohl auch und eher Rückschlüsse auf den Schreibenden zulässt und dessen Position zu erkennen gibt. Dafür gibt Inge Scholl das Beispiel, als sie im Blick auf ihre Mutter schrieb: „Sie war fromm und erzog uns in ihrem evangelischen Glauben.“ Oder: „Sie lehrte uns beten ...“[21]

Ein Charakteristikum der Berichte an Huch ist die religiöse Bestimmung der einzelnen Widerständler, die, wo es zur Unterscheidung geboten war, die christlich konfessionelle Zuordnung benennt, ohne jedoch daraus konfessionelle Gegensätze oder Differenzen abzuleiten. Ganz im Gegenteil: Entscheidend waren im Bewusstsein der Angehörigen offensichtlich das christliche Einverständnis oder die Gemeinsamkeit einer religiösen Verwurzelung und Weltsicht, die den Wertekanon aller in ihrem Widerstand trug. So war es ganz unproblematisch, dass der griechisch-orthodox getaufte und in München „sehr häufig den russischen Gottesdienst“ besuchende Alexander Schmorell „seinen letzten Zuspruch in der Gefängniszelle“ von einem katholischen Priester erhielt. Es kann von einem Ineinanderübergehen der konfessionellen Bekenntnisformen der Kirchen gesprochen werden, wie es für Schmorell bezeichnet wurde, „seine innere und äußere Haltung schien nicht streng an eine Konfession gebunden zu sein, sondern war im besten Sinne allgemein christlich.“[22]

Aufschlussreich in den Unterlagen von Huch sind die Abschriften vieler Briefe, sogar aus der Grenzerfahrung im Gefängnis, die bis heute ein bemer-

21 IfZ ZS/A 26 a, Bd. 4, 143 Inge Scholl an Ricarda Huch, 25. März 1947.
22 IfZ ZS/A 26 a, Bd. 4, 11 Hertha Blaul an Ricarda Huch, 2. Juli 1947.

kenswertes Zeugnis der Gläubigkeit und im Angesicht der Vollstreckung des Todesurteils des Halts im Gottvertrauen geben. So im Abschiedsbrief von Christoph Probst, der sich noch am 22. Februar 1943 kurz vor der Hinrichtung von Heinrich Sperr – „nur der einzige Wille" – katholisch taufen ließ[23] und im Rückblick auf sein Leben bekannte, „so war es ein einziger Weg zu Gott".[24] Oder das Selbstzeugnis von Alexander Schmorell, der seinen Glauben in Beziehung zu den gesellschaftlichen und politischen Verhältnissen des ungeistig erfahrenen NS-Regimes mit den Worten setzte: „Je größer die Tragik des Lebens, desto stärker muss der Glaube sein, je größer die Gottverlassenheit scheint, desto zuversichtlicher müssen wir unsere Seele in Gottes Hände befehlen."[25] Und er hoffte, alle würden diesen „Fingerzeig Gottes richtig" verstehen.[26] Oder das Dokument, in dem Benediktinerpater Romuald Bauerreiß von St. Bonifaz in München bestätigte, dass Hans Scholl und später auch Schmorell schon im Sommer 1941 auf Empfehlung von Muth in die Klosterbibliothek kamen, um dort die ethische Problematik des Tyrannenmordes mit einer „diesbezüglichen Literatur" im Frühjahr 1942 zu studieren, um persönliche Klärung zu finden.[27] Vielfältig waren die Zeugnisse, die Huch zum religiös gesicherten ethischen Selbstverständnis des Münchener politischen Widerstandes vorlagen.

Erwähnenswert ist noch, dass die individuelle religiöse Entwicklung aller Widerständler ihren Raum findet. Ob die „religiöse Einstellung" von Willi Graf in seiner das ganze Leben stetig erfüllenden Bedeutung seines katholischen Glaubens vorgestellt wurde[28] oder das Ideal von Sophie Scholl – „letzten Endes ging es um die 'Freiheit'", deren innere Festigkeit durch die Lektüre katholischer Philosophen wie Augustinus, Thomas von Aquin, Pascal oder John Henry Newman geprägt gewesen sei und sie mit dem Bild gezeichnet wurde, „Gottes Atem blies in ihre Segel".[29] Und wenn Sophie und Hans Scholl, die Protestanten in der Gruppe, beschrieben wurden mit derartigen Worten: „Sie sahen in der Religion eine befreiende Bindung an Christus, in der allein sie auch den Weg zur Vollendung alles Menschlichen geboten fanden," wirkt es ganz verständlich, ihnen das Wort von Augustinus, dessen Werke sie beide intensiv gelesen hatten, in den Mund zu legen: „Du hast uns geschaffen hin zu Dir und unruhig ist unser Herz, bis es ruht in Dir."[30] Im Gefängnis wirkten die Geistlichen Karl Alt und Heinrich Sperr,

---

23 AEM Schenkung Warmedinger, P. Mauritius Schurr an GR Heinrich Sperr, 1. Oktober 1953.
24 IfZ ZS/A 26 a, Bd. 4, 180.
25 IfZ ZS/A 26 a, Bd. 4, 116 Alexander Schmorell an Eltern, 18. Juni 1943.
26 IfZ ZS/A 26 a, Bd. 4, 117 Alexander Schmorell an Natascha, 2. Juli 1943.
27 IfZ ZS/A 26 a, Bd. 4, 264 P. Bauerreiß an Magdalena Scholl, o. D.
28 IfZ ZS/A 26 a, Bd. 4, 86 Anneliese Knoop an Ricarda Huch, 11. August 1946.
29 IfZ ZS/A 26 a, Bd. 4, 41 Susanne Hirzel an Ricarda Huch, 14. August 1946.
30 IfZ ZS/A 26 a, Bd. 4, 178 Inge Scholl an Ricarda Huch, 25. März 1947, Anlage: Rundfunkbericht „Zum Gedenken der Freunde …".

deren Berichte über die letzten Tage und Stunden für die Angehörigen ganz wichtig waren.[31]

Der Entwicklungsgang von Schmorell stellte sich anders dar, er sei immer „so weltoffen, vielseitig und unruhig ..., allen Lebensfreuden zugänglich" gewesen, aber er hätte „in der Wartezeit auf den Tod" eine „Wandlung in seinem Wesen" durchgemacht, wie die Briefe aus der Zelle bestätigten. In diesen Monaten erfolgte ein Wandel. Was ihn auf Erden beschäftigte, „will er gleichsam ablegen und sich auf Weniges, Wesentliches beschränken". Mit den Worten des katholischen Pfarrers Ferdinand Brinkmann wollte er „sogleich den Kurs zu Gott und Ewigkeit" nehmen.[32] Auch bei Kurt Huber, dem verstandesbestimmten Gelehrten der Philosophie, der noch in der Zelle an seinem Manuskript über Leibniz arbeitete,[33] gab es doch Hinweise auf eine bemerkenswerte Auseinandersetzung mit der Theologie, obwohl der Ausspruch bekannt ist, er sei nicht christlich gebunden gewesen. Ihm werden eher Distanz und Rationalität gegenüber Kirche und Religion bescheinigt. Doch kann dies nicht das abschließende Urteil sein. Eine Spannung zu einer anderen Ebene ist vorhanden. Huber hat sich in den letzten Lebensmonaten in der Zelle intensiv mit der Dogmatik von Michael Schmaus befasst; ihn beeindruckte dessen Auseinandersetzung mit kirchlicher Lehre und christlicher Existenz, mit Existenzialismus und Geschichtsphilosophie, sodass er bedauerte, dies nicht früher getan zu haben.[34] Dieses Bekenntnis sagt manches aus. Das gilt es zu berücksichtigen, zumal es auch handschriftliche, tief religiöse Gedichte von Huber gibt, die man aus der Feder dieses wortsicheren Mannes nicht ohne weiteres erwarten würde. Sie zeigen eine innere religiöse Bewegtheit. Hier Verse seiner „Passion":

> *„Jesu mein, in deiner Passion / Hab' als Knab' ich oft und oft gelesen / Bin dem Dulder und dem Menschensohn / Ein begieriger Lauscher gern gewesen. / Und am Kreuze sah ich dich ... / Darf, ein Mann, als dein Jünger leben. / Betend, von Station zu Station / Mögest du dem Sünder Gnade geben."*[35]

Also geben die Quellen aus der frühen Nachkriegszeit, die Huch bei der Abfassung ihrer Würdigung vorlagen, umfangreich ausgebreitete und stark die

---

31 Vgl. Anton Landersdorfer: Die Weiße Rose – eine studentische Widerstandsgruppe in München, in: Georg Schwaiger (Hg.), Das Erzbistum München und Freising in der Zeit der nationalsozialistischen Herrschaft, Bd. I, München 1984, S. 853 ff. – Auch die Befragung von Pfarrer Heinrich Sperr (1909–1964), die am 16. September 1953 stattfand, wurde von Landersdorfer ausgewertet.

32 IfZ ZS/A 26 a, Bd. 4, 112 Hugo Schmorell an Ricarda Huch, 20. Juli 1947.

33 In Stadelheim hat Huber drei Kapitel verfasst. Veröffentlicht posthum: Kurt Huber, Leibniz, München 1951.

34 IfZ ZS/A 26 a, Bd. 4, 42 ff. Clara Huber an Ricarda Huch, 28. November 1946. Sie legte ihren Text bei aus Clara Huber (Hg.), Kurt Huber zum Gedächtnis. Bildnis eines Menschen, Denkers und Forschers. Dargestellt von seinen Freunden, Regensburg 1947.

35 Nachlass Huber (Stadtarchiv München) 28, 65; veröffentlicht in: Münchner Katholische Kirchenzeitung, 30. März 1947.

Personen differenzierende Einblicke in die religiöse Welt dieses Widerstandes; aus der Sicht der Angehörigen haben diese Wurzeln eine starke Wirksamkeit und verbindende Wirklichkeit für die gemeinsamen Auffassungen und Aktionen der Weißen Rose gehabt. Die zeitgenössisch noch so bedeutsamen Abgrenzungen unter den christlichen Kirchen und Konfessionen spielten bei der Weißen Rose offensichtlich keine wesentliche Rolle: Ein christlich ökumenischer Geist hatte sie getragen.

Zur Festrede von Romano Guardini

Die erste öffentliche Rede zum Widerstand der Weißen Rose hielt Romano Guardini am 4. November 1945 in München. Er hatte „das Gefühl, das tun zu müssen". Wie er später anlässlich seiner Ansprache zur Einweihungsfeier der Erinnerungsstätte im Lichthof der Universität in seinem Tagebuch festhielt, hatte ihn eine auffällige Gleichgültigkeit in der Gesellschaft nach dem zerstörerischen Werteverfall in der Zeit des Nationalsozialismus bewegt. Erinnern sollte die „Verpflichtung gegen die Geschichte" beachten „angesichts der Gleichgültigkeit gegen die Geschichte der Zeit in Westdeutschland".[36] Er war diesem Widerstand verbunden, wie Berthold Gerner die Aktivitäten von Guardini auch in München umfangreich erkundete, und hatte unter anderem 1954 in einer Universitätsgruppe unter Leitung des Rektors Josef Nikolaus Köstler im „Kreis von aufgeschlossenen Kollegen aus allen Fakultäten" an der Ausgestaltung dieses Erinnerungsortes mitgewirkt.[37] In diesem Kreis beriet er sich mit dem Historiker Franz Schnabel und dem Physiker Walther Gerlach. Guardini wollte Zeit seines Lebens mit Vorträgen zum Widerstand der Weißen Rose seinen Beitrag gegen „die Geschichtslosigkeit des westdeutschen Menschen unserer Zeit" leisten.[38]

Die Gedenkveranstaltung am 4. November 1945 in dem noch total zerbombten und von Ruinen übersäten München fand an einem Sonntag statt. Guardini hielt seinen Vortrag im Schauspielhaus, nicht weil Teile der Gebäude der Universität zerstört und nicht benutzbar waren, sondern weil die Universität noch gar nicht wieder eröffnet war; in München gab es im November 1945 noch keine Universität. Guardini sprach also nicht im Auftrag der Universität oder für die Universität. Er kam, da er zunächst nach Tübingen berufen wurde, erst 1948 zum Lehrkörper der Ludwig-Maximilians-Universität in München. Dies ist zu betonen, da in der Literatur immer wieder, auch im Umkreis der „Denkstätte" in der Universität München, anderes

36 Tagebuch, 24. Februar 1958, in: Romano Guardini: Stationen und Rückblicke. Berichte über mein Leben, Mainz 1995, S. 258.

37 Berthold Gerner: Romano Guardini in München. Beiträge zu einer Sozialbiographie. Bd. 1, Lehrer an der Universität, München 1998, S. 362.

38 Tagebuch, 13. März 1958, in: Guardini, Stationen (Anm. 34), S. 262. Veröffentlicht unter dem Titel „Freiheit und Verantwortung" (Anm. 5).

vertreten wird.[39] Die erste Gedenkfeier der Universität wurde von dem Romanisten Karl Voßler im Jahr darauf, also Anfang November 1946, in der Aula gestaltet, die dann ab Februar 1947 die Tradition des jährlichen Gedenkens begründete.[40] Am 4. November 1945 fand eine staatlich-städtische Veranstaltung statt. Redner waren der gerade ernannte Münchener Oberbürgermeister Karl Scharnagl, der Bayerische Kultusminister Franz Fendt sowie aus dem Bekanntenkreis von Hans Scholl sein vertrauter Freund Josef Furtmeier. Erst nachdem sie gesprochen hatten, folgte der Hauptvortrag von Guardini. Dieser Rahmen der Feierstunde lässt erkennen, dass die politischen Repräsentanten die Verantwortung trugen und ihre Initiative von der militärischen Leitung der amerikanischen Besatzungszone gebilligt, wenn nicht sogar wohlwollend gefördert worden war.

Erklärungen zur Benennung von Guardini als Redner

Die Umstände, die dazu geführt haben, dass der Theologe Guardini zum Vortrag nach München eingeladen wurde, obwohl er, wie er in seiner Rede einleitend einräumte, „die Menschen, deren Gedächtnis wir ehren, nicht persönlich gekannt" hatte, wird kaum ausreichend beachtet. Ganz allgemein hatte Guardini sich in seiner Rede zwar auf das „Vertrauen der Angehörigen und Freunde" des Widerstandes bezogen.[41] Zwar kannte Guardini den Maler Wilhelm Geyer, der auch mit Scholl befreundet war, aber aus dem Text selbst ist keine weitere, klärende Auskunft zu erhalten. Die Umstände dieses „Vertrauens" lassen sich aufklären. Diese Rede, später zu Tausenden an Studenten verteilt[42] und in hohen Auflagen nachgedruckt, hat eine sehr große Verbreitung erfahren. Dennoch blieb sie häufig für viele späteren Leser fremd, abstrakt oder auch unverständlich. Das mag dazu geführt haben, die Rede von Guardini in der Erinnerungsgeschichte der Weißen Rose gerne als „schön" oder ähnlich unverbindlich zu zitieren, aber nur zu oft ist zu spüren, dass man mit seinen Worten nicht allzu viel anfangen konnte.

Die Eingriffe des NS-Regimes in die Universitätslehre hatten auch Guardini betroffen. Er wurde 1939 von seinen akademischen Aufgaben entbunden und sein Berliner Lehrstuhl aufgehoben. Es blieb ihm zwar, weiterhin illegal mit katholischen Jugendgruppen zu arbeiten, wie zuvor u.a. auf Burg Rothenfels. Sein Refugium fand er 1943 im schwäbischen Dorf Mooshausen

39 Vgl. beispielsweise Tuchel: Spannungsfeld (Anm. 10), S. 51.

40 Vgl. Karl Voßler: Gedenkrede für die Opfer an der Universität München, in: Kultur und Politik – Eine Schriftenreihe, München 9/1947, hrsg. vom Bayerischen Staatsministerium für Unterricht und Kultus.

41 Guardini, Waage (Anm. 5), S. 7.

42 Ab Sommersemester 1955 wurde die Rede von Guardini, herausgegeben vom Allgemeinen Studentenausschuss, bei der Immatrikulation an alle Studenten verteilt unter dem Titel: Die Waage des Daseins. Zum Gedächtnis von Sophie und Hans Scholl, Christoph Probst, Alexander Schmorell, Willi Graf, Prof. Dr. Huber und Hans Carl Leipelt.

in der Nähe von Memmingen bei dem örtlichen Pfarrer und seinem alten Freund aus Tübinger Studienzeiten, Josef Weiger, in einem christlich gesinnten, widerständigen Kreis.[43] Es war im Frühsommer 1945, in den ersten Monaten nach der Kapitulation, berichtete Guardini, dass „auf einem ziemlich ramponierten Motorrad ein junger Mann“ ihn in Mooshausen aufsuchte und mit den Worten ansprach: „Herr Professor, es muss etwas geschehen!“[44] Bei dem jungen Mann handelte es sich um Otl Aicher, der aus Ulm die kriegsbedingt und verkehrstechnisch schwierige Reise unternommen hatte, um Guardini in die Aktivitäten zur Vorbereitung der Gründung der dann von Inge Scholl geleiteten Ulmer Volkshochschule einzubeziehen. Mit diesem Ansinnen wurde Guardini gewonnen. Das große Thema der Bildung, die Begegnung der Vergangenheit mit der Gegenwart, begeisterte. Schon bald danach im Sommer, ab August 1945, wurden die „Donnerstags-Vorträge“ von Guardini in der Martin-Luther-Kirche in Ulm im Amtsblatt, da es noch keine Lizenzen für Zeitungen gab, angekündigt.[45]

Otl Aicher, Jahrgang 1922, hatte von Guardini vor allem über den Maler Geyer gehört, hatte aber über verschiedene Kreise Kontakt zu ihm. Aicher wirkte zunächst sehr aktiv in der katholischen, vom NS-Regime selbstredend aufgelösten Quickborn-Jugend, an deren Werkwochen in Blaubeuren bei Ulm und in Beuron Guardini in den dreißiger Jahren häufig mitgewirkt hatte. Immerhin hat Aicher in seinen Erinnerungen einen Hinweis gegeben, er habe sogar „mit ein paar Mitgliedern der Quickborn-Jungenschaft in Berlin“ Briefe ausgetauscht;[46] dort, in den jugendbewegten Gruppen, fanden Guardinis Ansätze zur Erneuerung der Liturgie und zur Reform der Kirche große Wertschätzung. Der andere Kreis, über den Aicher den Namen Guardini kannte, hängt mit der theologisch-literarischen Begeisterung des nicht einmal zwanzigjährigen Aicher zusammen, der allein aus diesem Grunde nach München-Solln gefahren war, um zunächst Carl Muth und dann Theodor Haecker persönlich kennenzulernen und Gespräche über Theologie, Ethik und Politik zu führen. Angestoßen durch die Faszination dieser Begegnungen machte Aicher dann seinen älteren Freund Hans Scholl mit Muth bekannt. Vor allem jedoch gelang es später den Jungen – Otl Aicher, Hans und Sophie Scholl – eine aufrichtige und achtungsvolle, sehr freundschaftliche Beziehung zu dem alten Herrn aufzubauen, der sie häufig tagelang als Gäste bei sich aufnahm. Aus diesen Kontakten erwuchs auch die Freundschaft der Familie Scholl zu Haecker.

43 Vgl. Hanna-Barbara Gerl u.a. (Hg.), Begegnungen in Mooshausen, Weißenhorn 1989.
44 Romano Guardini: Pluralität und Entscheidung, in: Sorge um den Menschen, München 1962, S. 140. Der Besuch in Mooshausen war wahrscheinlich im Juni oder Juli gewesen, denn Guardini hielt seinen ersten Vortrag in Ulm am 16. August 1945.
45 Vgl. Berthold Gerner: Romano Guardini in München. Beiträge zu einer Sozialbiographie. Bd. 2, Referent am Vortragspult, München 2000, S. 402 ff.
46 Otl Aicher: Innenseiten des Krieges, 1985, S. 14. Vgl. auch die Verweise in den Briefen und Tagebüchern von Willi Graf sowie von Hans und Sophie Scholl.

Nach den Prozessen gegen die Weiße Rose und nach der Verhaftung des Vaters verließen die Scholls im Juni 1944 Ulm, um in einem fern gelegenen Einödhof bei Ewattingen im Schwarzwald bis Kriegsende unterzutauchen. Hier, auf dem Bruderhof, einem ehemaligen Anwesen der Benediktiner, tippte Inge Scholl im Juli und August 1944 wichtige Manuskripte von Haecker, unter anderen Teile der „Tag- und Nachtbücher“, in die Maschine; diese Notate, vergraben im Garten des Bruderhofs, wurden so gerettet. Auch Otl Aicher fand hier nach seiner Desertion aus der Wehrmacht Unterschlupf. Hinrich Siefken hat diese Episoden mit feinen Strichen nachgezeichnet.[47] Daher war, als Muth im Herbst 1944 und Haecker im Frühjahr 1945 verstorben waren, Guardini ein fester Bestandteil dieser langen Muth-Haecker-Diskurse: Für Otl Aicher und Inge Scholl hatte der Name einen guten, vertrauten Klang. Er bot ihnen, gerade im Wissen um die spannungsreiche Haltung der Kirchen zum Nationalsozialismus, eine sichere Basis für die Zukunft.

Ein dritter Kreis, in dem der Name Guardini für Aicher aufgetaucht war, kam ab Mai 1942 zustande, nachdem Willi Graf in den engen Kern der Weißen Rose gekommen war. Er hatte doch seiner Schwester die Broschüre „Die Offenbarung als Geschichte“ (1940) von Guardini geschenkt. Aus der aktiven Zeit in katholischen Jugendgruppen, im Quickborn und zuletzt im Bund Neudeutschland, hatte Graf weiterhin Kontakt zu einer losen Gemeinschaft, die sich „Grauer Orden“ nannte. Hier war Guardini ein gern gelesener Autor und bewunderter Redner. Zwei ihrer führenden Persönlichkeiten, Fritz Leist und Hermann Krings, lebten in einem Wohnheim in München; Graf besuchte sie mehrfach. Unter diesen Gruppen, einschließlich der Weißen Rose, hatte anfangs die Hölderlin-Analyse von Guardini besonders fasziniert und die Diskussion über Newman und Thomas von Aquin angeregt.[48] Die Aufzeichnungen von Sophie und Hans Scholl oder Willi Graf lassen dies spüren.

Als Otl Aicher mit Inge Scholl, diese noch so jungen Menschen, nach der Kapitulation der Wehrmacht und dem Ende des NS-Regimes daran gingen, ihren Bildungsbeitrag für eine neue Gesellschaft leisten zu wollen, gehörte für sie Guardini zur ersten Auswahl der Referenten. Er hatte theologisch überzeugt; persönlich war er nie angepasst gewesen und hatte fundamental den quasi-religiösen „Heilbringer“ des NS-Regimes analytisch kritisiert.[49]

---

47 Vgl. die Ausführungen in der Einleitung von Hinrich Siefken, der 1989 erstmals die vollständige Ausgabe der „Tag- und Nachtbücher“ von Theodor Hacker herausgegeben hat, hier S. 15.

48 Vgl. Wolfhart Heckmann u.a., Die Philosophie zwischen Anpassung und Selbstbehauptung. Gespräch mit Prof. Hermann Frings, in: Widerspruch. Münchener Zeitschrift für Philosophie, 13/1987, S. 28 ff.; Hermann Krings, Das Zeichen der Weißen Rose. Zur politischen Bedeutung des studentischen Widerstands, in: Die Weiße Rose und das Erbe des deutschen Widerstandes. Münchner Gedächtnisvorlesungen, München 1993, S. 45 ff. Günter Schmich, Weg-Zeichen Willi Grafs, in: Was wisst ihr von der Erde. Dokumente katholischer Jugendbewegung, hrsg. von Hans Böhner, Arno Klönne, 1995, S. 200 ff.

49 Vgl. Hanna-Barbara Gerl-Falkowitz, Die Bedeutung des Pfarrhauses von Mooshausen

Aicher ergriff im Fall Guardini die Initiative, ihn in das umrisshaft aufkeimende Ulmer Bildungsnetzwerk hineinzuholen. Die Wertebindung zur Erkenntnis der Zeitgeschichte war unerlässlich. Dafür würde Guardini garantieren. Nach der ersten Kontaktaufnahme kam dann die Idee, die Würdigung der Weißen Rose von Guardini durch die Münchener Rede vornehmen zu lassen. Einblick in diese eigene Wahrnehmung der beiden, Aicher und Scholl, und ihre Einschätzung des Religiösen bei allen im Widerstandskreis gewähren nicht zuletzt die ausführlichen Berichte an Ricarda Huch; Aicher und Scholl selbst waren in diesen Jahren von einem, wie wohl gesagt werden darf, religiös stürmischen, beinah missionarisch inspirierten Sendungsbewusstsein geleitet.

Diese Darlegungen lassen erkennen, mit welchen Informationen und Eindrücken, Fakten und Fiktionen Guardini über den Widerstand aufgeklärt und gewonnen wurde, diese Rede zu halten. Wie eine Momentaufnahme bezeugen die Darlegungen an Huch sowohl aufgewühlte Nähe als auch ideelle Milieuverwandtschaft, die geradezu nach Identifikation mit den Personen des Widerstandes zu streben schien. Das religiöse Weltbild des Otl Aicher und der Inge Scholl wiesen die Richtung, Guardini ein bestimmtes Bild des christlichen Hintergrundes der Personen und des Widerstandes der Weißen Rose zu vermitteln. Ihre Empathie zu Hans und Sophie Scholl ist unverkennbar und überströmte eindrucksvoll die Mitteilungen der Fakten und Wahrnehmungen.

Aber all dieses Wollen und der Drang, die Geschichte der Weißen Rose in die Öffentlichkeit zu bringen, hätte ohne die glückliche Fügung der politischen Realität kaum Chancen gehabt. Das Oberhaupt der Familie Scholl, gerade der Haft in NS-Gefängnissen entronnen, war von der amerikanischen Besatzung zum Oberbürgermeister von Ulm ernannt worden; die notwendigen Genehmigungen der zuständigen Militärs für einen Gedenkvortrag in München konnten unter diesen Umständen schnell eingeholt werden, boten doch zwei Bereiche den Grund für Akzeptanz und amtliche Zustimmung: zum einen das Thema, der Widerstand an sich, und zum anderen die Person, ein Mann der Kirche, der nicht das hohe Lied des NS-Regimes gesungen hatte.

Die Position des Redners der Gedenkrede

Romano Guardini hat seine Rede am 4. November 1945 nicht als Repräsentant der Katholischen Kirche gehalten. Er gehörte wohl seit Jahrzehnten zu den prominentesten Theologen in Deutschland mit ungewöhnlichem Ansehen. Dennoch gab es neben dem protestantischen Berlin vor allem in sei-

---

für den Widerstand, in: Hans–Günter Hockerts, Hans Maier (Hg.), Christlicher Widerstand im Dritten Reich, Annweiler 2002, S. 67 ff.; Dieses Werk von Guardini über den „Heilbringer“ konnte erst 1946 erscheinen (vgl. Anm. 66).

ner Kirche erhebliche theologische Vorbehalte ihm gegenüber. Viel zu sehr hatte sein Eintreten für liturgische Erneuerung und Reform der Kirche unter den deutschen Bischöfen über Jahre Missfallen erzeugt, doch vor allem hatten seine Publikationen in Rom mit dem im Vatikan gravierenden Vorwurf – „aus dogmatischen Gründen" – Anstoß erregt. Sogar noch 1950 war zu spüren, wie intensiv diese Vorbehalte nachwirkten, da Guardini immer noch als „persona minus grata", als eine wenig geschätzte Person, in der Kirche beurteilt wurde. Darauf bezog sich der Bischof von Mainz, Albert Stohr, als er diesen Knoten der Vorbehalte durchschlagen wollte und daher Kardinal Faulhaber um entsprechende Intervention in Rom bat.[50] Aber so einfach ließ sich das Misstrauen gegenüber Guardini nicht revidieren.

Da lag inhaltlich eine weitere Verbindung zu den bekannten Mentoren der Weißen Rose. Als Herausgeber des *Hochland* hatte Muth sich früh für einen Reformkurs der Kirche engagiert, vor allem war er mit Haecker für einen offenen Dialog mit dem zeitgenössischen Denken eingetreten. Insbesondere hatten sie, in Haeckers Worten, das „prophetische Amt der Kirche" angemahnt und für die kirchenleitenden Gremien eine kritikfähige, zumindest distanzierende Kooperation mit dem NS-Regime nahe gelegt. Im September 1931 beschloss die Freisinger Bischofskonferenz unter Faulhaber Maßnahmen gegen das *Hochland*. Es ging um einen Beitrag von Matthias Laros über den „Zweck der Ehe". Stets wurde die Zeitschrift *Hochland* wegen angeblicher modernistischer Tendenzen attackiert. Noch Mitte der dreißiger Jahre waren die kirchlichen Amtsträger von „schweren Bedenken" gegenüber Muth bestimmt. Zum 70. Geburtstag von Muth im Jahr 1937 wurde eine rehabilitierende Ehrung nicht mehr zugelassen. Eine kirchliche „Vertrauenskundgebung" wurde verworfen, da „in den Akten des Offiziums" Muth, „dieser Name", seit langem „so schwer belastet" war.[51] Wenngleich die Akzeptanz von Muth in der akademischen Welt hoch war, blieben die kirchenamtlichen Bedenken weit über den Tod hinaus bestehen. Die Verwandten aber bedrängten hartnäckig noch bis 1949 das Erzbistum München und Freising, „das begangene Unrecht" der Kirche an Carl Muth durch eine „baldige, gutwillige und gerechte Lösung" wieder heilen zu lassen; fast resigniert klingt gleichwohl ihr Ausspruch, bis heute sei noch keinerlei Lösung gereift.[52]

Das kirchliche und gesellschaftliche Klima war im Sommer 1945 noch zutiefst durch die Nähe zur Vergangenheit bestimmt. Guardini und die theologisch-religiösen Mentoren der Weißen Rose, Muth und Haecker, spielten im akademischen Diskurs nach 1945 eine bemerkenswert wichtige Rolle, wie auch Joseph Kardinal Ratzinger in seinen Erinnerungen bestätigte, jedoch wurden sie nach wie vor von ihrer Kirche nur mit Behutsamkeit ange-

---

50 Brief vom 19. Juli 1950, in: Heinz Hürten (Hg.), Akten Kardinal Michael von Faulhabers. III 1945–1952, Paderborn 2002, S. 576.

51 EAM NL Faulhaber 6888 Erzbischof an Dompropst Simon, 9. Januar 1937.

52 Ebenda, Othmar Muth an Kardinal Faulhaber, 17. Juli 1949.

nommen. Sie alle aber verband darüber hinaus, dass sie über viele Jahre sich persönlich nicht ins NS-System hatten einbinden lassen, sondern durch Aktionen des NS-Regimes – gezielte Lehr- und Publikationsverbote – berufliche Nachteile hatten erleiden müssen. Als Grenzgänger der Kirche standen sie ethisch-politisch auf der Seite des Widerstandes. Sie empfanden daher mehr als Sympathie mit den Widerständlern, es gab die existenzielle Nähe der Betroffenen. Umgekehrt hatte die Kirche auch nach Kriegsende noch erhebliche Mühe, „ein Bewußtsein von Widerstand gegen das Regime“ zu entwickeln, und der Widerstand kam als positives „Phänomen erst langsam ins Bewußtsein der Geistlichkeit“.[53] So gesehen, war Guardini der rechte Theologe für die Gedenkrede zum religiösen Hintergrund des Widerstandes der Weißen Rose.

Anmerkungen zur Rede von Guardini

Romano Guardini kommt das Verdienst zu, eine Gruppe aus dem deutschen Widerstand, hier die Weiße Rose, öffentlich gewürdigt zu haben, sie hätten „für die Freiheit des Geistes und die Ehre des Menschen gekämpft,“ und, wie er zum Abschluss seines Gedenkens festhielt: „ihr Name wird mit diesem Kampf verbunden bleiben.“[54] Diese Worte der öffentlichen Veranstaltung im Angesicht der deutschen Katastrophe des Mai 1945 sind denkwürdig, weil sie den moralischen Neubeginn mit der politischen Tat des Widerstandes gegen das NS-Regime verknüpft haben – eine der frühesten Würdigungen des Widerstandes überhaupt. Guardini hoffte auf „die Gnade des Neubeginns“ in Deutschland.[55] In seiner Person konnte das Plädoyer für „die Hingabe an die Wahrheit“ glaubwürdig sein. Gleichwohl: Guardini hielt keine Rede eines Historikers, dessen Aufgabe es gewesen sein könnte, das konkrete Geschehen dieses Widerstandes nachzuzeichnen, Briefe und Flugblätter vorzustellen oder die Taten der Einzelnen zu gewichten ... – oder was alles zur Aufgabe der späteren historischen Forschung zählte. Er kann auch aus solcher Perspektive der aus späterer Zeit kommenden Kenntnisse nicht kritisiert werden.

Guardini nahm in seiner Rede nur an wenigen Stellen konkret Bezug auf diesen Widerstand der Weißen Rose; die Kernaussage kommt in dieser einen Passage zum Ausdruck, diesen Menschen sei es gegangen „um die Ehre des deutschen Volkes, um sein geistiges Leben, um seine wahre Berufung. Darum haben sie sich gegen die Erniedrigung und Zerstörung aufgelehnt, die

53 Walter Ziegler, Bayern im Übergang. Vom Kriegsende zur Besatzung 1945, in: Peter Pfister (Hg.), Das Ende des Zweiten Weltkrieges im Erzbistum München und Freising. Die Kriegs- und Einmarschberichte im Archiv des Erzbistums München und Freising, Teil I, München 2005, S. 88 f.

54 Guardini, Waage (Anm. 5), S. 20.

55 Ebenda, S. 19.

ihm von jenen widerfuhr, welche sich seine Führer nannten.“[56] Und im nahen Zusammenhang mit dieser Aussage gab er den Hinweis auf den Ort des Widerstandes, die „Welt der Universität“. Dazu führte er aus: „In den vergangenen Jahren hat man sie entwürdigt. Man hat ihr Verhältnis zur Wahrheit verdorben und damit ihr Wesen zerstört. Man hat sie zum Mittel für politische Zwecke gemacht.“[57] Zurückhaltend – doch deutlich ist der Duktus. Nur, Absichten, die Weiße Rose zu entpolitisieren oder zu heroisieren, sind nicht zu entdecken. Allerdings folgte Guardini dem nachdrücklichen Impuls von Aicher und Scholl, als er an einer einzigen Stelle der Rede den Begriff „die Geschwister Scholl und ihre Freunde“ verwendet hat, der über Jahrzehnte die Erinnerungsgeschichte der Weißen Rose legendengleich belastet hat. Nur später, als mehr historisch gesichertes Material über diesen Widerstandskreis vorlag, hat Guardini in allen weiteren Vorträgen diesen verkürzenden Begriff nicht mehr gebraucht.

Guardini hielt seine Gedenkrede als existenzphilosophisch versierter Theologe. Das verrät schon die Überschrift seiner Abhandlung: „Die Waage des Daseins“. Sein Fragen geht hin zum christlichen Fundament, „auf welcher Waage wird das Leben eines Menschen gewogen?“[58] Es verwundert nicht, nach der „Ordnung der rechten Tat und des reinen Werkes“ in der Gemeinschaft dieser Welt zu suchen und hinzuführen auf „eine andere Ordnung“, die „in die Welt hineingetragen wurde durch Jesus Christus“.[59] Hier liegt sein Fokus für Wahrheit und Freiheit, hier gründet seine Antwort auf die Frage nach der „Waage des Daseins“ – „zwischen Zeit und Ewigkeit“.[60] In diesen grundlegenden theologischen Ausfächerungen fand Guardini seinen Ansatz, den Widerstand der Weißen Rose christlich und religiös zu verankern. Mit diesen Worten: „In der Tiefe dieser Gemeinschaft sind die letzten Motive entsprungen, welche das Leben Jener, deren Andenken wir ehren, bestimmt hat.“[61] Das ist die Einordnung der Weißen Rose in der theologischen Analyse. In dieser Form führte er weit weg von jener rhetorischen Version und ging darüber hinaus, wie Aicher und Scholl das religiöse Leben der „Geschwister Scholl“ geschildert hatten.

Guardini ist es in dieser Feierstunde in München am 4. November 1945 gelungen, im Blick auf die ihm vorliegenden Berichte und Bezeugungen dem Glaubenshorizont des Widerstandskreises der Weißen Rose nachzuspüren, den er im systematischen Kontext des Theologen darlegte, allgemein, grundlegend, transpersonal. Er löste sich von allen gegebenen, möglicherweise subjektiven Mutmaßungen religiöser Zuordnungen und entwarf stattdessen ein allgemeines christliches Panorama der Lebenserfüllung. Dass

---

56 Ebenda, S. 13 f.
57 Ebenda, S. 13.
58 Ebenda, S. 8.
59 Ebenda, S. 14.
60 Ebenda, S. 16, 17.
61 Ebenda, S. 19.

Guardini auch anders zum Widerstand sprechen konnte, erwies er beispielsweise im Jahr 1958, als er zur Eröffnung des neuen Lichthofes der Universität – „der Stätte ernsten Gedenkens" – den letzten Hans Scholl zugeschriebenen Ausspruch: „Es lebe die Freiheit!" als Thema wählte.[62] Sein Kerngedanke rankte sich darum, dass der Staat, der dem Bürger die Freiheit des mündigen Menschen raubt, die Werte verneint und vernichtet, auf denen er selbst beruht. Hier präsentierte er sich als Redner der politischen Philosophie, der zur Zeitgeschichte und zu den Entwicklungen der modernen Gesellschaft seine – natürlich – wertbezogenen Ausführungen zur Sinndeutung der Gegenwart machte.

Zur Bedeutung der frühen Quellen des Widerstandes in München

Ricarda Huch hat mit ihrem Vorhaben, biografische Skizzen zum deutschen Widerstand anzufertigen, eine erstaunlich umfangreiche Sammlung von Unterlagen zu den Personen des Widerstandskreises der Weißen Rose angelegt. Sie versammelte sehr unterschiedliche Quellen, wie authentisch Dokumentarisches der hingerichteten Personen ebenso wie subjektiv persönliche Beobachtungen und hoch sensible, emotionale Wahrnehmungen der Angehörigen oder aus dem befreundeten Umfeld. Was dieser Sammlung einen besonderen Rang verleiht und den Reiz der eigenen Authentizität ausmacht, ist, dass sie – zumeist 1946 und zu Beginn des Jahres 1947 zusammengestellt – in großer zeitlicher Nähe zum politischen Höhepunkt des Widerstandes 1942/43 steht. Das Wissen der Fakten und das Bewusstsein um die Taten, die bis dato weitgehend privat oder familiär erinnert wurden, kommt in einem hohen Maße zum Ausdruck. Dabei kann man überrascht verzeichnen, welch große Fülle an Details über die handelnden Personen bereits übermittelt wurden, die in mancherlei Hinsicht von der historischen Forschung doch erst sehr viel später übernommen wurden.

Für die hier hervorgehobene Fragestellung nach Hinweisen auf den christlichen Hintergrund der Weißen Rose findet sich eine eindeutige Antwort. Der Widerstandskreis der Weißen Rose zählt zum christlichen Widerstand im Dritten Reich. Die Unterschiedlichkeit der Träger des Münchener Widerstandes, gemessen an konfessioneller Zugehörigkeit wie auch am persönlichen religiösen Werde- und Entwicklungsgang, ist aus diesen Unterlagen ersichtlich. Doch erkennbar wird ebenso, dass sie die gesellschaftlich lang tradierten Abgrenzungen der Zugehörigkeit zu Kirchen und Konfessionen überwanden und zu einer Klarheit der handlungsrelevanten Eindeutigkeit fanden. Die Kultur des Dialogs und der Lektüre christlicher, philosophisch und historisch gegründeter Literatur des Abendlandes führte sie auf den gemeinsamen christlichen Grund, ihr Leben zu orientieren – und politisch zu handeln.

62 Ebenda, S. 21.

Unabhängig vom jeweiligen religiösen Herkommen entwickelte sich aus der Bereitschaft des Gegenhandelns die Fähigkeit des Widerstandes gegen das NS-Regime im Verlauf dieser Diskurse und Prozesse, die naturgemäß auf verschiedenen Ebenen abliefen. Intellekt und Ratio, so scheinen die damaligen Aussagen zu verbürgen, übten einen wechselseitigen Einfluss auf Glauben und Spiritualität. Die Dominanz der konfessionellen Prägung schwand, wie christlich-ökumenische Überzeugung erstarkte. Das würde für die Zukunft noch Bedeutung haben. „Die christlichen Einzelnen waren dabei ihren Kirchen an Mut und Entschlossenheit weit voraus", wie Hans Maier notierte,[63] nicht nur ihren Kirchen, auch der Gesellschaft.

Ricarda Huch verdanken wir also diese Quellensammlung zur Weißen Rose. Indirekt, aber gleichwohl gesichert, ist davon auszugehen, dass über diesen Bestand der Informationshintergrund für Romano Guardini erschlossen werden kann, wenn die Botschaft der Manuskripte von Inge Scholl von 1946/47 an Huch auch die Botschaft 1945 an Guardini war. Bezüglich des religiösen Inhalts gibt es da keine Zweifel. Während Huch eine sehr umfassende, sich ergänzende und widersprechende Basis an zeithistorischen Daten zur Verfügung hatte, die sie als Historikerin bemerkenswert fachgerecht im Blick auf die Geschichte dieses Widerstandskreises auswertete, standen Guardini nur die begrenzten, stark auf die „Geschwister Scholl" hin fokussierten Darlegungen von Aicher und Scholl zur Verfügung. Da Guardini den religiösen Kontext in den Lektürehinweisen von Augustinus bis Newman glaubwürdig fand und die Mentorenschaft von Muth und Haecker für die Weiße Rose beurteilen konnte, entschied er sich bei seinem Vortrag für einen theologisch-religiösen Ansatz.

Ricarda Huch wollte den Männern und Frauen des deutschen Widerstandes gegen das NS-Regime ein Denkmal setzen und nannte sie „Märtyrer". Das Fundament, das ihr Handeln bis zum Tode leitete, wurde von den christlichen Kirchen anerkannt und ihre Namen als „Märtyrer" – konfessionell sauber geschieden – in entsprechende Verzeichnisse aufgenommen, gewertet und geehrt.[64] Allein, diese zuordnende Wertung hat über engste Kirchenkreise hinaus auf die historische und zeitgeschichtliche Betrachtung der Weißen Rose kaum ausgestrahlt. Es mag eben ein Fehler des konfessionellen Ansatzes sein, dieses, wie Hans Günter Hockerts es zurecht benannte, „Geflecht der christlichen Motive" erneut in alter Weise als „eine dezidiert konfessionelle Prägung" klassifizieren zu wollen und insofern zu verzerren.[65]

---

63 Hans Maier, Christlicher Widerstand im Dritten Reich, in: Hinrich Siefken, Hildegard Vieregg (Hg.), Resistance to National Socialism. Arbeiter, Christen, Jugendliche, Eliten. Forschungsergebnisse und Erfahrungsberichte, Nottingham 1993, S. 33.

64 Vgl. Helmut Moll (Hg.), Zeugen für Christus. Das deutsche Martyrologium des 20. Jahrhunderts, Paderborn 1999 (2. Aufl. 2010); Harald Schulze, Andreas Kurschat (Hg.), „Ihr Ende schaut an ...". Evangelische Märtyrer des 20. Jahrhunderts, Leipzig 2006 (2. Aufl. 2008).

65 Hans Günter Hockerts, Vielfalt christlichen Widerstandes: Das Beispiel München, in: Hockerts, Maier: Widerstand (Anm. 49), S. 37.

Dieses Geflecht existierte und lebte auf einem christlich-ökumenischen Fundament – ähnlich wie bei anderen Kreisen des Widerstandes gegen das NS-Regime.

Die Arbeiten von Huch und Guardini sind große, über ihre Entstehung in der frühen Nachkriegszeit hinausweisende Interpretationen zu diesem Widerstandskreis der Weißen Rose, den sie aus der Sicht der Historikerin und des Theologen, also aus unterschiedlichen disziplinarischen Perspektiven der Wissenschaft deuten. Beide verbindet, dass sie der religiösen Welt für das Handeln im Widerstand wie auch für die Wertebindung der Gegenwart große Bedeutung beimaßen. Huch und Guardini konnten den Begriff des Bösen als Synonym für das Hitler- und NS-Regime in christlicher Überzeugung verstehen. Die mythisch verbrämte Art, wie das NS-Regime von Blut und Boden, von Rasse und Erde seine Welt zu regeln versuchte, enthüllte die quasi-religiöse Dimension der totalitären Ideologie, erkannte Guardini schon seit 1935 in seiner scharfen politisch-ideologischen Analyse des Nationalsozialismus; er führte es letzten Endes auf die Gestalt des „Heidnisch-Unerlösten" zurück.[66] Gegen das Mythengeraune der NS-Ideologie vertrat Guardini den Standpunkt, Christus ist in die „reale Geschichte" zu nehmen: „Er steht im genauesten historischen Licht." Das musste, in den Worten von Guardini, in der NS-Gegenwart aufrütteln und auf das „Gesamtbewusstsein des Abendlandes"[67] wirken. Der Widerstand gegen das Böse, die Tat der Einzelnen im Widerstand ergab dann auch einen kollektiven Sinn. Eugen Biser hat diesen Zugang zum Verständnis des politischen Widerstandes der Weißen Rose im Blick auf das persönliche Handeln aufgegriffen, als er feststellte: „dass der Nationalsozialismus mit seinem Programmwort 'Blut und Boden' eine Repaganisierung seines Herrschaftsgebietes betrieb."[68]

66 Vgl. den Sammelband von 1935 „Unterscheidung des Christlichen", darin „Der Heiland", teilweise eingearbeitet von Romano Guardini in der Publikation: Der Heilbringer in Mythos, Offenbarung und Politik. Eine theologisch-politische Besinnung, Stuttgart 1946, S. 38 f.

67 Romano Guardini, Der Heiland, in: Unterscheidung des Christlichen. Gesammelte Studien von Romano Guardini, Mainz 1935, S. 375.

68 Eugen Biser, Widerstand im Geist der Freiheit, in: Detlef Bald (Hg.), „Wider die Kriegsmaschinerie". Kriegserfahrungen und Motive des Widerstandes der „Weissen Rose", Essen 2005, S. 9.

II.

Entfaltungen

Hans Scholl, Graf Stauffenberg

Weltanschauung und Widerstand
Hans Scholl und Oberst Graf Stauffenberg

JAKOB KNAB

Oberst Claus Graf Schenk von Stauffenberg und Hans Scholl sind Symbolgestalten des Widerstandes gegen Adolf Hitler.[1] Scholl steht für den Aufstand der Weißen Rose, Stauffenberg für das Attentat vom 20. Juli 1944. Wer sich mit dem Widerstand gegen Hitler befasst, sucht Antworten auch auf diese Fragen: Warum waren Menschen wie sie – im Unterschied zu den vielen angepassten Mitläufern und willigen Tätern – willens und in der Lage, standzuhalten und dieser „Diktatur des Bösen" zu widerstehen? Aus welchen Quellen schöpften sie ihre innere Kraft? An welchen Werten und Traditio-

1 Diesem Beitrag liegt mein Vortrag am 14. November 2011 beim 3. Wehrmedizinischen Symposium an der Sanitätsakademie der Bundeswehr in München zugrunde.

nen fanden sie Orientierung, die sie gegenüber den Nationalsozialisten zu den geistig und moralisch Stärkeren machten?

Der Schriftsteller Reinhold Schneider,[2] der in der unmittelbaren Nachkriegszeit als das „Gewissen der Nation" galt, kam 1947 in seinem „Gedenkwort zum 20. Juli" zu dieser Einsicht: „Über dem Gewissen ist keine Macht des Menschen, keine Pflicht: wird es nicht gehört, so erkrankt alles Leben, und der Feind des Menschen erlangt Gewalt. ... Wird die Macht nicht von Menschen guten Willens behauptet, so fällt sie dem Bösen zu."[3] Es gehört zu den Aufgaben der Widerstandsforschung, über die Wirklichkeit des Bösen in der Geschichte, über Gewalt, Unterdrückung und Vernichtung zu reflektieren sowie auf der anderen Seite die Aufgaben von Staat und Gesellschaft zu benennen, um eine gerechte Ordnung aufbauen und die Freiheit des Individuums sichern zu können. Diese Erinnerungskultur ist unverzichtbar. Denn nur wenn Geschichte gedeutet wird, gewinnt sie auch existenzielle Bedeutung. Nur wer die eigene Identität als Ergebnis vorausgegangener Entwicklung kennt und überzeugend auslegen kann, wird die Gegenwart verantwortungsvoll gestalten sowie die Zukunft umsichtig und unverzagt planen.

Prägungen von Stauffenberg

Hans Rothfels, der Altmeister der Widerstandforschung, benennt Herkunft und Prägungen Stauffenbergs so: „Ein Katholik aus alter schwäbischer Familie und mütterlicherseits ein Nachkomme Gneisenaus, ein Mann von musischer Begabung und humanistischer Bildung, in jungen Jahren schon ein Mitglied des auserwählten Kreises um den als 'Meister' verehrten Dichter Stefan George,[4] ließ er sich wohl vom 'nationalen Aufbruch' des Jahres 1933 mit ergreifen ..."[5] Auch die drei Taufnamen Stauffenbergs Claus Philipp Maria zeugen von dieser katholisch geprägten Tradition. Der junge Graf fühlte sich eingebunden in seiner überlieferten Glaubenswelt.

Als Mitte der zwanziger Jahre der katholische Religionslehrer am angesehenen Eberhard-Ludwigs-Gymnasium Stuttgart das Hakenkreuz als ein antisemitisches Symbol bezeichnete, da wandte Stauffenberg sogleich ein, es komme schon im alten Ägypten vor und habe damals mit Antisemitismus

2 Reinhold Schneider (1903–1958) war ein deutscher Schriftsteller. 1938 erschien seine Szenenfolge Las Casas vor Karl V, in welcher er Unterdrückung, Rassenwahn und falsch verstandene Religiosität anprangert. In dem Jahrzehnt nach dem Ende der NS-Gewaltherrschaft appellierte er an seine Landsleute, nicht schon wieder mit der Aufrüstung zu beginnen, sondern mit friedlichen Mitteln auf die Wiedervereinigung Deutschlands hinzuarbeiten

3 Reinhold Schneider, Gedenkwort zum 20. Juli, Freiburg i. Breisgau 1947, S. 19 f.

4 Stefan George (1868–1933) war ein deutscher Lyriker. George war der Mittelpunkt des George-Kreises und wurde als „Meister" und charismatischer Führer von seinen Anhängern tief verehrt.

5 Hans Rothfels, Die deutsche Opposition gegen Hitler. Eine Würdigung, (Neuausgabe: Manesse-Bibliothek der Weltgeschichte), Zürich 1994, S. 151.

nichts zu tun gehabt. Er kannte das Zeichen der Swastika auf Büchern des George-Kreises, von denen überdies manche von Juden stammten.[6] Bei einer Aufführung des „Tell" an seinem Stuttgarter Gymnasium hatte Stauffenberg in der Rolle Stauffachers beeindruckt:

Nein, eine Grenze hat Tyrannenmacht ...
Zum letzten Mittel, wenn kein andres mehr
Verfangen will, ist ihm das Schwert gegeben.[7]

Schon im Jahr 1923 waren Claus und seine Brüder Berthold und Alexander dem Dichterfürsten Stefan George vorgestellt worden. Claus Stauffenberg begeisterte sich für das Elitedenken des „Meisters" Stefan George. Überdies hatte das Soldatische einen hohen Wert im „Geheimen Deutschland" des „Meisters". Bald gehörten die Brüder zum Kreis um George, und sie lernten, was ein Bund ist – etwas diesseits des Staates und jenseits der Freundschaft.[8] Das Kultbuch war Georges „Stern des Bundes" von 1914, dem die beiden folgenden Verse entnommen sind:

Den fremden schadern aber ruft getrost:
Hemmt uns! untilgbar ist das wort das blüht.
Hört uns! nehmt an! trotz eurer gunst: es blüht –
Übt an uns mord und reicher blüht was blüht!

Dass die Nationalsozialisten Stefan George zu vereinnahmen suchten, verwundert nicht angesichts mancher Verse aus seinem „Neues Reich", die er bereits 1921 veröffentlichte. Die Sehnsucht nach der starken, ordnenden Hand des Überlebensgroßen findet hier den sinnenfälligen Ausdruck:

... er heftet
Das wahre sinnbild auf das völkische banner
Er führt durch sturm und grausige signale
... und pflanzt das Neue Reich.

Sein Abitur legte Stauffenberg im Februar 1926 ab. Sein Berufsziel: Offizier. Er begann seine militärische Laufbahn beim traditionsreichen Reiterregiment 17 in Bamberg. Spätestens vom September 1930 an, mit dem Erfolg der NSDAP bei den Reichstagswahlen, wurden mit der Gestalt des „Führers" auch in den Offizierskasinos Hoffnungen verbunden: Jetzt sympathisierte auch Stauffenberg mit der nationalen Bewegung. Gerne hörten er und seine Kameraden Hitlers Bekenntnisse zum Soldatentum, zum Militär als der „gewaltigsten Schule der Nation".[9] Unermüdlich verdammte der Redner

---

6 Peter Hoffmann, Claus Schenk Graf von Stauffenberg. Die Biographie, München ²2008, S. 64.

7 Eberhard Zeller, Geist der Freiheit. Der 20 Juli, München 1963, S. 333 f.

8 Hartmut von Hentig, Nichts war umsonst. Stauffenbergs Not, Göttingen 2008, S. 16.

9 Harald Steffahn, Claus Schenk Graf von Stauffenberg, Reinbek bei Hamburg 1994, S. 34.

Adolf Hitler den „Schandfrieden von Versailles". Stauffenberg begrüßte den Nationalsozialismus als nationale Erneuerungsbewegung, vor allem Hitlers unerbittliche Wendung gegen die Folgen der Kapitulation von 1918, gegen die Bürden der Versailler Knechtschaft und gegen die Schwächen der Weimarer Republik.

Ende September 1933 heiratete Stauffenberg in der Bamberger St.-Jakobs-Kirche die Freiin Nina von Lerchenfeld. Sie stammte aus einer protestantischen Familie. Den Hochzeitsurlaub verbrachte das junge Paar in Rom. Dort besichtigten sie u.a. die große Jubiläumsausstellung zum zehnten Jahrestag der Machtergreifung Mussolinis.[10] Am 4. Dezember 1933 starb Stefan George im Tessin. Die Brüder Stauffenberg hielten Totenwache an der Bahre des Meisters. Der Sarg wurde unter den Worten des Schlusschores aus dem „Stern des Bundes" zu Grabe getragen:

„Gottes pfad ist uns geweitet / Gottes land ist uns bestimmt /
Gottes krieg ist uns entzündet / Gottes kranz ist uns erkannt."

Einen Kranz mit dem Hakenkreuz haben NS-Beauftragte erst am Folgetag aufgelegt.

Als Stauffenberg zusammen mit einem Offizierskameraden an einer Bamberger Parallelveranstaltung zum Nürnberger Parteitag 1934 in Uniform teilnehmen musste, verließen sie spontan durch den Mittelgang den Saal, als der Redner Julius Streicher, der Herausgeber des Blattes *Der Stürmer*, gegen die Juden lästerte.[11] Von 1936 bis 1938 besuchte Stauffenberg die Kriegsakademie in Berlin-Moabit. Bei der Abschlusssreise der Generalstabsausbildung setzte er den gemeinsamen Besuch der Kaiserdome Speyer, Worms und Mainz durch.[12] Er selbst führte durch diese Bauten von abendländischem Rang; hier wie vielfach anderswo beeindruckte er seine Zuhörer durch sein Temperament und seine Redegewandtheit.

Als Hitler am 30. Januar 1937 die deutsche Unterschrift unter dem „Kriegsschuldartikel" 231 des Versailler Vertrags widerrief, da fand dies weithin Zustimmung im Offizierskorps. Die Ausschreitungen gegen die Juden in der Reichspogromnacht vom November 1938 erschütterten Stauffenbergs Einstellung zum Nationalsozialismus, so dass er danach erste Gespräche über Möglichkeiten zum Widerstand mit seinem Onkel, Graf Nikolaus von Üxküll-Gyllenband, führte.[13] Hitlers riskante Politik während der Sudetenkrise verstärkten seine Zweifel: „Der Narr macht Krieg."[14]

10 Wolfgang Venohr, Stauffenberg. Symbol der deutschen Einheit. Eine politische Biographie, Frankfurt am Main – Berlin 1986, S. 75.

11 Ger van Roon, Widerstand im Dritten Reich, München 1979, S. 178.

12 Eberhard Zeller, Geist der Freiheit. Der 20. Juli, München 1952, S. 227.

13 Gerd R. Ueberschär, Für ein anderes Deutschland. Der deutsche Widerstand gegen den NS-Staat 1933–1945, Frankfurt am Main 2005, S. 173.

14 Joachim Fest, Staatsstreich. Der lange Weg zum 20. Juli, Berlin 1994, S. 220.

Prägungen von Hans Scholl

Hans Scholl wurde gut zehn Jahre nach Graf Stauffenberg, im September 1918, in Ingersheim geboren, in den letzten Kriegsmonaten. Mit zwölf Böllerschüssen begrüßte die Gemeinde die Geburt des ersten Sohnes von Bürgermeister Robert Scholl und seiner Ehefrau Magdalene. Am 13. Oktober 1918 wurde das Kind in der Matthäuskirche in Ingersheim auf den Namen Johannes getauft. 1919 zog die Familie nach Forchtenberg um, 1930 übersiedelte sie nach Ludwigsburg, 1932 nach Ulm.

Am 1. Mai 1933 trat Hans Scholl, gegen den Wunsch der Eltern, in die Hitlerjugend ein. Er galt als schneidiger HJ-Führer und Draufgänger. Als solcher passte er an Sonntagen katholische Jugendliche auf dem Weg zum Gottesdienst ab und verprügelte sie.[15] In der Stadt Ulm wurde Hans Scholl gefürchtet als „der Sauhund".[16] 1935 war der Höhepunkt seiner HJ-Karriere, denn in diesem Jahr wurde Fähnleinführer Scholl ausgewählt, auf dem Reichsparteitag in Nürnberg eine Fahne zu tragen. Er kam verändert zurück; dieser Massenauflauf widersprach seinem Lebensgefühl. Er wollte nicht nur Rädchen einer großen Maschinerie sein. Zusammen mit Freunden schloss er sich der verbotenen bündischen Bewegung d.j.1.11. an. Im August 1936 unternahm man gemeinsam eine Lapplandfahrt. An den Abenden am Lagerfeuer trug Hans Scholl Stellen aus der „Heldenfibel" und anderen jugendbewegten Schriften vor. Ein Teilnehmer dieser Fahrt berichtet: „Dann liest Hans von einem Jungen, der in Frundsbergs Söldnerheer als Roßbub diente. ... Als er in der Entscheidungsschlacht die feindlichen Spieße auseinanderriß, brachte diese Tat den Sieg. Am Ende der Spießgasse lag ein bleicher Roßbub, dessen Lippen geöffnet waren, als wollten sie immer noch rufen: ‚Der Freiheit eine Gasse'."[17]

Seine schon in jungen Jahren ausgeprägte „Lesewut" erfuhr Hans Scholl als eine wundersame, große Möglichkeit, die eigene Lebensspur zu finden. Doch die esoterische Ästhetik eines Stefan George blieb ihm fremd: „Es ist sehr, sehr schwer," schrieb er im Herbst 1937, „Stefan George zu verstehen. Aber wir ahnen ihn, seine überragende, unantastbare, einsame Größe."[18] Bereits 1935 hatte Carl Muth, der spätere Mentor von Hans Scholl, so über George geurteilt: „George kommt aus der katholischen Glaubenswelt und ist ein stolzer Renegat, während Nietzsche ein verzweifelnder Sucher ist." Georges Buch der Lehre, den „Stern des Bundes", bezeichnete Muth als „eine kunstvoll geschmiedete, mit edlen Steinen kostbar verzierte Monstranz, in der das Heilige fehlt."[19] Und der andere spätere Mentor von Hans Scholl, der

---

15 Eckard Holler, Die Ulmer „Trabanten". Hans Scholl zwischen Hitlerjugend und dj.1.11., (= puls 22. Dokumentationsschrift der Jugendbewegung, Stuttgart 1999, S. 28.

16 Holler, Scholl (Anm. 15), S. 22.

17 Ebenda, S. 19.

18 Brief Hans Scholl, 8. Oktober 1937, in: Hans und Sophie Scholl: Briefe und Aufzeichnungen, hrsg. von Inge Jens, Frankfurt am Main 1984, S. 11.

19 Carl Muth, Schöpfer und Magier. Drei Essays, Leipzig 1935, S. 213.

begnadete Polemiker Theodor Haecker, hatte bereits zum 60. Geburtstag Georges von dessen „harmlosen Albumversen“, von dessen „Zucht, Anstrengung und Absicht ohne den edlen Fundus“, von der „Schiefheit seiner Bilder infolge der Verwaschenheit der Bilder“ sowie von der „erstaunlichen Humorlosigkeit dieses Dichters“ gesprochen. Die weltanschaulichen Gegensätze sind offenkundig: Theodor Haecker und Carl Muth, die späteren religiösen Mentoren[20] von Hans Scholl, gehören zur deutschen *renouveau catholique*; Stauffenbergs „Meister“ Stefan George war der Anführer eines Männerbundes von Eingeweihten.

Kriegseindrücke – Stauffenbergs Wandel

Am 1. September begann mit dem Angriff der Wehrmacht auf Polen der Zweite Weltkrieg. Mitte September 1939 schrieb Stauffenberg ziemlich abschätzig über das ihm trostlos erscheinende Land: „Die Bevölkerung ist ein unglaublicher Pöbel, sehr viele Juden und sehr viel Mischvolk. Ein Volk, welches sich nur unter der Knute wohlfühlt. Die Tausenden von Gefangenen werden unserer Landwirtschaft recht gut tun. In Deutschland sind sie sicher gut zu gebrauchen, arbeitsam, willig und genügsam.“[21] Aus diesen Worten spricht der deutsche Herrenmensch Graf Stauffenberg. Insgesamt wurden 1,5 Millionen polnischer Menschen ins Großdeutsche Reich verschleppt, um als Zwangsarbeiter in der Rüstungsindustrie und der Landwirtschaft eingesetzt zu werden. Als Stauffenberg Mitte Oktober 1939 aus dem Polenfeldzug zurückkam, war er von den Siegen der Wehrmacht berauscht. Es ist nicht bekannt, wie Stauffenberg auf Georg Elsers Attentatsversuch vom 9. November 1939 reagierte. Ende Mai 1940 sprach Stauffenberg zustimmend vom möglichen „Vernichtungskampf gegen England.“[22]

Am 22. Juni 1941 überfiel Hitlers Wehrmacht die Sowjetunion. Während der Winterkatastrophe 1941/42, wie die erste Niederlage vor Moskau umschrieben wurde, beschwichtigte der Generalstabsoffizier Stauffenberg: „Aber letzten Endes hat es noch keinen Krieg ohne Rückschläge und schwierige Situationen gegeben. Sie müssen in Gottes Namen überwunden werden.“[23] Er glaubte an den Sieg der deutschen Waffen. Bei ihm findet sich noch kein Schlüsselerlebnis, kein Augenblick der plötzlichen Umkehr. Aber im Frühjahr und Sommer 1942 hatten ihn immer wieder Berichte über Gräueltaten und Massentötungen von Juden erreicht. Schritt für Schritt erkannte

20 Auch Alfred von Martin (1882–1979) gehört zum weiteren Kreis der Mentoren. Ab Februar 1942 stand Scholl mit dem Kultursoziologen Martin in Verbindung. Nach dem Krieg veröffentlichte Martin diese geschichtsphilophische Kritik: „Geistige Wegbereiter des deutschen Zusammenbruchs. Hegel – Nietzsche – Spengler“, Recklinghausen (1948).

21 Hoffmann, Stauffenberg (Anm. 6), S. 200.

22 Hoffmann, Stauffenberg (Anm. 6), S. 223.

23 Christian Müller, Oberst i.G. Stauffenberg. Eine Biographie, Düsseldorf 1971, S. 210.

Stauffenberg die Bosheit Hitlers und des Vernichtungskrieges. Die Verluste an der Kriegsfront sowie die Zeugenberichte über die Vernichtung der Juden verstärkten seine Zweifel angesichts von abgründigem Elend, verursacht von menschenverachtendem Rassenwahn, Ausrottung und Krieg. Vom Ende des Sommers 1942 an häufen sich Äußerungen Stauffenbergs über die Notwendigkeit, Hitler zu stürzen, der „ein Narr und ein Verbrecher" sei.[24] Im Sommer 1942 keimte in ihm die Überzeugung auf, dass dieser mörderische Krieg nur beendet und das Deutsche Reich vor der totalen Niederlage bewahrt werden könnte, wenn Hitler getötet würde. Zunächst freilich hielt er es für die Aufgabe der führenden Generäle und Feldmarschälle, Hitler zu stürzen.

Kriegseindrücke – Hans Scholls Einsichten

Ab Mitte Mai 1940 wurde Hans Scholl als Sanitäter an der Westfront eingesetzt. In seiner freien Zeit konnte er die großen Werke der *renouveau catholique* in der Originalsprache lesen. Vor allem die Werke von Georges Bernanos „Tagebuch eines Landpfarrers" und „Die Sonne Satans" faszinierten ihn. Für Bernanos war die Gleichgültigkeit eine Erscheinungsform des Bösen. Schon zu Beginn des Zweiten Weltkrieges hatte Bernanos wortgewaltige Angriffe gegen Hitler geführt. Mitte Oktober 1940 konnte Scholl sein Studium in München fortsetzen. Ende Juni 1941 lernte er Alexander Schmorell kennen, der dann sein tatkräftiger und verschwiegener Freund in der Weißen Rose werden sollte.

Am 23. Juli 1942 fuhr der Zug mit den Sanitätsfeldwebeln der 2. Studentenkompanie vom Ostbahnhof München los. In den Gesprächen im Zugabteil wurde aufgedeckt, dass nur ein paar Wochen zuvor Hans Scholl und Alexander Schmorell die vier „Flugblätter der Weissen Rose" verfasst und heimlich verteilt hatten. Die Route der Bahn zur Frontfamulatur führte über Warschau. Die Sanitätssoldaten kamen auch ans Tor zum Ghetto. Von Willi Graf sind diese Zeilen überliefert: „Am Spätnachmittag gehen wir in die Stadt. Das Elend sieht uns an. Wir wenden uns ab."[25] Hans Scholl reagierte „krampfhaft", er empfand totale Ohnmacht. Wenig später, von der Ostfront aus, berichteten sie ihrem vertrauten Mentor Kurt Huber von der Universität München, über ihre Eindrücke aus Warschau: „Die Stadt, das Ghetto und alles Drum und Dran hatte auf alle einen sehr entschiedenen Eindruck gemacht." Das machte sie krank. „Wir wenden uns ab."[26]

Bereits einen Monat zuvor hatte die „Weiße Rose" im zweiten Flugblatt den Massenmord an den Juden angeprangert, wenn Alexander Schmorell

---

24 Hoffmann, Stauffenberg (Anm. 6), S. 263.

25 Tagebuch Graf, 26. Juli 1942, in: Anneliese Knoop-Graf / Inge Jens (Hg.), Willi Graf. Briefe und Aufzeichnungen, Frankfurt am Main 1984, S. 44.

26 Weiterführend hierzu Detlef Bald, Die „Weisse Rose". Von der Front in den Widerstand, Berlin ²2009, S. 77 ff.

schrieb, „dass seit der Eroberung Polens dreihunderttausend Juden in diesem Land auf bestialischste Art ermordet worden sind. Hier sehen wir das fürchterlichste Verbrechen an der Würde des Menschen, ein Verbrechen, dem sich kein ähnliches in der ganzen Menschengeschichte an die Seite stellen kann.“ (Vgl. im Anhang das zweite Flugblatt).

Der Münchner Historiker Hans Günter Hockerts betont die Sonderstellung der Haltung der Weißen Rose, dass – nach dem gegenwärtigen Forschungsstand – sie „die einzige Widerstandsgruppe war, die den Mord an den Juden öffentlich anklagte.“[27] Die Kriegserfahrungen während des Einsatzes als Sanitätsfeldwebel an der Ostfront haben Hans Scholl, Alexander Schmorell und Willi Graf darin bestärkt, ihren Widerstand auszuweiten. Beim Verhör am 18. Februar 1943 gab Hans Scholl vor der Gestapo zu Protokoll: „Ich gelangte nach vielen qualvollen Überlegungen zu der Ansicht, daß es nur noch ein Mittel zur Erhaltung der europäischen Idee gebe, nämlich die Verkürzung des Krieges. Andererseits war mir die Behandlung der von uns besetzten Gebiete und Völker ein Greuel.“[28] Diese war der Grund, warum Scholl drängte, neue Verbündete zu suchen. Im November 1943 trafen sich Hans Scholl und Alexander Schmorell mit Falk Harnack in Chemnitz. Über seinen Bruder Arvid Harnack stand er in Verbindung zur Roten Kapelle. Im Februar 1943 kam Falk Harnack zu einem Treffen nach München.

Das Wagnis der Tyrannentötung

Der Fortgang des Vernichtungskrieges in der Sowjetunion brachte für Stauffenberg weitere Klärung, um sich gegen Adolf Hitler, den Oberbefehlshaber der Wehrmacht, aufzulehnen. Im August 1942, im Führerhauptquartier bei Winniza in der Ukraine, empörte sich Stauffenberg gegenüber einem Offizier, der sein Vertrauen genoss: „Die täglichen Berichte von Stäben über die Behandlung der Bevölkerung durch die deutsche Zivilverwaltung, der Mangel an politischer Zielgebung für die besetzten Länder, die Judenbehandlung beweisen, dass die Behauptung Hitlers, den Krieg für eine Umordnung Europas zu führen, falsch sind. Damit ist dieser Krieg ungeheuerlich.“[29] Nach einer Besprechung am 24. September 1942 über die materielle Ausrüstung des Ostheeres sprang Stauffenberg auf und stieß hervor: „Hitler ist der eigentliche Verantwortliche; eine grundsätzliche Änderung ist nur möglich, wenn er beseitigt wird. Ich bin bereit, es zu tun!“[30]

---

27 Hans Günter Hockerts, Die Weiße Rose im Widerstand. Gesicherte Deutungen – strittige Fragen; in: zur debatte. Themen der Katholischen Akademie in Bayern, Nr. 5 / 2011, S. 2.

28 Peter Steinbach / Johannes Tuchel (Hg.), Widerstand in Deutschland 1933-1945. Ein historisches Lesebuch, München 1994, S. 244.

29 Hier zitiert nach: Hoffmann, Stauffenberg (Anm. 6), S. 264.

30 Hoffmann, Stauffenberg (Anm. 6), S. 267.

In jenem Sommer 1942 sprach Stauffenberg bei gemeinsamen Ausritten mit einem Stabsoffizier das brandgefährliche Thema der Tyrannentötung an. Der Offizier wandte ein, auch Tyrannenmord sei Mord. Stauffenberg hingegen berief sich auf Thomas von Aquin, den bedeutendsten Theologen des Mittelalters.[31] Dessen Lehrmeinung lässt sich so zusammenfassen: Wenn die Tyrannis ein unerträgliches Maß erreicht hat und wenn keine gewaltfreien Mittel und keine Hilfe von höherer Instanz gegeben sind, ist der gewaltsame Widerstand gegen die Tyrannis nicht als Aufruhr zu beurteilen, außer er erfolgt so ungeordnet, dass er mehr Unrecht und Leid bewirkt als die Tyrannentötung. Gegen den rechtmäßig an die Macht gekommenen Tyrannen dürfe, so die Ansicht von Thomas von Aquin, nicht aus privater Anmaßung, sondern nur durch eine legitimierte öffentliche Autorität vorgegangen werden.[32] Diese Fragen trieben Stauffenberg um. Er suchte Vergewisserung. Um auch Stärkung durch einen Amtsträger seiner Kirche zu bekommen, suchte Stauffenberg etwa drei Wochen vor dem Attentat den Berliner Bischof Konrad Graf von Preysing[33] auf; denn dieser wäre jene „Autorität" gewesen, um Stauffenbergs geplanter Tötung des Tyrannen kirchlichen Segen zu erteilen. Nach dem Ende des Krieges schrieb Preysing an Stauffenbergs Mutter, die Gräfin Caroline, er habe ihrem Sohn nicht den Segen der Kirche erteilt, wohl aber seinen eigenen priesterlichen Segen.[34]

Auch bei der Weißen Rose hatte die Problematik der Tyrannentötung eine Rolle gespielt. Im Frühsommer 1942 lasen in der Stiftsbibliothek der Benediktinerabtei St. Bonifaz, München Scholl und Schmorell Schriften von Thomas von Aquin und anderen christlichen Autoren. Die Frage nach dem gebotenen Widerstand gegen den Missbrauch der Staatsgewalt beunruhigte ihr Gewissen. Nach dem Ende der NS-Gewaltherrschaft erinnerte sich Scholls Weggefährte Josef Furtmeier: „Es wurde erwogen, Hitler in der Osteria Bavaria in der Schellingstraße, (wo er öfters verkehrte, wenn er in München war), zu erschießen."[35] Doch Manfred Eickemeyer, der den Studenten sein Atelier zur Verfügung stellte, erteilte diesen Plänen eine Absage: „Der Kelch", meinte er, „müsse bis zur Neige getrunken werden", ein Attentat habe keinen Sinn, wohl aber die „Aufklärung des Volkes".[36]

---

31 Hoffmann, Stauffenberg (Anm. 6), S. 264.

32 Siehe Eintrag „Tyrannis / Tyrannentötung" in: Lexikon für Theologie und Kirche (LThK), Freiburg 2001, Bd. X, Sp. 325.

33 Konrad Graf von Preysing (1880–1950), Bischof von Eichstätt (1932–1935), Bischof von Berlin (1935–1950), im Februar 1946 von Papst Pius XII. in das Kardinalskollegium aufgenommen. Mehrfach plädierte er bei Pius XII. für ein öffentliches Eintreten zugunsten der verfolgten „Nichtarier", für die er 1938 kirchenamtlich ein Hilfswerk einrichtete. Helmuth James Graf von Moltke (1907–1945), der Kopf des Kreisauer Kreises, hatte Kontakte mit Bischof von Preysing.

34 Hier zitiert nach: Christian Müller, Oberst i.G. Stauffenberg, Düsseldorf 1971, S. 392.

35 IfZ Fa 215, Bd. 2, S. 1.

36 Christian Petry, Studenten aufs Schafott. Die Weiße Rose und ihr Scheitern, München 1968, S. 63.

Militärische Niederlage und nationale Verantwortung

Ende Januar 1943 bahnte sich die Katastrophe von Stalingrad an. Gleichzeitig forderten die Alliierten auf der Konferenz von Casablanca die „bedingungslose Kapitulation“ der Achsenmächte. Am 27. Januar 1943 besuchte Oberstleutnant i. G. Graf Stauffenberg den Feldmarschall von Manstein in Taganrog, u.a. um vertraulich über Hitlers Führungsfehler zu reden. Stauffenberg freilich war zutiefst enttäuscht über die Generäle und Feldmarschälle. Sarkastisch klingt sein Urteil: „Die Kerle haben ja die Hosen voll oder Stroh im Kopf, sie wollen nicht.“[37] Am 30. Januar 1943 wurde in Berlin der zehnte Jahrestag der „Machtergreifung“ gefeiert; Göring sprach vom „Heroenkampf“ in Stalingrad. Tags darauf kapitulierte die 6. Armee im Kessel von Stalingrad.

Am 3. Februar 1943 meldete das OKW, dass der Kampf um Stalingrad zu zu Ende sei. An diesem Tag kam Stauffenberg nach Berlin; dort erfuhr er, dass er nach Tunis zur 10. Panzer-Division versetzt würde. Gleichzeitig war den Verschwörern klar, dass der Augenblick der Niederlage von Stalingrad genutzt werden müsse. Am 10. Februar flog Stauffenberg von München aus Richtung Tunis. Ein Offizier seiner Division erinnert sich, dass Stauffenberg oft über Geschichte, Geografie, Literatur, auch Politik sprach. Aus seiner religiösen Einstellung machte er kein Geheimnis; sie habe zu seinen „Geschäftsgrundlagen“ gehört. Dies sei für einen Offizier des Generalstabes eher ungewöhnlich gewesen.[38] Auch in dieser Zeit zitierte Stauffenberg gerne Verse von Stefan George.

Am 18. Februar 1943 rief Propagandaminister Joseph Goebbels im Berliner Sportpalast zum „totalen Krieg“ auf. An diesem Tag verteilten Hans und Sophie Scholl im Lichthof der Universität München heimlich das sechste Flugblatt. „Erschüttert steht unser Volk vor dem Untergang der Männer von Stalingrad.“ So der erste Satz des Flugblattes, dessen Entwurf Kurt Huber verfasst hatte. Er attackierte Hitlers „Feldherrengenie“: „Dreihundertdreißigtausend deutsche Männer hat die geniale Strategie des Weltkriegsgefreiten sinn- und verantwortungslos in Tod und Verderben gehetzt. Führer, wir danken dir!“ Hans und Sophie Scholl wurden verhaftet. Am 22. Februar 1943 wurden Hans Scholl, Sophie Scholl und Christoph Probst vom Volksgerichtshof „Im Namen des Deutschen Volkes“ zum Tode verurteilt. Das Urteil wurde nur Stunden später vollstreckt. Vor seiner Enthauptung rief Hans Scholl mit lauter Stimme: „Es lebe die Freiheit!“ Trotz gefesselter Hände, im Angesicht von Hinrichtung und Tod, fand er noch die Kraft zu einem letzten Aufschrei.

Am 7. April 1943 wurde Stauffenberg schwer verwundet; die rechte Hand, der kleine und der Ringfinger der linken Hand und das linke Auge mussten amputiert werden. Am 21. April wurde er in das Reserve-Lazarett

37 Hoffmann, Stauffenberg (Anm. 6), S. 281.
38 Vgl. Hoffmann, Stauffenberg (Anm. 6), S. 286

München I aufgenommen. Am Karfreitag, den 23. April 1943, sah ihn seine Frau zum ersten Mal seit seiner Verwundung. Als ihn sein Vetter Markwart Graf Stauffenberg im Juni besuchte, fragte er nach den Studenten von der Weißen Rose. Sein Vetter meinte, die Mehrzahl der Studenten sympathisiere nicht mit dem Regime, aber auch nicht mit der Gruppe der „Weißen Rose" und ihrem Aufstand. Stauffenberg folgerte daraus, Deutschland brauche also wohl das „Führerprinzip".[39]

Es wird Anfang Mai gewesen sein, als man, wie Berthold Stauffenberg schrieb, schon alles mit ihm bereden konnte, da beschwor Nikolaus Graf Üxküll, der in der Ukraine gegen Massenerschießungen eingeschritten war, seinen Neffen, sich der bestehenden Umsturzbewegung anzuschließen. Dieser legte sich noch nicht fest. Erst bei einem weiteren Besuch des Onkels sagte Stauffenberg, da die Generale bisher nichts erreicht hätten, müssten sich nun die Obersten einschalten.[40] In den langen Wochen im Lazarett sagte er immer wieder: „Wir müssen Deutschland retten."[41] Nun hatte er sich zum aktiven Widerstand entschieden.

Nach seiner Genesung wurde Stauffenberg im Oktober 1943 Stabschef im Allgemeinen Heeresamt Berlin und anschließend beim Befehlshaber des Ersatzheeres Generaloberst Friedrich Fromm. Nun kam dynamische Spannung in den Widerstand, an der es lange gefehlt hatte.[42] Stauffenberg war von dem inneren Feuer eines Menschen erfüllt, der die Aufgabe seines Lebens vor sich sah.[43] Der Historiker Gerhard Ritter hat davon gesprochen, dass in Stauffenberg „ein Stück dämonischen Machtwillens und Herrentums" steckte. Hier ist offenkundig: Ohne ihn war „die Widerstandsbewegung in Gefahr, in lauter Vorbereitungen und Planungen stecken zu bleiben."[44] In seinen Kontakten mit Mitgliedern des Kreisauer Kreises und des Widerstands erfuhr Stauffenberg mehr von den Ungeheuerlichkeiten, die den Juden und den Geisteskranken von den Nazis angetan wurden. Seine wichtigsten politischen Bezugspersonen waren Henning von Tresckow, Adam von Trott zu Solz sowie Julius Leber.

Im Herbst 1943 freilich noch wollte Stauffenberg weder die Ostfront noch die Westfront aufgeben. „Auch in aktiven Widerstandskreisen gegen Hitlers Regime hielt man es lange Zeit für vorrangig," so der Freiburger Militärhistoriker Gerd R. Ueberschär, „erst den Krieg unter der NS-Führung siegreich zu beenden, bevor man sich gegen die eigene Regierung stellen oder sie gar wegen verbrecherischer Taten gegenüber anderen Völkern und Juden zur Rechenschaft ziehen wollte."[45] Stauffenbergs Bruder Berthold

---

39 Vgl. Hoffmann, Stauffenberg (Anm. 6), S. 330 f.
40 Vgl. Hoffmann, Stauffenberg (Anm. 6), S. 314.
41 Vgl. Hoffmann, Stauffenberg (Anm. 6), S. 316.
42 Vgl. Fest, Staatsstreich, (Anm 14). S. 219.
43 Vgl. Hoffmann, Stauffenberg (Anm. 6), S. 311.
44 Gerhard Ritter, Carl Goerdeler und die deutsche Widerstandsbewegung, Stuttgart 1984, S. 367.
45 Gerd R. Ueberschär, Vorwort; in: Hitlers militärische Elite. 68 Lebensläufe, Darmstadt

meinte gegenüber dem Mitverschwörer Alfred Kranzfelder, solange die Fronten hielten, könne man hoffen, den östlichen gegen den westlichen Gegner auszuspielen.[46] Es drängt sich die Frage auf, welche Motive und Interessen den Ausschlag gaben. Waren es vorrangig machtpolitische Interessen von Stabsoffizieren oder war es der Aufstand des Gewissens, der sich, an Grundwerte gebunden, Orientierung fand? Die neuere historische Forschung sieht die machtpolitischen Interessen im Vordergrund: „Für Männer wie Tresckow und Stauffenberg," so Hans Mommsen, standen „die Erhaltung der Armee und die Abwendung einer vernichtenden Niederlage im Mittelpunkt ihrer Erwägungen."[47] Der Freiburger Militärhistoriker Wolfram Wette spricht hier vom „Widerstand zur Rettung Deutschlands". In seiner Sicht gab ein Motivbündel den Ausschlag: „Militärfachliche und politische Kritik an Hitlers Kriegen, eine erst allmählich sich verdichtende Empörung über die Judenmorde und die anderen Massenverbrechen der Wehrmacht im Osten, durchgängig die – von ihm als existenziell wahrgenommene – Sorge um den Kriegsverlauf, den Bestand des Deutschen Reiches und der Wehrmacht, die schließlich ausschlaggebend werden sollte für den Schritt von der widerständigen Haltung zur widerständigen Tat."[48]

Christliche Bindungen bei Stauffenberg und Scholl

Am 6. Juni 1944, dem sog. D–Day, als die alliierten Streitkräfte in der Normandie landeten und ihr Ansturm auf die „Festung Europa" begann, hielt sich der Jesuitenpater Alfred Delp,[49] der zum inneren Kreisauer Kreis gehörte, in Bamberg auf.[50] Am Abend besuchte er Stauffenberg in dessen Bamberger Wohnung. Die beiden waren einander nie persönlich begegnet, wussten aber voneinander über gemeinsame Bekannte vom „Kreisauer Kreis".

2011, S. XIV.

46 Hoffmann, Stauffenberg (Anm. 6), S. 221.

47 Hans Mommsen, Die Stellung der Militäropposition im Rahmen der deutschen Widerstandsbewegung gegen Hitler, in: Gerd R. Ueberschär (Hg.), NS-Verbrechen und der militärische Widerstand gegen Hitler, Darmstadt 2000, S. 125.

48 Wolfram Wette, Stauffenbergs Motive zum Widerstand, Vortrag in Sigmaringen, veröffentlicht in: Jakobus Kaffanke OSB / Thomas Krause / Edwin E. Weber (Hg.), Es lebe das „Geheime Deutschland"! Claus Schenk Graf von Stauffenberg. Person – Motivation – Rezeption. Beiträge des Sigmaringer Claus von Stauffenberg-Symposiums von 11. Juli 2009, Münster 2011. – Siehe auch Wolfram Wette, Stauffenbergs langer Weg in den Widerstand, Frankfurter Rundschau vom 20. Juli 2009.

49 Alfred Delp SJ (1907–1945) gehörte zum Orden der Jesuiten und war Mitglied des Kreisauer Kreises. Am 11. Januar 1945 wurde er vom Volksgerichtshof zum Tode verurteilt und am 2. Februar 1945 in Berlin-Plötzensee ermordet. Wenige Tage vor seiner Hinrichtung schrieb er: „Es sollen einmal andere besser und glücklicher leben dürfen, weil wir gestorben sind."

50 Rita Haub / Friedrich Schreiber, Alfred Delp. Held gegen Hitler, Würzburg 2005, S. 65.

Schon am nächsten Tag war Oberst Stauffenberg als Chef des Stabes des Allgemeinen Heeresamtes Berlin zum Vortrag im „Führerhauptquartier“ auf dem Berghof auf dem Obersalzberg bei Berchtesgaden. „Hitlers Augen“ – so der Eindruck Stauffenbergs – „seien wie hinter Schleiern, hinter einem Vorhang gewesen, die Atmosphäre faul und verrottet, als bekäme man keine Luft.“[51] Am Tag darauf nahm Stauffenberg an der Fronleichnamsprozession in Berchtesgaden teil. Das katholische Fest Fronleichnam ist ein Festzug, in dem der Priester die Monstranz mit der geweihten Hostie durch die Straßen einer Gemeinde trägt. Mit seiner Teilnahme an der Prozession legte Stauffenberg ein öffentliches Bekenntnis zu seiner katholischen Grundbindung ab; seine christliche Gläubigkeit hatte nun für ihn existenzielle Bedeutung gewonnen.

Auch Scholl hat einen Weg der religiösen Sinnsuche hinter sich. Vor allem im Sommer und Herbst 1941 tritt diese existenzielle Krise deutlich zu Tage: „... mir ist, als wäre manchmal mein kleines Gehirn das Schlachtfeld für all diese Kämpfe. ... – und dieser Krieg ist im Grunde ein Krieg um die Wahrheit.“[52] Eine Persönlichkeit, die ihm in seiner religiösen Reifung entscheidende Anstöße gab, war der bereits erwähnte Carl Muth. Es war seine väterliche, „priesterliche“ Ausstrahlung, dic Hans Scholls Hinwendung zum christlichen Glauben begleitete. Den Advent 1941 erlebte Hans Scholl schon „ganz aus christlichem Herzen heraus.“[53] In seiner Lebensgeschichte gibt es eine Schlüsselszene, einen aufschlussreichen Augenblick, der Einblick in sein suchendes, unruhiges Herz gibt. Diesen Umschlagpunkt schildert er in seinem Brief an Carl Muth vom 22. Dezember 1941: „Ich bin erfüllt von der Freude, zum ersten Mal in meinem Leben Weihnachten eigentlich und in klarer Überzeugung christlich zu feiern. ... Ich hörte den Namen des Herrn und vernahm ihn. In diese Zeit fällt meine erste Begegnung mit Ihnen. Dann ist es von Tag zu Tag heller geworden. Dann ist es wie Schuppen von meinen Augen gefallen. Ich bete. Ich spüre einen sicheren Hintergrund und ich sehe ein sicheres Ziel. Mir ist in diesem Jahr Christus neu geboren.“[54] Hans Scholl legte hier Zeugnis ab von seinem Bekehrungserlebnis. Wenn er schreibt, es sei „wie Schuppen“ von seinen Augen gefallen, dann erinnert dies an diese Stelle aus der Apostelgeschichte: „Sofort fiel es wie Schuppen von seinen Augen ...“ (Apg. 9, 18). Diese Geschichte erzählt von der Bekehrung des Paulus auf dem Weg nach Damaskus.

Ebenfalls an Weihnachten 1941 gab Hans Scholl Einblick in seine Seelengründe: „Je dunkler die Schatten über eine Epoche hereinfallen, desto größer wird die Sehnsucht einzelner Menschen nach dem Lichte, denen die Schattenhaftigkeit und der Frevel ihrer Gegenwart den bürgerlichen Gleichmut genommen hat. Sehnsucht nach dem Lichte und nach der Erleuchtung

---

51 Hoffmann, Stauffenberg (Anm. 6), S. 415.

52 Brief vom 28. Oktober 1941, in: Briefe und Aufzeichnungen (Anm. 18), S. 67.

53 Brief vom 7. Dezember 1941, in: Briefe und Aufzeichnungen (Anm. 18), S. 74.

54 Scholl, Briefe und Aufzeichnungen, S. 75.

haben uns zu der einzig hellen Stelle geführt, die uns geblieben ist: Christus. Und die uns bleiben wird. Unser ganzer Hintergrund und unser Wegweiser und Ziel ist Er."[55] Hans Scholl legte hier ein gläubiges Bekenntnis ab: vom Schatten zum Licht, vom Irrtum zur Wahrheit.

Im Juni und Juli 1944, in den Wochen vor dem Attentat, zitierte Stauffenberg mit Vorliebe Stefan Georges Gedicht „Der Widerchrist", das in großen, entrückten Bildern von der Sinnverwirrung spricht, die die Herrschaft des Antichrist heraufführt.[56] Einige Zeilen – sie haben einen schwer zugänglichen Duktus – sollen dies veranschaulichen:

der Fürst des Geziefers verbreitet sein reich..
kein schatz der ihm mangelt..
kein glück das ihm weicht..
zu grund mit dem rest der empörer!
ihr jauchzet..
entzückt von dem teuflischen schein..

Schon während einer Bombennacht im Frühling 1944 in Berlin-Wannsee war Stauffenberg auf den Balkon getreten, er hatte die Brände betrachtet und hatte dabei Verse aus Stefan Georges Gedicht „Der Widerchrist" zitiert.[57]

Auch im Freundeskreis der Weißen Rose waren die Fragen nach gut und böse, nach Christus und dem Antichrist gegenwärtig. Als sich im Advent 1942 Weggefährten Theodor Haeckers in München versammelt hatten, kam die Frage dabei auf die Heraufkunft des Antichrist. Haecker, darauf vorbereitet, las zunächst die paulinische Bibelstelle 2 Thess. 2, 1-12[58] vor und gab dann eine Deutung ganz im Sinne von John Henry Newman,[59] aus dessen Buch er auch vorlas.[60] Hans Scholl protestierte impulsiv gegen diese endzeitliche Deutung: „Der Antichrist kommt nicht erst, er ist schon da!"[61] Schon im vierten Flugblatt vom Juli 1942 hatte Hans Scholl Hitler so angegriffen: „Jedes Wort, das aus Hitlers Munde kommt, ist Lüge." Hans Scholl sprach vom „Kampf wider den Dämon, wider den Boten des Antichrists." Die Gestalt des Antichrist aus der christlichen Apokalyptik verkörpert das Böse, sie

55 Brief Hans Scholls an Alfred Reichle vom 21. Dezember 1941; hier zitiert nach: Christiane Moll (Hg.), Alexander Schmorell, Christoph Probst. Gesammelte Briefe; Berlin 2011, S. 852.

56 Vgl. hierzu: Fest, Staatsstreich (Anm. 114), S. 244.

57 Frank Schirrmacher, Eine literarische Sensation. Das Geheimnis des Stefan George, in: Frankfurter Allgemeine Zeitung, 3.8.2007.

58 Auszug: „Der Gesetzwidrige aber wird, wenn er kommt, die Kraft des Satans haben. Er wird mit großer Macht auftreten und trügerische Zeichen und Wunder tun." (2 Thess. 2, 9). – Der zweite Brief des Paulus an die Thessalonicher warnt vor schwärmerischer Endzeiterwartung.

59 John Henry Newman (1801–1890) konvertierte 1845 zur katholischen Kirche. Seine Theologie des Gewissens wurde wirkungsmächtig. Der Mensch ist in seinem Gewissen mit dem Sinn für Gut und Böse ausgestattet und trägt so personale Verantwortung.

60 Eugen Turnher, Schreiben an den Verfasser vom 8. Dezember 2002.

61 Turnher, ebenda.

bewegt die Menschen zum Abfall von der Wahrheit. Der Antichrist ist der Verführer der Massen. Die Lügenbotschaft des Antichrist gehört zu den endzeitlichen Verwirrungen und Bedrängnissen.

Zwei Wochen vor dem Attentat im Juli 1944 hatten Berthold und Claus von Stauffenberg einen »Schwur« aufgesetzt, um den kleinen Kreis der Verschwörer auf gemeinsame Werte zu verpflichten. In diesem Schwur kommt ihr Vermächtnis zum Ausdruck: „Wir glauben an die Zukunft der Deutschen. … Wir geloben: untadelig zu leben, im Gehorsam zu dienen, unverbrüchlich zu schweigen – und füreinander einzustehen.“[62] Im ursprünglichen Entwurf freilich hieß es, „gewissenhaft zu dienen“. Das Adjektiv „gewissenhaft“ wurde von Stauffenberg handschriftlich ersetzt durch „im Gehorsam“. Die Spannung zwischen „Gewissen“ und „Gehorsam“ ist aufschlussreich. Der Begriff „Gehorsam“ zeigt hier auf Stauffenbergs vorrangiges Motiv: Aus seinem soldatischen und militärisch-konservativen Selbstverständnis heraus trieb ihn die Sorge, Deutschland vor dem Untergang zu retten. An zweiter Stelle erst kommt der Aufstand des Gewissens, seine Empörung über die Gräueltaten, über den Vernichtungskrieg, über die Ausrottung der Juden. Gegenüber einem Mitverschwörer beteuerte Stauffenberg: „Wir haben uns vor Gott und unserem Gewissen geprüft: Es muss geschehen.“[63] Und am 15. Juli 1944, wenige Tage vor dem Attentat, bekräftigte er gegenüber seinen engsten Mitverschwörern: „Mir bleibt nur noch der Mord – aus christlicher Verantwortung.“[64]

Am Abend vor dem Hitler-Attentat ließ Stauffenberg seinen Wagen vor der Rosenkranz-Basilika an der Grenze zwischen den Berliner Stadtteilen Dahlem und Steglitz anhalten.[65] Zur Zeit des Abendgottesdienstes trat er in die Kirche ein. Vielleicht betrachtete er auch die Marmortafel, die am Kircheneingang an die Gefallenen des Ersten Weltkrieges erinnert. Und es ist möglich, dass er das Votivbild mit der Rosenkranz-Madonna betrachtete. Es trägt eine lateinische Inschrift: „ACCIPE SANCTUM GLADIUM A DEO“ – Empfange das heilige Schwert von Gott. Es steht uns frei, uns auszudenken und uns vorzustellen, wie wohl diese Inschrift auf Stauffenberg wirkte. Diese Stelle ist dem zweiten Buch der Makkabäer entnommen und lautet. „Nimm das heilige Schwert, das Gott dir schenkt. Mit ihm wirst du die Feinde schlagen.“ (2 Makk. 15, 16) Mit den „Feinden“ sind die Feinde Israels gemeint. Es gibt wohl beziehungsreiche Zufälle; denn im Zweiten Buch der Makkabäer geht es um die Verfolgung der jüdischen Religion, um den Aufstand des Judas Makkabäus, um das Martyrium der sieben Brüder und ihrer Mutter sowie um die Reinigung des entweihten Tempels. Stauffenberg konn-

62 Hier zitiert nach: Wolfgang Venohr, Stauffenberg. Symbol des Widerstands. Eine politische Biographie, 3., überarb. u. erg. Neuauflage, München 2000, S. 304 f.

63 Eberhard Zeller, Geist der Freiheit. Der zwanzigste Juli, München o.J. [1952], S. 161.

64 Detlef Graf von Schwerin, Dann sind's die besten Köpfe, die man henkt, München / Zürich 1991, S. 387.

65 Weiterführend hierzu: Tobias Kniebe, Operation Walküre. Das Drama des 20. Juli, Berlin 2009, S. 161 ff; das folgende Zitat Seite 163.

te diese Zusammenhänge nicht ahnen, als er „im hinteren Kirchenraum verharrte … Und möglicherweise betrachtet(e) er“, so fährt Kniebe fort, „auch das hölzerne Votivbild der Rosenkranzmadonna mit dem heiligen Dominikus, das der Kirche ihren Namen gibt.“

Das Attentat und der Umsturz vom 20. Juli 1944 scheiterten. Oberst Graf Stauffenberg starb mit dem Ruf: „Es lebe das heilige Deutschland!“

Widerstand auf christlichem Fundament

Der Sanitätsfeldwebel Hans Scholl und Oberst Graf Stauffenberg sind einander nie begegnet. Nur am 10. Februar 1943 kamen sie einander räumlich nahe, als Stauffenberg von München aus über Neapel nach Tunis flog. In jenen Februartagen weilte auch Falk Harnack von der Berliner Widerstandsgruppe „Rote Kapelle“ in München. Am 8. Februar war es zum ersten Treffen von Harnack, Schmorell, Scholl und Graf gekommen. Als bei einem weiteren Treffen am 11. Februar auch Professor Huber zugegen war, stießen Harnacks sozialistische Vorstellungen, die sich wirtschaftspolitisch an der Sowjetunion orientierten, bei Huber auf entschiedenen Widerspruch. Nachdem sich Harnack verabschiedet hatte, zeigte Huber seinen Entwurf für das nächste Flugblatt. Der folgende Passus stieß bei Scholl und Schmorell auf strikte Ablehnung: „Es kann für uns alle kein anderes Ziel geben, als die Vernichtung des russischen Bolschewismus in jeder Form. Stellt Euch auch weiterhin in die Reihen unserer herrlichen Wehrmacht.“[66] Auch ihre Kriegserfahrungen in der Sowjetunion veranlassten Scholl und Schmorell, diese Aufforderung zu tilgen. Oberst Graf Stauffenberg hingegen stellte seine „tatkräftige operative Führung“[67] auf dem afrikanischen Kriegsschauplatz weiterhin in den Dienst der Wehrmacht, bis er am 7. April 1943 schwer verwundet wurde.

Den Verschwörern des 20. Juli 1944 war klar, dass der Sturz des Regimes nicht von einer Volkserhebung getragen würde. Deshalb setzte sich ihr Plan Walküre zum Ziel, sich der Wehrmacht, einer machtvollen Säule des NS-Regimes, zu bemächtigen.[68] Hans Scholl und seine Freunde von der Weißen Rose hingegen, so die Würdigung von Golo Mann, „fochten gegen das Riesenfeuer mit bloßen Händen.“[69]

66 Vernehmungsprotokoll Kurt Huber, 1. März 1943, Bl. 13; hier zitiert nach Zankel, Mit Flugblättern, S. 392.

67 Hoffmann, Stauffenberg (Anm. 6), S. 291.

68 Ich danke Professor Hans Mommsen für das Gespräch, das ich mit ihm am 3. Februar 2011 in Feldafing über die Motivationen und Zielsetzungen des deutschen Widerstandes führen konnte. – Siehe hierzu auch Winfried Heinemann, Der Wert funktionalistischer Erklärungen bei der Erforschung des militärischen Widerstands, in: Manfred Grieger, Christian Jansen und Irmtrud Wojak, Interessen, Strukturen und Entscheidungsprozesse! Für eine politische Kontextualisierung des Nationalsozialismus, Essen 2010, S. 165-178.

69 Golo Mann, Deutsche Geschichte des neunzehnten und zwanzigsten Jahrhunderts,

Viele Motive haben den deutschen Widerstand geleitet. Stauffenberg und Scholl, die beiden tatkräftigen Protagonisten des 20. Juli und der Weißen Rose, wurden von einer unterschiedlich ausgeprägten, aber tiefen Gläubigkeit getragen. Ihr christliches Fundament sticht auffällig hervor. Der Generalstabsoffizier suchte Einkehr und Besinnung, um sich zu vergewissern. Der Sanitätsfeldwebel konnte seinem studentischen Ethos folgen und die großen Autoren der christlichen und abendländischen Kultur studieren, persönlich bereichert auch in der Begegnung mit Muth und Haecker. Es bleibt bemerkenswert, wie sehr bei Stauffenberg und Scholl der Weg der inneren Reifung zu der Bereitschaft führte, im Widerstand gegen Adolf Hitler die eigene Existenz einzusetzen. Diese beiden großen Persönlichkeiten verbindet ein unbeugsamer Wille, eine nie ermüdende Tatkraft und ihre Bereitschaft, Handlungsspielräume zu überschreiten. Sie fühlten sich dazu christlich gestärkt. Stauffenberg und seine Mitstreiter sowie Hans Scholl und seine Freunde von der Weißen Rose hatten die Kraft und den Mut, ihr Leben für die Freiheit zu riskieren. Die Geschichte des Widerstandes bleibt eine Herausforderung für die nachlebenden Generationen.

Frankfurt am Main 1958, S. 909.

Willi Graf, Dietrich Bonhoeffer

Zwei Christen im Widerstand
Willi Graf und Dietrich Bonhoeffer

RENATE WIND

Prolog: Weiße Rose und Bekennende Kirche

Mit den Namen zweier Christen im Widerstand gegen das Naziregime, mit Willi Graf und Dietrich Bonhoeffer, verbinden sich zwei bedeutende Widerstandstraditionen: der Widerstand der Weißen Rose und der Widerstand der Bekennenden Kirche. Beide Traditionen sind mir zu Beginn der sechziger Jahre begegnet und lebensentscheidend geworden. Die Begegnung mit der Geschichte der Weißen Rose und der Bekennenden Kirche ist in meiner frühen Jugend ein Ereignis gewesen, das mein weiteres Leben in entscheidende

Bahnen gelenkt hat. Vor einigen Jahren hat Rachel Salamander in ihrer Weiße Rose Gedächtnisvorlesung davon gesprochen, dass sie ohne Menschen wie die Studentinnen und Studenten der Weißen Rose in diesem Land des Holocaust, dieser unüberbietbaren Beleidigung der Menschenwürde und des Menschenrechts, nicht hätte leben können. Für viele junge Deutsche der unmittelbaren Nachkriegsgeneration gilt dies spiegelbildlich genau so. Ich kann bis heute mein Entsetzen weder verbergen noch in Worte fassen, das mich bei der Konfrontation mit den Bildern von Auschwitz überkam und bei dem Gedanken, dass dies alles in der Lebenszeit meiner Eltern und Großeltern geschehen sein soll. Wie hätte man, eingeboren in das Tätervolk, hier weiter leben können ohne Sophie Scholl und Dietrich Bonhoeffer? Sie haben mich wie Schutzheilige durch meine fremd gewordene Heimat begleitet und zugleich den Weg gewiesen in eine widerständische politische Existenz.

Über die Beschäftigung mit dem deutschen Widerstand kam ich zur Friedensbewegung der sechziger Jahre, zunächst einfach deshalb, weil die Namen der überlebenden Angehörigen von Sophie und Hans Scholl unter dem Aufruf zum Ostermarsch standen, aber auch, weil zum Beispiel Martin Niemöller, Pfarrer der Bekennenden Kirche, bei den Auftaktveranstaltungen zum Ostermarsch sprach. In der Ostermarschbewegung lernte ich erstmals Menschen aus einer linken antifaschistischen Tradition kennen. Günther Weisenborns Buch über den „Lautlosen Aufstand“ wurde zu einer weiteren wegweisenden Lektüre. Neben die Sophie Scholl von der Weißen Rose trat die Hilde Coppi von der Roten Kapelle, und die Ahnung von einem anderen, den sozialistischen und humanistischen Idealen verpflichteten Deutschland, das damals in der Geschichtsschreibung der BRD konsequent tot geschwiegen wurde. Heute fühle ich mich all jenen verpflichtet, die mir die entscheidenden Werte vermittelt haben: den Willen zum Widerstand gegen Faschismus und Krieg, und die Perspektive der internationalen Solidarität, ohne die es weder Gerechtigkeit noch Frieden geben wird – ein Erbe, das sich heute mehr denn je bewähren muss.

tut das unnütze
singt die lieder
die man aus eurem mund
nicht erwartet
seid unbequem
seid sand
nicht öl
im getriebe der welt

Diese Verse von Günter Eich[1] schrieb ich Mitte der sechziger Jahre in das geliebte und zerlesene Büchlein von Inge Scholl über die Weiße Rose. So wenig dieses kleine Buch, wie wir heute wissen, als unmittelbar historisches Dokument gelten kann, so sehr war es in seiner eindringlichen und einfachen

1 Günter Eich, Träume. Vier Spiele, Frankfurt/Main 1960, S. 190.

Sprache ein Stück Widerstandskultur und Widerstandserziehung in einer Zeit des Verschweigen- und Vergessen-Wollens. Dass es Menschen gegeben hat, die sich mit allem, was sie waren und hatten, der Vernichtungsmaschinerie entgegen stellten, die dem Rad in die Speichen fielen (Dietrich Bonhoeffer), die gegen das Riesenfeuer mit bloßen Händen fochten (Golo Mann), das war nicht nur ein Stück der besseren deutschen Geschichte und Tradition, sondern auch ein leuchtendes Beispiel dafür, wozu Menschen auch im Guten fähig sein können.

Doch es ging nicht nur um das Widerstehen. Thomas Mann schrieb in seinem Vorwort zu den Briefen zum Tode Verurteilter[2] aus dem europäischen Widerstand, dass diese Jugend, die den Namen der Résistance trug, mehr wollte als nur widerstehen, sich als Vorkämpfer fühlte einer neuen freien und gerechten Gesellschaft. Und so finden sich auch diese Worte von Ernst Bloch in meiner alten Ausgabe von Inge Scholls Buch über die Weiße Rose: „Zuletzt aber breitet sich die weite, die externe, die kosmischen Funktion der Utopie, gehalten gegen Tod, Elend und das Schalenreich der physischen Natur. In uns allein brennt noch dieses Licht, und der phantastische Zug zu ihm beginnt, der Zug zur Deutung des Wachtraums, zur Handhabung des utopisch-prinzipiellen Begriffs. Diesen zu finden, das Rechte zu finden, um dessentwillen es sich ziemt zu leben, organisiert zu sein, Zeit zu haben, dazu gehen wir, hauen wir die Wege, bauen ins Blaue hinein, bauen *uns* ins Blaue hinein, und suchen dort das Wahre, Wirkliche, wo das bloß Tatsächliche verschwindet."

Der Widerstand der Weißen Rose und der Bekennenden Kirche war gewiss nicht unpolitisch, aber er hatte über das unmittelbar Politische hinaus eine Vision von Leben und Zukunft, die in der Enge der bundesdeutschen Restauration der fünfziger und frühen sechziger Jahre den Blick öffnete für die Weite der Welt und die Träume der ganzen Menschheitsfamilie. Diese Weite der Wahrnehmung und des Bewusstseins ist für mehr gut als für schöne Träume. An zwei Biografien aus dem Widerstand, an den Lebensgeschichten von Willi Graf und Dietrich Bonhoeffer möchte ich deutlich machen, dass das Heraustreten aus der Begrenztheit der eigenen Welt die kritische Wahrnehmung dieser Welt ebenso hervorbrachte wie die Kraft zum Widerstand, Menschen befähigte, den Angriff auf die Rechte der Anderen, der Fremden, als Angriff auf die eigene Würde und das eigene Leben zu empfinden, und in der Verteidigung der Menschenrechte der *Anderen* die *eigene* Menschenwürde zu beweisen und zu bewahren.

2 Thomas Mann, Vorwort zu Piero Malvezzi / Giovanni Pirelli (Hg.), Letzte Briefe zum Tode Verurteilter aus dem europäischen Widerstand, Zürich 1955.

Zwei fragmentarische Lebensläufe

Willi Graf, geboren am 2. Januar 1918 in Kuchenheim und aufgewachsen in Saarbrücken, geprägt vom bürgerlichen katholischen Milieu und beheimatet in der katholischen Jugendbewegung, absolviert das Gymnasium, wird Student der Medizin und Sanitäts-Soldat in der Münchener Studentenkompanie. Dort begegnet er Hans Scholl, der ihn mit dem studentischen Widerstandskreis „Weiße Rose" in Verbindung bringt. Willi Graf übernimmt eine zentrale Aufgabe beim Herstellen und Verteilen der Flugblätter, vor allem aber bei dem Versuch, den Kreis auszuweiten und Freunde aus der Jugendbewegung zur Mitarbeit im Widerstand zu gewinnen. Als die Gruppe nach einer Flugblattaktion an der Münchener Universität am 18. Februar 1943 auffliegt, wird auch Willi Graf verhaftet, am 19. April 1943 zum Tode verurteilt und am 12. Oktober 1943 in München-Stadelheim hingerichtet.

Dietrich Bonhoeffer wird am 4. Februar 1906 in Breslau geboren, wächst in Berlin in einer protestantischen Gelehrtenfamilie auf, studiert nach dem Abitur Theologie, wird nach mehreren Auslandsaufenthalten Pfarrer und Privatdozent in Berlin. Seine kompromisslose Haltung gegen die Nazidiktatur und sein Engagement für die Bekennende Kirche führen 1936 zum Entzug der Lehrerlaubnis, später zu Rede-, Auftritts- und Aufenthaltsverboten. Ab 1940 nimmt Dietrich Bonhoeffer als verdeckt agierender Kurier der Abwehr aktiv an der Verschwörung militärischer Widerstandskreise zur Vorbereitung eines Umsturzes teil. Am 5. April 1943 verhaftet, kann er seine Rolle im Widerstand geheim halten, bis durch den Fund interner Unterlagen nach dem gescheiterten Attentat vom 20. Juli 1944 die Aktivitäten des Widerstandskreises in der Abwehr offenbar werden. Zusammen mit den engsten Mitverschwörern wird Dietrich Bonhoeffer in der Nacht zum 9. April 1945 zum Tode verurteilt und kurz darauf im KZ Flossenbürg erhängt.

Was haben sie gemeinsam, der katholische Saarländer und der protestantische Preuße? Wo berühren sich die Lebensgeschichten zweier Männer, die sich nie begegnet sind, die sich unterscheiden in ihrem Lebensalter, in ihrer Sozialisation, in der Art ihres Widerstands, und die zunächst nur eins gemeinsam haben: dass ihr Leben gewaltsam abgebrochen wurde, Fragment bleiben musste, weil sie es einsetzten im Widerstand gegen eine lebensverachtende Diktatur; dass aber zugleich dieses Leben, das sie fest entschlossen in die Waagschale warfen, seine Würde und Vollendung gerade darin gefunden hat: als Zeichen des Aufstandes gegen die Logik der Gewalt und des Todes weiterzuwirken über dieses gewaltsame Ende hinaus. Dietrich Bonhoeffer schrieb am 23. Februar 1944 aus dem Gefängnis: „Es kommt darauf an, ob man dem Fragment unseres Lebens noch ansieht, wie das Ganze eigentlich angelegt und gedacht war und aus welchem Material es besteht. Es gibt schließlich Fragmente, die bedeutsam sind auf Jahrhunderte, weil ihre Vollendung nur eine göttliche Sache sein kann, also Fragmente, die Fragmente sein müssen – ich denke zum Beispiel an die Kunst der Fuge. Wenn unser Leben nur ein entferntester Abglanz eines solchen Fragmentes ist, in dem wenigstens eine kurze Zeit lang die verschiedenen Themata zusammenstimmen und in dem der große Kontrapunkt von Anfang bis zum Ende durchgehalten wird, dann wollen wir uns über unser fragmentarisches Leben nicht beklagen.“[3]

Zwei Lebensgeschichten, die sich berühren

Auch wenn sich die beiden Männer nicht gekannt haben, gibt es Berührungspunkte, die Willi Graf und Dietrich Bonhoeffer untergründig miteinander verbunden haben. Zeitzeugen belegen zwei Verbindungen zwischen dem Widerstandskreis der Weißen Rose und den konspirativen Aktivitäten Dietrich Bonhoeffers, die allerdings schon von der Tragik des Endes der Münchener Gruppe überschattet sind. Ende 1942 kommt es zu einer Begegnung zwischen den Mitgliedern der Weißen Rose und Falk Harnack, dem Bruder des im Schulze-Boysen/Harnack–Widerstandskreis tätig gewesenen Arvid Harnack. Diese von der Gestapo als „Rote Kapelle“ bezeichnete Widerstandsgruppe war Mitte 1942 zerschlagen worden. Auf die Bitte der Münchener, einen Kontakt zum Berliner Widerstand herzustellen, schlug Falk Harnack ein Treffen mit Dietrich und Klaus Bonhoeffer vor, die beide zu diesem Zeitpunkt noch agieren konnten und unter anderem die Aufgabe wahrnahmen, Verbindungen zwischen einzelnen Widerstandsgruppen herzustellen und zu halten. Nach der Erinnerung von Falk Harnack war ein konspiratives Treffen für den 25. Februar 1943 in Berlin geplant. Es konnte nicht mehr stattfinden. Sophie und Hans Scholl und Christoph Probst waren zu diesem Zeitpunkt schon tot, Alexander Schmorell war auf der Flucht, Willi Graf im Gefängnis.[4]

Zuvor hatten bereits Dietrich Bonhoeffer und Helmut James Graf von Moltke ein Flugblatt der Weißen Rose auf einer Dienstreise im Auftrag der Abwehr nach Schweden gebracht. Über die gleichen Kanäle gelangten auch das letzte Flugblatt und die Nachricht vom Ende der Münchener Gruppe nach Schweden und von dort in verschiedene europäische Länder. Thomas Mann reagierte darauf in seiner Rundfunkansprache „Deutsche Hörer!“ vom 27. Juni 1943: „Ja, sie war kummervoll, diese Anfälligkeit der deutschen Jugend für die nationalsozialistische Lügenrevolution. Jetzt sind ihre Augen geöffnet, und sie legen das junge Haupt auf den Block für ihre Erkenntnis und für Deutschlands Ehre ... Brave, herrliche junge Leute! Ihr sollt nicht umsonst gestorben, sollt nicht vergessen sein. Die Nazis haben schmutzigen Rowdies, gemeinen Killern in Deutschland Denkmäler gesetzt. Die deutsche

---

3 Dietrich Bonhoeffer, Widerstand und Ergebung. Briefe und Aufzeichnungen aus der Haft, hrsg. von Eberhard Bethge, Gütersloh 1994, 15. Auflage, S. 120 f.

4 Nach dem Bericht von Falk Harnack, Archiv der Sektion Geschichte der Humboldt-Universität Berlin, in: Klaus Drobisch (Hg.), Wir schweigen nicht. Die Geschwister Scholl und ihre Freunde, Berlin 1983, 4. Auflage, S. 122.

Revolution, die wirkliche, wird sie niederreißen und an ihrer Stelle eure Namen verewigen, die ihr, als noch Nacht über Deutschland und Europa lag, wusstet und verkündetet: ‚Es dämmert ein neuer Glaube an Freiheit und Ehre!'"[5]

Wege in den Widerstand

Woher kam dieser „neue Glaube an Freiheit und Ehre" inmitten der nationalsozialistischen „Lügenrevolution", die so viele Menschen in ihren Bann zog? Welche Erlebnisse und Erkenntnisse haben Menschen zu Widerständlern gemacht, auch und gerade solche, die keine geborenen Rebellen und Aufrührer gewesen sind? Willi Graf und Dietrich Bonhoeffer sind sich auch darin ähnlich, dass sie zutiefst von der Notwendigkeit sinnvoller Ordnungen überzeugt und bereit waren, sich solchen Ordnungen im persönlichen und gesellschaftlichen Leben einzufügen. Noch weniger waren sie religiöse Asketen oder missionarische Eiferer, die das Martyrium ersehnt oder gesucht hätten. Sie waren Ästhetiker und Genießer, die die Harmonie und das gute Leben dem Konflikt und der Gefährdung vorgezogen hätten. Sie liebten beide die Sprache Adalbert Stifters und die Musik Johann Sebastian Bachs. Sie waren klar denkende und vorsichtig abwägende Menschen, die freilich auch dies gemeinsam hatten: die Bereitschaft, das als richtig und notwendig Erkannte nicht zu verdrängen, sondern in konsequentes Handeln umzusetzen. Albrecht Schönherr, Freund und Mitstreiter Bonhoeffers in der Bekennenden Kirche, charakterisierte diese Haltung später mit den Worten: „Er wollte, was er dachte. Und er dachte scharf und konsequent."[6] Diese Charakterisierung trifft auch auf Willi Graf zu.

Wie aber kommt es gegen Lüge und Propaganda zur Erkenntnis der Wahrheit, zur Unterscheidung von Recht und Unrecht? „Die große Maskerade des Bösen hat alle ethischen Begriffe durcheinander gewirbelt."[7] Diese Worte Dietrich Bonhoeffers, geschrieben zur Jahreswende 1943 als eine Art Rechenschaftsbericht für sich und seine Mitverschwörer, skizzieren die ethische Situation nach zehn Jahren nationalsozialistischer Lügen- und Gewaltherrschaft. Zu dieser Zeit setzen junge Studentinnen und Studenten das, was sie als Recht und Gerechtigkeit empfinden, in die Tat des Widerstands um, in Flugblätter und Wandinschriften, die zum Aufstand aufrufen gegen die Nazidiktatur, die sie „die Macht des Bösen" nennen.[8] Was die Repräsentanten dieses Regimes dabei zutiefst beunruhigt, ist die Tatsache, dass sich hier

5 Harald Steffahn, Die Weiße Rose, Reinbek bei Hamburg 1992, S. 152.

6 Wolf-Dieter Zimmermann (Hg.), Begegnungen mit Dietrich Bonhoeffer, München 1964, S. 101.

7 Bonhoeffer, Widerstand (Anm. 1), S. 10.

8 IV. Flugblatt der Weißen Rose, in: Inge Scholl, Die Weiße Rose, Frankfurt am Main 1963, S. 140 ff.

eine Jugend widersetzt, die bereits im Geist des nationalsozialistischen Deutschland aufgewachsen ist und von ihm geprägt sein sollte. Dabei ist der Weg in den Widerstand für jeden dieser Menschen unterschiedlich verlaufen. Für Willi Graf gilt, dass für ihn von Anfang an der Nationalsozialismus mit seiner Vergötzung von Rasse und Volk, mit seinem sich selbst absolut setzenden, brutalen Herrenmenschentum einen unüberwindbaren Gegensatz zu seiner christlichen Grundüberzeugung darstellte. Wie Dietrich Bonhoeffer ist auch Willi Graf Gegner der nationalsozialistischen Ideologie und Gewaltherrschaft von Anfang an gewesen, eine Haltung, die sich im weiteren Verlauf seines Lebens klärte und festigte und die ihn schließlich in den Widerstand führte.

Fünfzehn Jahre alt war Willi Graf, als ihm durch die Zeitläufe die grundlegende Entscheidung abverlangt wurde. Dietrich Bonhoeffer war zu diesem Zeitpunkt ein siebenundzwanzigjähriger Pfarrer und Wissenschaftler, der seine Erfahrungen und Erkenntnisse bereits in ganz anderer Weise einbringen und artikulieren konnte. Doch war auch seine Haltung und Entscheidung außergewöhnlich in einer Zeit, in der die evangelische Kirche in ihrer überwältigenden Mehrheit die Machtübertragung auf die Nazis begrüßte und selbst das liberale Bürgertum der „nationalen Revolution“ nichts Entscheidendes entgegenzusetzen hatte. Auch Dietrich Bonhoeffer war in den dreißiger Jahren ein einsamer Kämpfer gegen den „Mainstream“. Er konnte jedoch eher zum Ausdruck bringen, was der fünfzehnjährige Gymnasiast noch unfertig und stichwortartig in seinem Tagebuch niederschrieb. Dass aber die entscheidenden Antriebe zum Widerstand bei dem „großen“ und dem „kleinen“ der beiden Brüder im Geiste ähnlich gewesen sind, ist nicht zu übersehen.

Widerstand aus Glauben

Willi Graf und Dietrich Bonhoeffer haben ihren Widerstand in vielen Selbstzeugnissen aus ihrem christlichen Glauben heraus begründet. Hier lagen für sie die entscheidenden Maßstäbe ihres ethischen und politischen Handelns. Beide waren durch ihre Elternhäuser in unterschiedlicher Weise christlich geprägt, suchten jedoch über ihre jeweilige konventionelle evangelische und katholische Sozialisation hinaus sehr früh einen eigenen existenziellen Zugang zu Fragen des Glaubens und zu einer glaubwürdigen christlichen Lebenspraxis. Beide waren in eindrucksvoller Weise konsequent, als es um die Abgrenzung von der menschenverachtenden Ideologie des Nationalsozialismus ging. Willi Graf ließ sich durch nichts dazu bewegen, in die Hitlerjugend einzutreten; stattdessen blieb er der katholischen Jugendbewegung treu, der Gruppe Neudeutschland und später dem „Grauen Orden“, dessen Mitglieder von der Gestapo zunehmend wegen „bündischer Umtriebe“ drangsaliert wurden. Schulfreunde, die sich aus Überzeugung oder Opportunismus abwerben ließen, wurden aus dem Adressenbuch gestrichen: „Ist in der HJ!"[9] In einer Sammelmappe des Abiturienten Willi Graf finden sich Texte aus der katholischen Jugendbewegung, die Aufschluss über die entscheidenden Einflüsse dieser Jahre geben, wie der 1936 verfasste Text von Johannes Maaßen: „Klug sein heißt sorgsam prüfen können, das Wahre vom Falschen scheiden, das Rechte vom Unrechten, heißt das Gewissen nicht untergehen zu lassen in uns ... Die Gerechtigkeit ist die Tugend des Gemeinschaftslebens. Ohne Gerechtigkeit gehen Völker zugrunde. Ja, das ist eine Tugend des Christen: Unbestechlichkeit. Unbestechlichkeit im ganzen Wesen, im Urteilen, auch im Handeln. Werden wir es fertig bringen, als Christen so zu leben, wo immer es sei, wenn es an uns herantritt, dann wird es nicht lange dauern – und wenn man zunächst auch schimpft und über uns die Schulter zieht, weil wir hier und da nicht mitmachen – eines Tages wird man erkennen müssen: Seht da, sie haben Recht getan!"[10]

Für Willi Grafs geistige Mentoren war in dem Nicht-Mitmachen der Radius ihres „geistigen Widerstands" umrissen. Spätestens zu dem Zeitpunkt jedoch, als dem jungen Studenten und Sanitätssoldaten an der Ostfront keine andere Wahl blieb als „mitzumachen", muss Willi Graf klar geworden sein, dass die innere Emigration und die Bewahrung des guten Gewissens in den bestehenden Gewaltverhältnissen zu einer frommen Illusion werden musste. Seinen Tagebucheintragungen aus den Jahren 1942/1943 ist die Enttäuschung darüber, dass viele Freunde von einst den Schritt zum aktiven Widerstand ablehnen, deutlich anzumerken.

Auch für Dietrich Bonhoeffer ist die Unvereinbarkeit von Christentum und Nationalsozialismus von Anfang an bestimmend für seinen Weg in den Widerstand gewesen. Dabei ging es ihm einerseits um die Abwehr der Gleichschaltung der evangelischen Kirche durch die „Deutschen Christen", ein Anliegen, das er mit vielen anderen Christinnen und Christen der 1933 entstehenden Bekennenden Kirche teilte. Darüber hinaus aber forderte er die Kirche und die Christen angesichts offensichtlicher Menschenrechtsverletzungen gegen Juden und Andersdenkende schon 1933 zum Widerstand gegen den NS-Staat auf – eine Haltung, die ihn auch innerhalb der Bekennenden Kirche weitgehend isolierte. Gegen die Bereitschaft der Mehrheit der evangelischen Kirche zum Kompromiss mit der Regierung und den „Deutschen Christen" schreibt er: „Wer sich wissentlich von der Bekennenden Kirche trennt, trennt sich vom Heil."[11] Als schließlich die Informationen über die Verbrechen an den Juden und den Völkern des Ostens das Ausmaß der Gewalt dokumentieren, entschließt sich Dietrich Bonhoeffer, der bis dahin auf die gewaltlose Methode des passiven Widerstands gesetzt hatte, zur aktiven Teilnahme an der Verschwörung gegen Hitler. Als Agent der Ab-

9 Gewalt und Gewissen: Willi Graf und die Weiße Rose. Eine Dokumentation von Klaus Vielhaber, Freiburg 1964, S. 18.

10 Ebenda, S. 88.

11 Eberhard Bethge, Dietrich Bonhoeffer. Eine Biographie, München 1986, 6. Aufl., S. 590.

wehr, bringt er Nachrichten des Widerstands ins Ausland, hilft verfolgte Juden auszuschleusen und dient als Verbindungsmann zu anderen Widerstandskreisen. In diesen Jahren entstehen Fragmente einer theologischen Ethik, die sich mit der Frage der Schuldübernahme in politischen Konflikten befassen. Auch Dietrich Bonhoeffer geht es nicht mehr um die Rettung des reinen Gewissens: „Wer sich in der Verantwortung der Schuld entziehen will, ... stellt seine persönliche Unschuld über die Verantwortung für die Menschen, und er ist blind für die heillosere Schuld, die er gerade damit auf sich lädt."[12] Und in dem schon erwähnten Rechenschaftsbericht „Nach zehn Jahren" heißt es: „Wer hält stand? Allein der, dem nicht seine Vernunft, sein Prinzip, sein Gewissen, seine Freiheit, seine Tugend der letzte Maßstab ist, sondern der dies alles zu opfern bereit ist, wenn er im Glauben und in alleiniger Bindung an Gott zu gehorsamer und verantwortlicher Tat gerufen ist, der Verantwortliche, dessen Leben nichts sein will als eine Antwort auf Gottes Frage und Ruf. Wo sind diese Verantwortlichen?"[13]

Zwei Rufer in der Wüste

So sehr Willi Graf und Dietrich Bonhoeffer in ihrem Widerstand durch den christlichen Glauben geprägt waren, so sehr waren beide nicht nur innerhalb der Gesellschaft, sondern auch innerhalb ihrer evangelischen und katholischen Kirche isoliert. Für die Einsamkeit der Widerstandskämpfer im nationalsozialistischen Deutschland gilt nach wie vor das Wort von Hermann Krings, dass „der Tod von Hans Scholl und seinen Freunden wie auch der Tod der Männer des 20. Juli ... kein Zeichen dafür (ist), dass das deutsche Volk nicht so schlecht war, sondern wie schlecht es war."[14]

Die erdrückende Mehrheit der Deutschen stand Anfang 1943 noch in voller Überzeugung hinter dem scheinbar unbesiegbaren „Führer" und „größten Feldherrn aller Zeiten", andere meinten zumindest in Zeiten des Krieges der deutschen Staatsführung loyal gegenüberstehen zu müssen. Das gilt im Wesentlichen auch für die beiden großen Kirchen, deren Kirchenleitungen sich gerade während des Krieges mit Ergebenheitsadressen sowie Aufrufen an die Soldaten, gehorsam und opferwillig ihre Pflicht zu erfüllen, überboten haben, und die darüber hinaus das Recht auf Widerstand gegen die Obrigkeit auch grundsätzlich ablehnten. Für Willi Graf und Dietrich Bonhoeffer gilt, dass sich beide einerseits *wegen* ihrer christlichen Überzeugung, aber *trotz* der Haltung ihrer Kirche zum Widerstand bereit fanden. Dieser Widerspruch hat beide Männer in tiefe Einsamkeit geführt, die nur dadurch erträglich wurde, dass sich die nächsten Freunde und Mitverschwörer mit den gleichen

12 Dietrich Bonhoeffer, Ethik, München 1988, 12. Auflage, S. 255 f.
13 Bonhoeffer, Widerstand (Anm. 1), S. 12.
14 Die Weiße Rose und das Erbe des deutschen Widerstandes, Münchner Gedächtnisvorlesungen, München 1993, S. 57.

Problemen herumschlugen. Die Bedeutung dieser Freundschaften im Widerstand kann nicht hoch genug bewertet werden. Während die Familien zumeist verständlicherweise zu Vorsicht und Anpassung rieten, die Kirchenleitungen zum Gehorsam gegen den Staat aufriefen und Millionen von Deutschen „Führer befiehl, wir folgen!" skandierten, hatten die Frauen und Männer im Widerstand nur sich selbst, ihre Überzeugung und die Solidarität der Gefährten und Sympathisanten im Untergrund. Dass gerade die christlichen Widerstandskämpfer(innen) im Leben und im Sterben nicht nur von der Gesellschaft, sondern auch von der offiziellen Kirche ausgegrenzt wurden, macht ihre besondere Tragik aus. Es ist aber vor allem ein Zeichen der lange Zeit uneingestandenen Schuldverstrickung beider Kirchen in die deutsche Katastrophe, dass sie, die sich später mit „ihren" Märtyrern geschmückt haben, seinerzeit deren Ausgrenzung betrieben haben, und zwar über den Zusammenbruch des „Dritten Reiches" hinaus: noch in den fünfziger Jahren weigert sich der evangelische Landesbischof von Bayern, an einer Gedenkfeier für Dietrich Bonhoeffer im KZ Flossenbürg teilzunehmen; zur gleichen Zeit untersagt der katholische Studentenpfarrer in Freiburg der katholischen Studentengemeinde die Teilnahme an der Gedenkfeier für die Mitglieder der Weißen Rose. Die Begründung ist in beiden Fällen die gleiche: Die Kirche will mit politischen Widerständlern nichts zu tun haben.

Dass Willi Graf ebenso wie Dietrich Bonhoeffer an der Haltung seiner Kirche gelitten hat, steht außer Zweifel. Andererseits hat er ihre Autorität wohl in keiner Weise in Frage stellen wollen. Anneliese Knoop-Graf erinnert sich, dass ihr Bruder die Haltung der Kirche zu verstehen und zu verteidigen suchte: Die Kirche sei die Vermittlerin der Gnade und des Heils; es sei nicht ihre, sondern die Aufgabe der einzelnen Christen, dies in der Welt zu bezeugen, und sei es im politischen Handeln des Widerstands.

Im Unterschied dazu hat Dietrich Bonhoeffer die Kapitulation der Kirche vor der Politik mit deutlichen Worten angegriffen. Anfang 1943 schrieb er in einem Entwurf für ein kirchliches Schuldbekenntnis: „Die Kirche war stumm, wo sie hätte schreien müssen. Die Kirche bekennt, die willkürliche Anwendung brutaler Gewalt, das leibliche und seelische Leiden unzähliger Unschuldiger, Unterdrückung, Hass und Mord gesehen zu haben, ohne ihre Stimme für sie zu erheben, ohne Wege gefunden zu haben, ihnen zu Hilfe zu eilen. Sie ist schuldig geworden am Leben der schwächsten und wehrlosesten Brüder Jesu Christi."[15] Dass Dietrich Bonhoeffer so deutliche Worte gegen seine Kirche gerichtet hat, ist zweifellos in der protestantischen Tradition begründet, die Kritik an der kirchlichen Institution eher möglich macht als dies im katholischen Kirchenverständnis der Fall ist. Trotz dieses Unterschiedes bleibt die weitaus wichtigere Tatsache bestehen, dass es der gemeinsame Widerstand von katholischen und evangelischen Frauen und Männern gewesen ist, der die wahre Kirche in jener Zeit verkörperte, und dass das Engagement und Opfer dieser Menschen der Grundstein für eine

15 Bonhoeffer, Ethik (Anm. 10), S. 121 f.

ökumenische Neubesinnung auf das prophetische ‚Wächteramt'" der Kirche in Politik und Gesellschaft gewesen ist.

Die Perspektive der Opfer

Wenn die Zugehörigkeit zu einer der beiden christlichen Kirchen und das Wissen um die Grundlagen des christlichen Glaubens allein noch keinen Willen zum Widerstand hervorgebracht haben, wo liegen dann die eigentümlichen Antriebe, die Willi Graf und Dietrich Bonhoeffer gegen ihre Kirche zu Aktivisten des Widerstands werden ließen? Auch hier gibt es keine allgemeingültigen Gesetzmäßigkeiten. Aber es lassen sich einzelne Aspekte aufzeigen, die in den Biografien beider Männer eine Rolle spielen und die zugleich einen Bezug zur aktuellen Bedeutung ihres Denkens und Tuns herstellen.

Beide waren mit ihrem Denken und Fühlen einerseits eingebunden in die Welt ihrer Familie, ihrer Kirche und ihres Volkes und zugleich bereit, alle diese Ordnungen gleichsam von außen, aus der Perspektive der anderen Religionen, Völker und Kulturen zu betrachten. Was Willi Graf in Ansätzen durch Lektüre und jugendbewegte Fahrten ins Ausland in sich aufnahm, wurde für Dietrich Bonhoeffer in der weltweiten Ökumene und in der Begegnung mit anderen Denk- und Lebensweisen lebensentscheidend. Die Bereitschaft, das Fremde und die Fremden nicht abzuweisen oder zu deklassieren, sondern ihnen mit Interesse, Toleranz und Lernbereitschaft zu begegnen, stand im Gegensatz zu der Intoleranz eines arroganten Deutschtums, das in der nationalsozialistischen Herrenmenschenideologie nur seine brutale Zuspitzung erfuhr. Beide Männer verstanden sich als Patrioten, die zur „Teilnahme am Schicksal Deutschlands"[16] bereit und entschlossen waren, die aber angesichts der Verbrechen an den Anderen, den Fremden, den Ausgegrenzten aus Liebe zu Deutschland das Ende des Naziregimes wünschen und herbeiführen mussten – und sei es um den Preis der militärischen Niederlage.

Zu dieser Konsequenz führte der zweite, nicht weniger bedeutsame Aspekt. Die Perspektive der anderen war in einer Gesellschaft, die geprägt war von faschistischen Herrschaftsstrukturen und Machtphantasien notwendigerweise zugleich die Perspektive der Opfer. Willi Graf und Dietrich Bonhoeffer gehörten zu den Deutschen, die sich zunächst von der Mehrheit dadurch unterschieden, dass sie die Augen vor dem Unrecht der Täter und dem Leid der Opfer nicht verschlossen. „Sieh hin, und du weißt!" Diese Hans Jonas, einem der Überlebenden, zugeschriebene, zum Leitwort der Compassion-Initiative verfestigte Aufforderung, wurde programmatisch für die Entscheidung derer, die sich durch das, was sie sahen, zum Widerstand getrieben fühlten. Am 1. Februar 1942 schreibt Willi Graf seiner Schwester Anne-

16 Bonhoeffer, Widerstand (Anm. 1), S. 100.

liese von der Ostfront: „Ich wünschte, ich hätte das nicht sehen müssen, was sich in meiner Umgebung zugetragen hat und mich aufs tiefste trifft. Ich kann Dir das alles gar nicht im Einzelnen schildern. Der Krieg gerade hier im Osten führt mich an Dinge, die so schrecklich sind, dass ich sie nicht für möglich gehalten hätte.“[17] Auch in seinen Tagebucheinträgen beschäftigt sich Willi Graf Anteil nehmend mit dem Schicksal der Menschen, die für viele deutsche Soldaten nur Feinde oder gar „Untermenschen“ sind.

Dass das Mitleiden mit den Opfern zum Wesen wahrer christlicher Existenz gehört, ist auch für Dietrich Bonhoeffer ein zentrales Anliegen: „Tatenloses Abwarten und stumpfes Zuschauen sind keine christlichen Haltungen. Den Christen rufen nicht erst die Erfahrungen am eigenen Leibe, sondern die Erfahrungen am Leibe der Brüder zur Tat und zum Mitleiden.“[18] Schon 1933 fordert Bonhoeffer die unbedingte Solidarität der Kirche und der Christen mit den Opfern des Naziregimes, ein solidarisches Handeln, das die Bereitschaft enthält, „nicht nur die Opfer unter dem Rad zu verbinden, sondern dem Rad selbst in die Speichen zu fallen.“[19]

Als am 9. November 1938 überall in Deutschland die Synagogen brennen und die Kirchen zu dem Pogrom schweigen, streicht Dietrich Bonhoeffer in seiner Bibel einen Vers aus Psalm 74 an: „Sie verbrennen alle Häuser Gottes im Lande. Unsere Zeichen sehen wir nicht, und kein Prophet redet mehr, und keiner ist bei uns, der weiß, wie lange.“ Daneben schreibt er das Datum: „9.11.38“.

Wie ein Echo auf diese Klage lesen sich die Sätze aus dem vierten Flugblatt der Weißen Rose: „Überall und zu allen Zeiten der höchsten Not sind Menschen aufgestanden, Propheten, Heilige, die ihre Freiheit gewahrt hatten, die auf den einzigen Gott hinwiesen und mit seiner Hilfe das Volk zur Umkehr mahnten ... Gibt es, so frage ich Dich, der Du ein Christ bist, gibt es in diesem Ringen um Deine höchsten Güter ... ein Hinausschieben der Entscheidung? Wir müssen das Böse dort angreifen, wo es am mächtigsten ist, und es ist am mächtigsten in der Macht Hitlers.“[20]

Rachel Salamander hat in ihrer eindrücklichen und anrührenden Weiße-Rose-Gedächtnisvorlesung am 23. Februar 2000[21] darauf hingewiesen, dass die Flugblätter der Weißen Rose das einzige Dokument des deutschen Widerstands seien, in dem die Leiden der Opfer, insbesondere der Juden, öffentlich zur Sprache gebracht und zur Begründung für die Notwendigkeit des Widerstands herangezogen worden seien. Die Studentinnen und Studenten der Weißen Rose haben unter schwersten Bedingungen und unter dem Einsatz ihres Lebens das in das Bewusstsein der Deutschen zu tragen versucht,

---

17 Gewalt und Gewissen (Anm.7), S. 26.
18 Bonhoeffer, Widerstand (Anm. 1), S. 22.
19 Renate Wind, Dem Rad in die Speichen fallen. Die Lebensgeschichte des Dietrich Bonhoeffer, Weinheim und Basel 1998, 12. Auflage, S. 63.
20 Inge Scholl, Weiße Rose (Anm. 6), S. 143.
21 Unveröffentlichtes Manuskript.

was Dietrich Bonhoeffer in Reden, Denkschriften und Diskussionen, wenn auch zu seinen Lebzeiten unveröffentlicht, der Kirche und den Christen einzuschärfen versuchte: dass die einzig menschliche Perspektive die Perspektive der Opfer ist, dass sich insbesondere im Verhalten gegenüber den jüdischen Brüdern und Schwestern Jesu Christi entscheidet, ob die Christen ihrem Auftrag gerecht werden oder ihn verfehlen. Denen, die auch in der evangelischen Kirche in den 'geistigen Widerstand', in die frommen Zirkel einer liturgischen Bewegung flüchteten, hielt er entgegen: „Nur wer für Juden schreit, darf gregorianisch singen!"[22]

Es ist diese Fähigkeit des Mitleidens, die die Aktualität der Haltung Willi Grafs und Dietrich Bonhoeffers ausmacht. Wenn heute angesichts unbewältigter gesellschaftlicher Probleme, die die Globalisierung mit sich bringt, erneut das Heil in einem Kult der Stärke und der Deutschtümelei gesucht wird, wenn Fremdenfeindlichkeit und soziale Kälte wieder Opfer an Menschenleben fordern, wird es Zeit, das Vermächtnis Willi Grafs und Dietrich Bonhoeffers einzubringen in eine widerständische „Kultur des Anstands und des Mitleids", wie es einmal Herbert Riehl-Heyse in der Süddeutschen Zeitung treffend formulierte. Dies wäre verpflichtend dem Vermächtnis Dietrich Bonhoeffers und Willi Grafs gegenüber und seiner Bitte, „weiter(zu)tragen, was wir begonnen haben". Seine letzte Botschaft, am Tag seines Todes der Schwester Anneliese mitgegeben, lautete: „Du weißt, dass ich nicht leichtsinnig gehandelt habe, sondern aus tiefster Sorge und im Bewusstsein der ernsten Lage ... Du mögest dafür sorgen, dass dieses Andenken in der Familie, den Verwandten und Freunden lebendig bleibt ... Sage allen Freunden meinen letzten Gruß. Sie sollen weiter tragen, was wir begonnen haben."[23]

„Das ist das Ende, aber es ist auch ein neuer Anfang", so lauteten sinngemäß die letzten uns überlieferten Worte Dietrich Bonhoeffers, bestimmt für seinen englischen Freund Bischof George Bell. „Ich glaube an die universale christliche Brüderlichkeit über alle nationalen Interessen hinweg, und ich glaube, dass uns der Sieg sicher ist."

22 Wind, Rad (Anm. 17), S. 101.

23 Willi Graf, Briefe und Aufzeichnungen, Herausgegeben von Anneliese Knoop-Graf und Inge Jens, Frankfurt am Main 1994, S. 199 f.

Sophie Scholl

„Ja, wir glauben auch an den Sieg der Stärkeren, aber der Stärkeren im Geiste“ Religiöse Wende und Wurzeln der Sophie Scholl

Jakob Knab

„Ich bin Gott noch so ferne, dass ich ihn nicht einmal beim Gebet spüre. Ja manchmal, wenn ich den Namen Gott ausspreche, will ich in ein Nichts versinken. Das ist nicht etwa schrecklich, oder schwindelerregend, es ist gar nicht – und das ist noch viel entsetzlicher. Doch hilft dagegen nur das Gebet, uns wenn noch so viele Teufel rasen, ich will mich an das Seil klammern, das mir Gott in Jesus Christus zugeworfen hat, und wenn ich es nicht mehr in meinen erstarrten Händen fühle.“[1]

1 Sophie Scholl / Fritz Hartnagel, Damit wir uns nicht verlieren. Briefwechsel 1937–1943,

Diese Sätze, die Sophie Scholl im November 1942 an ihren Verlobten Fritz Hartnagel[2] schrieb, gehören zum Vermächtnis einer jungen, aber früh gereiften und sinnerfüllten Existenz. Ihr Leben führte sie an politische wie religiöse Grenzen: In ihrem Innersten nagten Zweifel, aber gleichzeitig war ihre Hoffnung stärker, ihr weltanschauliches Erwachen verdankte sie ihrem Mitgefühl und ihrer Intuition, ihr junges Leben endete unter dem Fallbeil der Nazi-Henker.

Als Hitler am 30. Januar 1933 an die Macht kam, drängte es sie und ihre Geschwister – gegen den erklärten Willen ihres Vaters – zur Hitlerjugend. Sophie Scholls ältere Schwester Inge blickt nicht ohne apologetische Tendenzen zurück, wie sie und ihre Geschwister sich begeistern ließen: „Wir hörten viel vom Vaterland reden, von Kameradschaft, Volksgemeinschaft und Heimatliebe. Das imponierte uns, und wir horchten begeistert auf, wenn wir in der Schule oder auf der Straße davon sprechen hörten."[3] Hitler, so hieß es, wolle diesem Vaterland zu Größe und Wohlstand verhelfen. Wer konnte dagegen etwas haben? In dieser Zeit waren Sophie und ihre Geschwister mehr als begeistert von der Hitlerjugend.

Der Eintritt seiner ältesten Kinder in die Hitlerjugend schmerzte den Vater. Bald nahmen die Scholl-Kinder Führungsposten in der HJ ein. Vor allem Hans und Sophie praktizierten Mutproben und Härtetests mit dem Ziel, sich und den Anderen das Äußerste abzuverlangen. Das brachte ihnen bei den einen Bewunderung und begeisterte Zustimmung ein, bei den anderen hingegen – vor allem bei manchen Eltern – Ablehnung. Es gab katholische Kinder und Jugendliche, die vor Hans und Sophie regelrecht Angst hatten.[4] Den unbedingten Drang, eigenwillig, kernig und provozierend aufzutreten, zeigte Sophie Scholl auch bei ihrer Konfirmation am Palmsonntag 1937, als sie als einziges Mädchen ihres Jahrgangs in der Kluft der Hitlerjugend (BDM) nach vorne zum Altar der Ulmer Pauluskirche schritt.[5]

Nur wenn Geschichte gedeutet wird, gewinnt sie auch Bedeutung. Deshalb sind hier die Stichworte Pauluskirche und Palmsonntag bedeutsam. Es gibt beziehungsreiche Berührungspunkte: An diesem Palmsonntag 1937 wurde in den katholischen Kirchen Deutschlands der päpstliche Rundbrief „Mit brennender Sorge" verlesen. Hier ein Auszug: „Nur oberflächliche

---

hrsg. von Thomas Hartnagel, Frankfurt am Main 2005, S. 432. – Diesem Beitrag liegt mein Vortrag zugrunde, den ich zum 90. Geburtstag von Sophie Scholl in der Sophie-Scholl-Kirchengemeinde Schwäbisch Hall hielt. – An dieser Stelle danke ich Professor Frank McDonough (JMU Liverpool) für den anregenden Gedankenaustausch. Siehe hierzu auch: Frank McDonough, Sophie Scholl. The real story of the woman who defied Hitler, The History Press 2010.

2 Siehe hierzu Jakob Knab, Fritz Hartnagel. Vom Wehrmachtsoffizier zum Ostermarschierer; in: Detlef Bald / Wolfram Wette (Hg.), Alternativen zur Wiederbewaffnung. Friedenskonzeptionen in Westdeutschland 1945–1955, Essen 2008, S. 123-137.

3 Inge Scholl, Die Weiße Rose (erw. Neuausgabe), Frankfurt am Main 1993, S. 13.

4 Vgl. hierzu: Eckart Holler, Die Ulmer 'Trabanten'. Hans Scholl zwischen Hitlerjugend und dj.1.11., (= puls 22. Dokumentationsschrift der Jugendbewegung).

5 Holler, Trabanten (Anm. 4), S. 29.

Geister können der Irrlehre verfallen, von einem nationalen Gott, von einer nationalen Religion zu sprechen, können den wahnwitzigen Versuch unternehmen, Gott ... in die Grenzen eines einzelnen Volkes, in die blutmäßige Enge der einzelnen Rasse einkerkern zu wollen."[6] Dieser Palmsonntag 1937 markiert einen ersten Höhepunkt im Kirchenkampf gegen den Rassismus des Nazi-Regimes.

Der zweite Aspekt ist der Name der Kirche: Sophie Scholl wurde in einer Pauluskirche[7] konfirmiert. Fanatismus findet sich immer bei solchen Menschen, die einen inneren Zweifel zu übertönen haben.[8] Auf dem Weg nach Damaskus erlebte Paulus eine innere Vision; der Fanatiker Paulus wurde innerlich umgewandelt. Sophies persönlicher Weg nach Damaskus, zu ihrer eigenen Umkehr war freilich noch mühsam und weit.[9] Sie zeigte sich damals als rigoros und fanatisch. Zeitzeugen berichten, dass sie sich nicht gescheut habe, die Polizei einzusetzen, um ihre Mädchen zum Dienst in der Hitlerjugend abholen zu lassen.

Jahre später wird Sophie, nachdem sie mit ihrem Bruder Hans verhaftet worden war, beim ersten Verhör am 18. Februar 1943 zu Protokoll geben: „Ich selbst trat im Januar 1934, damals 13-jährig in die Jungmädelschaft der HJ ein und gehörte der HJ bezw. dem BDM bis 1941 an. Etwa im Jahre 1935 wurde ich Jungmädelscharführerin, 1936 Scharführerin und 1937/38 Gruppenführerin. Wegen Differenzen mit der Obergauführerin ... habe ich mein Amt als Gruppenführerin niedergelegt." Bis März 1941 war Sophie Scholl Mitglied im BDM. In jenem Verhör teilte sie freimütig mit, dass sie in den letzten zwei Jahren ihrer Zugehörigkeit zum BDM „mit dem Herzen nicht mehr bei der Sache war".[10]

Es ist ein ganzes Motivbündel, das schrittweise zu diesem Gesinnungswandel der Sophie Scholl führte: Sophie verlor die erste Begeisterung für die Hitlerjugend, als sie erfuhr, dass ihre jüdische Mitschülerin Luise Nathan nicht Mitglied werden durfte. In der ihr eigenen leisen Entschiedenheit protestierte sie dagegen in ihrer BDM-Gruppe: „Warum darf Luise, die blonde Haare und blaue Augen hat, nicht Mitglied sein?"[11] Dies war ein entschei-

---

6 Hier zitiert nach Jakob Knab, Katholische Kirche – Nationalsozialismus – Widerstand, in: Aschbauer / Baumgartner / Girstmair (Hg.), Allein in der Tat ist die Freiheit. Widerstand gegen den Nationalsozialismus aus religiöser Motivation, Wien 2010, S. 26.

7 Als griechisch gebildeter Jude und gesetzestreuer Pharisäer verfolgte Paulus von Tarsus zunächst die Anhänger des gekreuzigten Jesus von Nazareth. Doch seit seinem Bekehrungserlebnis vor Damaskus verstand er sich als von Gott berufener „Apostel des Evangeliums für die Völker" (Gal. 1,15 f).

8 Carl Gustav Jung, Ges. Werke Bd. VIII, S 248; hier zitiert nach: Anselm Grün, Paulus und die Erfahrung des Christlichen, Stuttgart 2007, S. 29.

9 „Unterwegs aber, als er sich bereits Damaskus näherte, geschah es, dass ihn plötzlich ein Licht vom Himmel umstrahlte. Er stürzte zu Boden und hörte, wie eine Stimme zu ihm sagte: Saul, Saul, warum verfolgst du mich?" (Apg. 9, 3 f).

10 BA ZC 13267, Bd. 3, Bl. 3.

11 Fred Breinersdorfer (Hg.), Sophie Scholl. Die letzten Tage, Frankfurt am Main 2005, S. 114.

dendes Negativerlebnis. Später wurde sie mit der Gewalt des NS-Regimes konfrontiert, als es ab November 1937 zu Verhaftungsaktionen gegen die bündische Jugend kam. Auch sie wurde vorübergehend – wie die Geschwister Inge und Werner – verhaftet. Dies führte zu einer weiteren Entfremdung von der HJ. Ein anderes Erlebnis kam hinzu: Auch ihr Bruder, der Kavallerist Hans Scholl, wurde am 13. Dezember 1937 in der Reiterkaserne Bad Cannstatt festgenommen; die Untersuchungshaft dauerte fünf Wochen.

Sophie wusste auch von der oppositionellen politischen Orientierung ihres Vaters, einiger Freunde und Lehrerinnen. Die politische Haltung wurde nun auch für sie wichtig bei der Wahl von Freunden. Der Konformitätsdruck der Hitlerjugend war zudem nicht zu vereinbaren mit ihren individuellen Interessen für Kunst und Literatur. Zeichnen und Malen gingen ihr leicht von der Hand. Sie fand ersten Kontakt zu Werken“entarteter“ Künstler. Bei großen Autoren, mit zunehmender Neigung zu philosophischen und theologischen Werken, entdeckte sie eine geistige und ideengeschichtliche Gegenwelt zum Nationalsozialismus.

Jahre später, beim ersten Verhör am 18. Februar 1943, gab sie hierzu zu Protokoll: „Die Gründe meiner weltanschaulichen Entfremdung vom BDM und damit der NSDAP, etwa im Jahre 1938, liegen in erster Linie darin begründet, dass meine Schwester Inge, meine Brüder Hans und Werner im Herbst 1938 wegen sogen. bündischer Umtriebe von Beamten der Geheimen Staatspolizei verhaftet und einige Tage bezw. Wochen in Haft behalten wurden. Ich bin heute noch der Auffassung, dass das Vorgehen gegen uns sowie auch anderer Kinder aus Ulm vollkommen ungerechtfertigt war. ... Als weiteren und schließlich als hauptsächlichsten Grund für meine Abneigung gegen die Bewegung möchte ich anführen, dass nach meiner Auffassung die geistige Freiheit des Menschen in einer Weise eingeschränkt wird, die meinem inneren Wesen widerspricht. Zusammenfassend möchte ich die Erklärung abgeben, dass ich für meine Person mit dem Nationalsozialismus nichts zu tun haben will.“[12]

Zur Jahreswende 1937/38 war aus der Gruppe um den dezidierten Jungkatholiken Otl Aicher und die Geschwister Scholl ein neuer Freundeskreis entstanden, der in Ulm auch scherzhaft „Scholl-Bund“ genannt wurde. „Lesewut“ bestimmte den Ulmer Freundeskreis.[13] Wie schon Generationen vor ihnen entdeckten sie, dass der Genius der Vermählung von Antike und Christentums den Namen Aurelius Augustinus trägt. Wie ihre Geschwister wurde auch Sophie mit den „Confessiones“ des Augustinus vertraut.[14] Diese

12 BA ZC 13267, Bd. 3, Bl. 6.

13 Gespräch mit Inge Aicher-Scholl und Otl Aicher am 28. November 1986 in Rotis. Beide erzählten mir, wie die „Bekenntnisse“ des Augustinus zu den Büchern gehörten, die sie ein Leben lang begleiteten.

14 Aurelius Augustinus (354–430) ist der bedeutendste lateinische Kirchenlehrer und ein wichtiger Philosoph am Übergang von der Antike zum Mittelalter. Der Wendepunkt in seiner Lebensgeschichte war inneres Erlebnis; diese Umkehr erfuhr er im August 386 in Mailand. Seine autobiografischen Bekenntnisse (Confessiones) schrieb er 397/398, um

Bekenntnisse gelten bis heute als sein populäres Hauptwerk; es ist das eindringliche Zwiegespräch des Aurelius Augustinus mit seinem Gott, sowohl ein reumütiges Bekenntnis als auch ein Dankhymnus, ein exegetischer Traktat, eine lebensgeschichtliche Rechtfertigung. In ihnen verbinden sich Gebete, autobiografische Elemente, philosophische Betrachtungen sowie psychologische Einsichten zu einem einzigartigen Gesamtkunstwerk. Sie sind am Ende des 4. Jahrhunderts entstanden. Oft hat man gesagt, die „Bekenntnisse“ seien das erste moderne Buch.

Das politische Erwachen

Sophie Scholls politische Reifung begann mit ihren Enttäuschungen über die Hitlerjugend und den Nationalsozialismus. Am 1. September 1939 überfiel die Wehrmacht Polen; der Zweite Weltkrieg begann. Sophie Scholl verbarg nicht ihr Entsetzen, als sie ein paar Tage darauf ihrem Freund, dem Berufsoffizier Fritz Hartnagel, unverblümt schrieb: „Nun werdet ihr ja genug zu tun haben. Ich kann es nicht begreifen, daß nun dauernd Menschen in Lebensgefahr gebracht werden von anderen Menschen. Ich kann es nie begreifen und finde es entsetzlich. Sag nicht, es ist für's Vaterland.“[15] Mit diesen Einsichten würden die beiden bis zu ihrem Tod ringen. Nach dem Krieg wird Hartnagel bekennen: „Ich schäme mich nicht, zuzugeben, dass ich von einem jungen Mädchen völlig umgewandelt wurde.“[16]

Nach der Reifeprüfung im März 1940 entschied sich Sophie Scholl für die Ausbildung zur Kindergärtnerin beim Fröbel-Seminar in Ulm in der Hoffnung, durch eine solche Vorleistung auf ein Studium dem Reichsarbeitsdienst (RAD) zu entgehen. Dies erwies sich als Irrtum, denn ab Frühjahr 1941 musste sie ein halbes Jahr Dienst in Krauchenwies bei Sigmaringen ableisten, anschließend ab Herbst 1941 ein halbes Jahr Kriegshilfsdienst als Kindergärtnerin in Blumberg bei Donaueschingen.

Bei der Ausbildung im Ulmer Fröbel-Seminar hatte sie Freundschaft mit Susanne Hirzel geschlossen. Diese sagt im Rückblick auf diese Zeit: „Eines Tages wurden wir Jungmädel-Führerinnen zusammengerufen und feierlich unseres Amtes enthoben (man sang das Lied: ‚Wo wir stehen, steht die Treue'). Der Grund: Wir hatten unsere Gruppenfahnen mit eigenen Symbolen geschmückt. Um uns die Zukunft nicht zu verbauen – so die großmütige Begründung, durften wir als BDM-Mädchen weiterhin einer NS-Organisation angehören. Sophie fand die ganze Gesellschaft ekelerregend blöde,

---

nun als Bischof Rechenschaft abzulegen. Von 395 bis zu seinem Tod leitete er das Bistum von Hippo Regius (heute Algerien). – Aktuelle Ausgabe zum Nachlesen: Augustinus, Bekenntnisse, übers. u. hrsg. von Kurt Flasch und Burkhard Mojsisch, Stuttgart 2009.

15 Brief Sophie Scholl, 5. September 1939, in; Hartnagel, Briefwechsel (Anm. 1), S. 102.

16 Hier zitiert nach: Breinersdorfer, Die letzten Tage (Anm. 11), S. 117.

dumm und verlogen. ... Wohin sollte das führen mit diesem Krieg, mit dieser Partei und mit dem Verdummen der Menschheit?"[17]

Nach einem kurzen Praktikum im August 1940 in einem Kindersanatorium in Bad Dürrheim arbeitete Sophie Scholl ab Mitte September 1940 am Fröbel-Seminar in Ulm. In dieser Zeit korrespondierte sie mit Fritz Hartnagel über den Begriff Volk. Ihre Überlegungen spitzte sie so zu: „Ich finde, daß immer Gerechtigkeit höher steht als jede andere, oft sentimentale Anhänglichkeit."[18] In dieser Zeit kamen neue Fragen auf. Die Suche nach dem Sinn der menschlichen Existenz gewann nun mehr und mehr Bedeutung. Am 7. November 1940 schrieb sie folgende Notiz an Fritz Hartnagel: „Wenn Du Zeit hast, so suche einmal die Stelle, wo der Psalm vorkommt: Gib Licht meinen Augen oder ich entschlafe des Todes, und mein Feind könnte sagen: Über den ward ich Herr."[19] Diese *éducation religieuse* ging von Sophie aus. Sie rang um Orientierung im Spannungsfeld von Vernunft und Vertrauen, Sinn und Sinnlichkeit. In dieser spannungsreichen Beziehung tauchte sie den Offizier Fritz Hartnagel in ein ständiges Wechselbad der Gefühle.

Die Weihnachtsferien 1940 verbrachte sie mit ihren Geschwistern Inge und Werner, mit Lisa Remppis und Otl Aicher auf einer Skihütte im Lechtal. Abends lasen sie gemeinsam das „Tagebuch eines Landpfarrers".[20] Werner Scholls Klassenkamerad Otl Aicher weigerte sich beharrlich, in die Hitlerjugend einzutreten. Auf seiner Sinnsuche war auch er auf die Bekenntnisse des Augustinus gestoßen. Dessen Lektüre spielte eine bedeutende Rolle. Von dieser Welt des Geistes gingen nun Anstöße aus, wenn die Gruppe nach geistiger Orientierung suchte.

Das religiöse Erwachen

Am 6. April 1941 begann Sophie Scholls RAD-Dienst im Lager Krauchenwies bei Sigmaringen. In dieser Zeit war sie äußerlich in den reglementierten Tagesablauf einer Lagergemeinschaft samt weltanschaulicher Schulung und völkischer Ideologie eingezwängt, doch die Weite ihres suchenden Herzens konnte diese bedrückende Enge überwinden. Wie die Einträge in ihr Tagebuch zeigen, sucht sie nach Sinn und Orientierung. Hier begann ihr religiöses Erwachen. An Karfreitag 1941 schrieb sie in ihr Tagebuch: „Heute abend

---

17 Hermann Vinke, Das kurze Leben der Sophie Scholl, Ravensburg 1987, S. 84 ff.

18 Brief Sophie Scholl, in: Hartnagel, Briefwechsel (Anm. 1), S. 220.

19 Brief Sophie Scholl, 7. November 1940, in: Hartnagel, Briefwechsel (Anm. 1), S. 230. – Es handelt sich hier um Psalm 13. Inge Scholl erinnert sich, dass die Psalmworte „Gib Licht meinen Augen" zu den Lieblingstexten des Ulmer Freundeskreises gehörten.

20 Georges Bernanos (1888–1948) gehörte neben Paul Claudel, Léon Bloy und Jacques Maritain zu den bedeutenden Vertretern der Erneuerungsbewegung *Renouveau catholique*. Die Hauptfiguren in den Romanen von Bernanos sind meist Priester, die einer vom Bösen durchdrungenen Welt ausgesetzt sind, doch trotz Niederlagen und persönlicher Krisen mit Hilfe göttlicher Gnade ihrer Berufung treu bleiben.

… sah ich durch's Fenster den Abendhimmel. Da fiel mir plötzlich ein, daß Karfreitag war. Der so seltsam ferne, gleichmütige Himmel machte mich traurig. Oder die vielen lachenden Menschen, die so beziehungslos zu dem Himmel waren."[21] Diese Zeilen weisen auf ein inneres Erlebnis an Karfreitag 1941 hin. Sie geben einen Schlüssel an die Hand, um einen Umschlagspunkt in ihrer Lebensgeschichte zu deuten. Dank ihrer ausgeprägten intuitiven Wahrnehmung gewann sie Gewissheit. Das Wort „Himmel" ist hier zweideutig. Sie spürt und ahnt, dass hinter der äußeren, vordergründigen Erscheinung eine tiefere Wirklichkeit verborgen ist. Der „ferne, gleichmütige Himmel" erinnert an die Gottverlassenheit; jenes Lachen klingt wie oberflächliches Gelächter. Dieses Lachen macht sie traurig, weil es ein Lachen der Unwissenden ist, die die Gottverlassenheit nicht spüren.

Nur Tage später, an Ostern 1941, schrieb sie ihrer Freundin Lisa Remppis: „Sonst habe ich den Augustinus, Gestalt als Gefüge, bei mir, was mir verständlicherweise manche spöttische Bemerkung meiner neuen Schlafkameradinnen einträgt, die sich lieber in zweideutigen Geschichten ergehen."[22] Sophie kam in Berührung mit den Quellen innerer Kraft; sie grenzte sich ab gegen die seichte Anpassung und das billige Gelächter ihrer Arbeitskolleginnen beim RAD. Am Ostersonntag 1941 notierte sie in ihr Tagebuch: „Heute war Ostern. … Jetzt werde ich noch lesen. Die ganze Ostergeschichte. Und dann noch im Augustinus."[23] Die Lektüre schlug sie in den Bann. Ihrer Freundin Lisa teilte sie mit: „Habe ich Dir schon geschrieben, dass ich allabendlich Augustinus lese? Da steht geschrieben: Du hast uns geschaffen hin zu Dir, und unruhig ist unser Herz, bis es ruht in Dir." [24] Ihre Lektüre im Arbeitslager war – trotz Verbots – „Gestalt als Gefüge", eine Auswahl der Schriften des Kirchenlehrers Augustinus:[25] „Abends, wenn die anderen Witze machen (aus denen ich mich leider nicht ganz herausgehalten habe) lese ich im Augustinus. Ich muß langsam lesen, ich kann mich so schwer konzentrieren. Aber ich lese einmal zu. Auch wenn mir die Lust fehlt."[26] Fast in jedem Brief, den die Schwester Inge nach Krauchenwies schickte, wies sie Sophie auf Stellen im Augustinus Buch hin.[27] Auch diese Stelle leuchtete ihr ein:

---

21 Tagebuch Sophie Scholl, 11. April 1941, in: Inge Jens (Hg.), Briefe und Aufzeichnungen, Frankfurt/Main 1984, S. 174.

22 Brief Sophie Scholl, 13. April 1941, in: Briefe und Aufzeichnungen (Anm. 21), S. 174 f.

23 Brief Sophie Scholl, 13. April 1941, in: Briefe und Aufzeichnungen (Anm. 21), S. 175.

24 Barbara Beuys, Sophie Scholl. Biografie, München 2010, S. 280.

25 Erich Przywara, Augustinus. Die Gestalt als Gefüge, Leipzig 1934. – In seiner Einleitung stellt der Herausgeber die gesamte abendländische Geistesgeschichte unter das Vorzeichen von Augustinus, nach der befruchtenden wie auch der gefährlichen Seite hin. Diese Einleitung gilt als eine der genialen Leistungen in der Geschichte der Theologie.

26 Tagebuch Sophie Scholl, 10. April 1941, in: Briefe und Aufzeichnungen (Anm. 21), S. 171.

27 Beuys, Sophie Scholl (Anm. 24), S. 282.

„Spät habe ich Dich geliebt, Schönheit so alt und so neu, – spät habe ich Dich geliebt! Und siehe, innen warst Du, und ich draußen, und dort suchte ich Dich; (…) Du blitztest auf, und leuchtenden Glanzes, und triebst in die Flucht meine Blindheit. Wie Duft stiegst Du auf, und ich zog ein den Hauch, und atme Dir. Ich kostete, und ich hungere, und ich dürste. Du rührest mich an, und ich entbrannte in Deinen Frieden.“[28]

Sophie Scholl war fasziniert, dass Augustinus Gott und die Wahrheit mit allen Sinnen suchte. Ihre Freundin Susanne Hirzel erinnert sich, welchen Stellenwert Augustinus eingenommen hatte: „Selbst die Freizeit war reguliert, so dass das Lesen im Bett mit der Taschenlampe ihr einziger Freiraum war. … Als ich sie während eines Urlaubs zu Hause traf, meinte sie: ‚Ich könnte nicht leben ohne die „Bekenntnisse des Augustinus“.“[29] Unzählige Menschen haben diese „Bekenntnisse“ gelesen, in denen er seine Schwächen, Verfehlungen und Verirrungen freimütig schildert. Im Rückblick erkennt Augustinus, wie sehr er nur um sein eigenes Ich kreiste. Er erkennt, dass das, wonach der Mensch sich wirklich sehnt, größer sein muss als das eigene Selbst. Höhepunkt seiner Bekenntnisse ist die Geschichte seiner Bekehrung im Mailänder Garten: Augustinus hört eine innere Stimme: „Tolle, lege“ (Nimm und lies). Als er willkürlich die Bibel aufschlägt, stößt er auf eine Stelle aus dem Römerbrief des Paulus.[30] Dies lässt an das Damaskus-Erlebnis des Paulus denken.

In der Kirche beten

In einem Brief vom 11. August 1941 klagte Sophie Scholl ihrer Freundin Lisa Remppis: „… besonders in letzter Zeit empfand ich es als bittere Ungerechtigkeit, in einer solchen von Weltgeschehen ganz ausgefüllten Zeit leben zu müssen.“[31] Ab Oktober 1941 musste Sophie Scholl in Blumberg bei Donaueschingen in einem NSV-Kindergarten Dienst leisten. War es zu Hause ihre Mutter gewesen, zu der sie Vertrauen gefasst und über religiöse Fragen gesprochen hatte, so stand ihr nun auf der neuen Wegstrecke ihrer Sinnsuche auch Otl Aicher[32] zur Seite. Mit ihm trat sie in Briefen und Gesprächen in einen regen Austausch. Er berichtet darüber: „Aber Gott ist so fern, sagt Sophie, und er ist ungerecht. Ich werfe mich auch vor ihm nieder. Aber ich er-

28 Gestalt als Gefüge, a.a.O. (Anm. 25) S. 195.

29 Susanne Hirzel, Vom Ja zum Nein. Eine schwäbische Kindheit 1933 bis 1945, Tübingen 2000, S. 160.

30 „Nicht in Schmausereien und Trinkgelagen, nicht in Unzucht und im Bett, nicht in Streit und Neid, sondern zieht den Herrn Jesus Christus an und sorgt auch nicht um das Fleisch und seine Begierden.“ (Röm. 13, 13 f.).

31 Brief Sophie Scholl, 11. August 1941, in: Briefe und Aufzeichnungen (Anm 21), S. 186.

32 Siehe Barbara Schüler, „Im Geiste der Gemordeten ...“: Die „Weiße Rose“ und ihre Wirkung in der Nachkriegszeit, Paderborn 2000, S. 186 f.

trage seine Ungerechtigkeit nicht. Wenn er den Menschen liebt, kann er ihn nicht in die ewige Verdammnis werfen. Wenn er Gott ist, kann er nicht zulassen, daß die Menschen sich an der Natur ein Beispiel nehmen, wo das eine das andere auffrisst, mordet und ausrottet. Ich fühle die Macht Gottes, sagt Sophie, aber ich weiß nicht, wer er ist. ... Ich kann nicht einmal Vater zu ihm sagen, sagt Sophie. Mein Stolz und meine Ärmlichkeit lass das nicht zu. ... Ich weiß, daß ich schwach bin, elend schwach. Aber ich möchte meine Schwachheit ausheilen, statt sie dem großen Gott zu überlassen."[33] Otl Aicher wollte ihr Zugänge eröffnen, er sprach vom „kleinen Gott aus Nazareth": Er „kümmert sich um Arme, Hungrige, Verlassene, Einsame und Leidende, all die Kleinen, die von der Geschichtsschreibung auf den Kompost geworfen werden. ... ‚Der ganze Erdball kann nicht in einer größeren Not sein als eine Seele. Und dieser Gott ist bei den leidenden Seelen am Abgrund des Nichts.'"[34]

Diese Monate in Krauchenwies sind ausgefüllt von einem Thema: Gott. Dieses Ringen um Orientierung bestimmte auch Alltag und Freizeit von Sophie Scholl. Obwohl es verboten war, ging sie in ihrer Freizeit in die Kirche. Auch in Blumberg führte Sophie Scholl Tagebuch: „Ich war Samstag nachmittags in der Kirche. ... Ich versuchte zu beten. Ich kniete hin und versuchte zu beten."[35] Ihr religiöses Verlangen entlud sich in diesem Aufschrei: „Manchmal meine ich, den Weg zu Gott durch meine Sehnsucht allein, durch eine ganze Hingabe meiner Seele in einem Augenblick erzwingen zu können."[36] In einem Briefentwurf lesen wir: „Überhaupt fühle ich mich so ohnmächtig, und ich bin es wohl auch. Ich kann um nichts anderes beten, als um das Beten können. ... Ich habe keine, keine Ahnung von Gott, kein Verhältnis zu ihm. Nur eben, daß ich es weiß. Und da hilft wohl nicht anderes als Beten. Beten."[37] So kam sie zu dem Entschluss: „Ich habe mir vorgenommen, jeden Tag in der Kirche zu beten, damit Gott mich nicht verlasse. ... Ja, was ich am wenigsten an Gott begreife, ist seine Liebe."[38]

Ihre Aufzeichnungen rühren auch den heutigen Leser an, wenn sie über ihre inneren Spannungen und Selbstgespräche schreibt. In ihren persönlichen Gebeten entdeckte sie die innere Kraft zum Widerstand. Ihr Mitleiden mit dem lautlosen Seufzen der Kreatur war stärker als die Gleichgültigkeit der Mitläufer, die jene zur Anpassung zwingt. In ihrer Sinnsuche stellte sie sich ihren Ängsten, so konnte ihr Selbst sich entfalten und in so jungen Jahren reifen. Weil sie ihren inneren Konflikten nicht auswich, weil sie sich gegenüber äußeren Erwartungen abgrenzte, konnte sie eigene, selbst bestimmte Schritte auf dem Weg der Reifung gehen.

---

33 Otl Aicher, Innenseiten des Kriegs, Frankfurt am Main 1985, S. 65 f.
34 Aicher, Innenseiten (Anm. 33), S. 66.
35 Tagebuch Sophie Scholl, 4. November 1941, in: Briefe und Aufzeichnungen (Anm. 21), S. 194.
36 Tagebuch Sophie Scholl, 4. November 1941, in: ebenda (Anm. 21), S. 195.
37 Tagebuch Sophie Scholl, November / Dezember 1941, in: ebenda (Anm. 21), S. 197.
38 Tagebuch Sophie Scholl, 12. Februar 1942, in: ebenda (Anm. 21), S. 205.

Newmans Predigten

Als Fritz Hartnagel Ende Oktober 1941 auf einem kurzen Heimaturlaub weilte, fuhr er an einem Samstag zusammen mit Inge und Sophie Scholl zu einem „kleinen, sehr erlesenen Buchladen". In dieser Buchhandlung waren – so empfahl ihnen der schwäbische Künstler Wilhelm Geyer[39] – „sämtliche Werke Newmans und sonst noch einige rechte Sachen" zu finden.[40] Sophie Scholl erwarb zwei Bände mit Predigten eben dieses englischen Gottsuchers und Gelehrten John Henry Newman, den ich als den Kirchenvater des Gewissens bezeichnen möchte.[41] Sophie Scholl fühlte sich hingezogen zu dessen Gläubigkeit, die von der Intuition, von der Sehnsucht und Sinnlichkeit ausgeht; ihre Suche nach Wahrheit wird auch durch Newman gestillt. Auch er steht in der großen Tradition von Paulus und Augustinus, wenn er bekennt: „Das Drama der Religion und der Kampf zwischen Wahrheit und Irrtum war immer und überall derselbe." Newman selbst fand Gewissheit in dieser Erkenntnis des Augustinus: „Securus judicat orbis terrarum – sicher urteilt der Erdkreis." Über den Augenblick der eigenen Bekehrung bekennt Newman: „Denn ein bloßer Ausspruch die Worte des hl. Augustinus, trafen mich mit einer Wucht, wie sich sie nie zuvor empfunden hatte. ... sie glichen dem »Tolle, lege« des Kindes, das den hl. Augustinus bekehrte."[42]

---

39 Wilhelm Geyer (1900–1968) widmete sein künstlerisches Schaffen vorrangig der sakralen Themen. Die Scholl-Geschwister hatten ihn erstmals 1938 in seiner Ulmer Wohnung besucht. Ein engerer Kontakt kam 1941 zustande, als sie von ihm ein Gemälde kauften, um es ihren Eltern zu schenken. Als ihn Hans Scholl an Weihnachten 1942 besuchte, wollte er ihn möglicherweise für seine Widerstandsaktionen gewinnen. Wegen eines künstlerischen Auftrags in München - in dieser Zeit porträtierte Geyer auch Carl Muth – kam Geyer Anfang Februar 1943 fast täglich zum gemeinsamen Essen in die Schwabinger Wohnung von Hans und Sophie Scholl. Erstmals wurde Geyer am 24. Februar 1943 durch die Gestapo vernommen. Am 13. Juli 1943 kam es zum dritten Prozess vor dem Sondergericht 2 beim Landgericht München; angeklagt waren Josef Söhngen, Harald Dohrn, Manfred Eickemeyer und Wilhelm Geyer. Söhngen wurde zu einer Haftstrafe von sechs Monaten verurteilt; die Mitangeklagten wurden mangels Beweisen freigesprochen.

40 John Henry Newman (1801–1890) war ab 1828 Pfarrer an der Universitätskirche in Oxford, ab 1833 war er der führende Kopf der sog. Oxfordbewegung zur Reform der Kirche von England. Sein intensives und systematisches Studium der Kirchenväter (u. a. Ignatius von Antiochien, Athanasius von Alexandrien) führte ihn 1845 zur katholischen Kirche. Newmans Lehre vom Gewissen wurde wirkungsmächtig: „Gewissen bedeutet die vernehmliche und gebieterische Stimme der Wahrheit im Subjekt selbst." Am 19. September 2010 wurde Newman von Papst Benedikt XVI. selig gesprochen. Zitiert nach: Beuys, Sophie Scholl (Anm. 24), S 304.

41 Es handelt sich um diese Ausgabe: Zur Philosophie und Theologie des Glaubens, I. Teil (1936) sowie II. Teil (1940); in: Matthias Laros (Hg.), John Henry Kardinal Newman, Ausgewählte Werke, Matthias-Grünewald-Verlag Mainz. – Zu Laros siehe Jakob Knab: „Die schwarzen Gewitterwolken ...": Matthias Laros und seine Kriegsschriften; in: Jörg Seiler (Hg.), Matthias Laros 1882–1965. Kirchenreform aus dem Geiste Newmans, Regensburg 2009.

42 John Henry Newman, Apologia pro vita sua. Geschichte meiner religiösen Überzeugungen; in: Ausgewählte Werke Bd. I, hrsg. von Matthias Laros, Mainz 1922, S. 132 f.

Sophies Freundin und Weggefährtin Susanne Hirzel erinnert sich: „Sofie las unaufhörlich und reichte mir eines Tages ein Buch von Kardinal Newman. ‚Was? Den kennst Du nicht? Da steht dir eine herrliche Welt bevor!'"[43] Im ersten Band dieser Predigtsammlung entdeckte Sophie Scholl diese Themen: „Gehorsam gegen Gott als Weg zum Glauben an Christus" sowie „Der persönliche Einfluß als Mittel zur Verbreitung der Wahrheit"; im zweiten Band fanden wohl folgende Überschriften ihr Interesse: „Die Geheimnisse des Christentums", „Glaube und Erfahrung" sowie „Das Zeugnis des Gewissens." Die Frage nach Leid, Schmerz und Übel in der Welt trieb Sophie Scholl um. Gleich auf den ersten Seiten des ersten Bandes muss sie auf die folgenden Zeilen gestoßen sein, wenn der Prediger Newman die Frage stellte „Warum ist Schmerz in der Welt?" Im Juni 1829 hatte der junge Universitätsprediger von Oxford John Henry Newman seine Zuhörer so angesprochen und fasziniert:

> „Und der Mensch martert erbarmungslos das Tier, zwingt es oft zu einem Leben voll Qual. Und schaut nur die Überfülle von Schmerz und Elend in der Geschichte der Menschheit; – die unzähligen Krankheiten und Unglücksfälle, die Schmerzen der Seele; – dann das Übel, das wir einander zufügen, die Sünden und ihre furchtbaren Folgen! Warum lässt Gott so viel Böses zu in seiner eigenen Welt? Das ist eine Schwierigkeit, die wir empfinden, noch ehe wir die Bibel aufschlagen, und die wir absolut nicht lösen können. Wir öffnen das heilige Buch, wir finden die Tatsache des Übels anerkannt, aber eine Erklärung finden wir nicht."[44]

In der dunklen Nacht der Seele suchte Sophie nach dem gütigen Licht. Wenn Sophie persönliche Gebete skizziert, dann wird ihre Nähe zu den Psalmen des Alten Testamentes spürbar. So schrieb sie am 12. Dezember 1941 in ihr Tagebuch: „Gib Licht meinen Augen, oder ich entschlafe des Todes, und mein Feind könnte sagen, über den war ich Herr. Ich will mich an Ihn klammern, und wenn alles versinkt, so ist nur er, wie schrecklich, wenn er einem fern ist. … Bloß meine Seele hat Hunger, o das will kein Buch mehr stillen."[45] Am selben Tag schrieb sie an Lisa Remppis: „Welch ein Glück, daß es Menschen gibt, die auch im Kommiß, so viel er sie leiden lässt, unabhängig sind im Innersten, da sie nicht an den Dingen hängen, die Menschen

---

43 Hirzel, Vom Ja zum Nein (Anm. 29), S. 131. – Hirzel fährt fort: „Doch mich sprach diese religiöse Literatur gar nicht an, und ähnlich ging es mir mit anderen Büchern, die Sofie mir ans Herz legte (Bernanos und Claudel). – In einem Interview äußerte sich Susanne Hirzel über Sophies religiöses Erwachen so: „Sie war mit den Jahren beinahe katholisch geworden, so überkandidelt religiös, sonst hätte sie das auch nicht machen können." (Sibylle Bassler, Die Weiße Rose. Zeitzeugen erinnern sich, Reinbek bei Hamburg 2006, S. 220).

44 Predigt „Die Geheimnisse des Christentums" (The Christian Mysteries), gehalten am 14. Juni 1829.

45 Tagebuch Sophie Scholl, 12. Dezember 1941, in: Briefe und Aufzeichnungen (Anm. 21), S. 199.

ihnen entziehen können, und daß man solche Menschen zu seinen Freunden zählen darf. Das Freiburger Münster, ich habe es in den letzten Monaten oft besucht, es ist so schön und mir wird darin ganz warm zumute.“[46]

Faksimile einer Grußkarte von Sophie Scholl

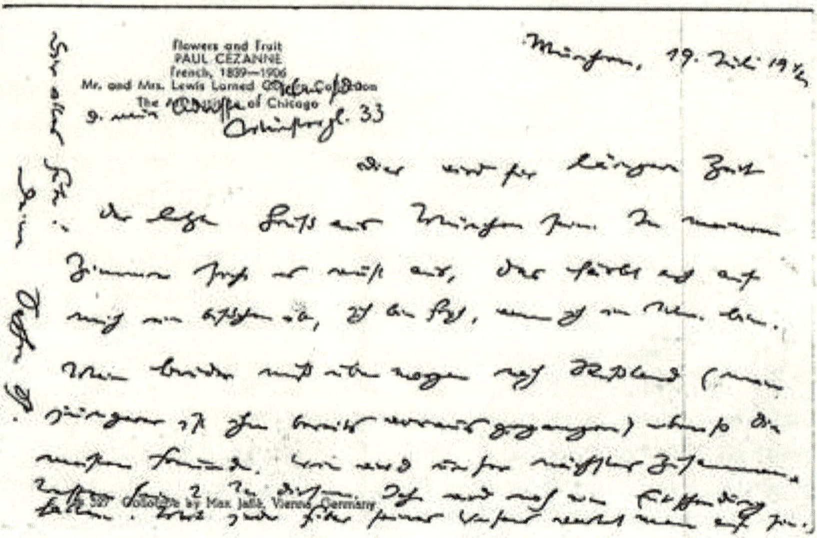
Flowers and Fruit
PAUL CEZANNE
French, 1839–1906

Zum 1. April 1942 wurde Sophie Scholl aus dem Kriegshilfsdienst entlassen. An Ostern 1942 teilte sie Lisa mit, dass sie ein „Bedürfnis nach dieser Art des Gottesdienstes“ habe: „Gestern sind wir ganz früh … aufgestanden, um zur Osterliturgie in der Söflinger Kirche recht zu kommen. … Dieses Schauspiel gerade wird ja ein tiefes inneres Erlebnis, wenn man den Glauben hat. Da geht es mir aber so: ich möchte hinknien, weil es richtig ist meinem Empfinden nach. … Ich möchte mich beugen vor einem Bilde Gottes.“[47] Diese Worte zeigen uns, dass sie in dieser Zeit ein Gespür für die Sinnlichkeit und Anschaulichkeit der liturgischen Feier entwickelte. Ihre inneren Quellen waren die Bibel, die Lektüre von Augustinus und Newman, die Faszination der Osternacht.

46 Brief Sophie Scholl, 12. Dezember 1941, in: ebenda (Anm. 21), S. 200.
47 Brief Sophie Scholl, Ostersonntag, 5. April 1942, in: ebenda (Anm. 21), S. 207.

Das Grabtuch von Turin

Als Hans Scholl im Spätherbst und Winter 1941 die Privatbibliothek seines Mentors Carl Muth ordnete, stieß er auf ein Bild des „Grabtuchs von Turin". Im Dezember 1941 verfasste er darüber einen Beitrag für das „Windlicht". Ihm stellte er diese Losung von Paul Claudel voran: „Nacht musste sein, damit diese Lampe erschien."[48] Daraufhin schrieb Sophie am 20. Januar 1942 an Ihren Bruder Hans: „Lieber Hans! Ich danke Dir für Deinen Brief und die Photographie. Ich wundere mich, dass das Bild nicht mehr Aufsehen erregt. Denn ein Christ muß doch darin Gottes Angesicht sehen, mit leiblichen Augen."[49] Vielleicht spielt sie hier auf Paulus an, der Christus, das „Ebenbild des unsichtbaren Gottes" (Kol. 1,15) nennt. Sophie Scholl kannte freilich auch den Römerbrief des Paulus. Dort schreibt Paulus im neunten Kapitel über die Juden, dass sie seine „Stammesverwandten sind nach dem Fleisch" seien. Auch Christus ist Jude „nach dem Fleisch" (Röm. 9, 5).

Es gibt wohl beziehungsreiche Zufälle: Just an jenem 20. Januar 1942 fand die Wannsee-Konferenz, die Besprechung über die „Endlösung der Judenfrage", statt. Dies war das endgültige Signal zum Holocaust, zum systematischen Völkermord an den Juden.[50] Noch im November 1938 hatte keines der Scholl-Geschwister ein Wort über die Verheerungen der Reichspogromnacht verloren, aber im November 1941 schrieb Hans Scholl über seinen väterlichen Freund Carl Muth: „Gegenwärtig ist er krank, Bronchitis; die eigentliche Ursache der Krankheit jedoch liegt auf geistigem Gebiet, nehme ich an. Die Aktion gegen die Juden in Deutschland und den besetzten Gebieten hat ihm die Ruhe genommen."[51]

Carl Muth starb Mitte November 1944 in Bad Reichenhall. Auf dem Sterbebildchen war das Christusgesicht vom Grabtuch von Turin abgebildet. Nur die Kundigen erkannten darin die Andeutung auf die Freundschaft mit Hans und Sophie Scholl. In der Würdigung, die Friedrich Fuchs, der ehemalige Mitarbeiter der von Muth herausgegebenen Zeitschrift „Hochland", verfasst hatte, fand sich auch diese für die „Kundigen" versteckte Anspielung: „Seine Rechtgläubigkeit war die eines großen Herzens, das keinen Andersglaubenden von seiner Liebe ausschloß. Er half ringenden Talenten ans Licht. Er liebte die unabhängigen, eigenwilligen Geister und machte sie

48 Hans Scholl, „Windlicht" – Beitrag über das Grabtuch von Turin, in: Briefe und Aufzeichnungen (Anm. 21), S. 70.

49 Brief Sophie Scholl, 20. Januar 1942, in: ebenda (Anm. 21), S. 266.

50 „Es bleibt uns nichts anderes übrig, als die Anerkennung der historischen Tatsache, dass an der Jahreswende 1941/42 die Ermordung aller europäischen Juden zum Staatsziel des Deutschen Reiches und seiner Institutionen wurde. Mit der Wannsee-Konferenz wurde der bereits stattfindende Massenmord zum systematischen Völkermord." In: Norbert Kampe, „Besprechung über die Endlösung der Judenfrage" – Die Wannsee-Konferenz am 20. Januar 1942; in: SHALOM – Das europäische jüdische Magazin. Nr. XLI, Frühling / Pessach 2004, S. 113.

51 Brief Hans Scholl, 23. November 1941, in: Briefe und Aufzeichnungen (Anm. 21), S. 69.

fruchtbar für die Gemeinschaft. Er liebte die Jugend, die Christus sucht; in seinen letzten Jahren ward er an dieser Jugend jung."[52]

Der Freundeskreis in München

Anfang Mai 1942 zog Sophie Scholl nach München um, wo sie sich für das Sommersemester an der Universität für Naturwissenschaften und Philosophie einschrieb. Sie wohnte zunächst bei Carl Muth. Ihr Bruder Hans, der schon seit April 1939 in München Medizin studierte, führte seine jüngere Schwester Sophie in seinen Freundeskreis ein. Zusammen mit diesen Freunden besuchte sie nun auch die Vorlesungen von Kurt Huber „Leibniz und seine Zeit". Huber suchte den Ursprung des Bösen in der Geschichte zu ergründen, er sprach von Freiheit und Verantwortung. Der Professor fesselte sein Auditorium mit seinen kenntnisreichen und anschaulichen Vorträgen, in denen er auch verbotene Werke jüdischer Denker würdigte. In München ergaben sich auch Kontakte mit Autoren und Künstlern, die Sophies politische und religiöse Ausrichtung weiter stärkten. In den Vordergrund trat die Frage, wie sich der Einzelne in der Diktatur zu verhalten hat. Am 20. Mai 1942 kam es in München zur letzten Begegnung mit Fritz Hartnagel – ehe er wieder an die Front musste. Zum Abschied schenkte sie ihm u.a. auch jene zwei Predigtbände von Newman, die sie zusammen Ende Oktober 1941 erworben hatten.

Ende Juni / Anfang Juli 1942 verfassten und verbreiteten Hans Scholl und sein engster Freund Alexander Schmorell die ersten vier „Flugblätter der Weissen Rose". Die beiden hielten ihre Autorschaft geheim. Der Widerstand der Weißen Rose zeigte seine ersten öffentlichen Spuren und würde auch bald in die Diskussionen dieses Kreises mehr und mehr hineindringen und dann auch das Leben von Sophie Scholl mitprägen.

In dieser Zeit, Ende Juni 1942, finden wir in ihrem Tagebuch dieses von ihr selbst verfasste Gebet: „Mein Gott, ich kann nichts anderes als stammeln zu Dir. Nichts anderes kann ich, als Dir mein Herz hinhalten, das tausend Wünsche von Dir wegziehen. ... Lehre mich beten. Lieber unerträglichen Schmerz als ein empfindungsloses Dahinleben. Lieber brennenden Durst, lieber will ich um Schmerzen, Schmerzen, Schmerzen beten, als eine Leere

---

52 Diese Sätze, die Fuchs für das Sterbebildchen verfasste, sind inhaltlich nahezu identisch mit jener späteren Würdigung durch Ricarda Huch: „Hans Scholl und seine Schwester wurden ihm bald lieb, er nahm Anteil an ihrem Denken und Tun und ließ sie an seinen Kenntnissen und der Weisheit seiner Jahre teilnehmen. Bekehrungseifer lag ihm fern; aber er gab den jungen Protestanten gern Einblick in die Tiefe der katholischen Symbolik und freute sich andererseits, der Lebensauffassung protestantisch erzogener junger Leute nachgehen zu können." (Ricarda Huch, In einem Gedenkbuch zu sammeln ... Bilder deutscher Widerstandskämpfer, hrsg. und eingeleitet von Wolfgang M. Schwiedrzik, Leipzig 1997, S. 91.

zu fühlen, eine Leere, und sie zu fühlen ohne eigentliches Gefühl. Ich möchte mich aufbäumen dagegen."[53]

Überhaupt vertraute sie in dieser als tiefe Krise erkennbaren Phase ihr seelisches Ringen und ihre Verzweiflung besonders ihrem Tagebuch an. Sprache und religiöser Ausdruck lassen erahnen, wie sehr sie in ihrer Existenz ganz erfüllt ist von dieser gewaltigen Sehnsucht nach Frieden und Geborgenheit im Glauben: „Wie ein dürrer Sand ist meine Seele, wenn ich zu Dir beten möchte, nichts anderes fühlend als ihre eigene Unfruchtbarkeit. Mein Gott, verwandle Du diesen Boden in eine gute Erde, damit Dein Samen nicht umsonst in sie falle, wenigstens lasse auf ihr die Sehnsucht wachsen nach Dir, ihrem Schöpfer, den sie so oft nicht mehr sehen will. Ich bitte Dich von ganzem Herzen, zu Dir rufe ich, 'Du', rufe ich, wenn ich auch nichts von Dir weiß, als daß in dir allein mein Heil ist, wende Dich nicht von mir, wenn ich Dein Pochen nicht höre, öffne doch mein taubes Herz, mein taubes Herz, gib mir die Unruhe, damit ich hinfinden kann zu einer Ruhe, die lebendig ist in Dir. O, ich bin ohnmächtig, nimm Dich meiner an und tue mit mir nach Deinem guten Willen, ich bitte Dich, ich bitte Dich".[54] Der augustinische Duktus ist offenkundig; denn Augustinus beginnt seine „Confessiones" mit dem Gebet: „Unruhig ist unser Herz, bis es Ruhe findet in dir."

Kriegshilfsdienst

Mit Ende des Sommersemesters 1942 mussten die Medizinstudenten ihr Praktikum ableisten. Vom 23. Juli bis 6. November 1942 wurden Willi Graf, Hans Scholl und Alexander Schmorell als Sanitätsfeldwebel zur Front-Famulatur abkommandiert. Während sie an der Front vor Moskau eingesetzt waren, musste Sophie Scholl im August und September in einem Ulmer Betrieb einen Kriegshilfsdienst ableisten. Dies war Bedingung für die Erlaubnis, das Studium im Wintersemester fortsetzen zu können. Am 27. Juli 1942 schrieb Fritz Hartnagel an Sophie: „Wir befinden uns mitten im Vormarsch auf Stalingrad und stehen zur Zeit etwa 150 Kilometer vor dem östlichen Donbogen."[55] Ihren Kriegshilfsdienst in dem Rüstungsbetrieb empfand Sophie Scholl als eine „schrecklich seelen- und lieblose Beschäftigung".[56] Neben ihr arbeitete eine russische Zwangsarbeiterin, die den brutalen Anweisungen der schreienden Vorarbeiter nur ein nicht verstehendes Lächeln entgegensetzte. Die Hilfskraft Sophie Scholl: „Ich freue mich, daß sie neben mir arbeitet, und versuche, das Bild, das sie von den Deutschen erhalten könnte, ein bisschen zu korrigieren. Aber auch viele der deutschen Arbei-

---

53 Tagebuch Sophie Scholl, 29. Juni 1942, in: Briefe und Aufzeichnungen (Anm. 21), S. 212.

54 Tagebuch Sophie Scholl, 15. Juli 1942, in: ebenda (Anm. 21), S. 261.

55 Brief Fritz Hartnagel, 27. Juli 1942, in: Hartnagel, Briefwechsel (Anm. 1),, S. 380.

56 Brief Sophie Scholl, August 1942, in: Briefe und Aufzeichnungen (Anm. 21), S. 215.

terinnen erweisen sich freundlich und hilfreich, erstaunt darüber, auch in den Russen Menschen vorzufinden, und noch dazu solch unverbildete, denen Misstrauen etwas Fremdes ist.“[57] Am 6. August 1942 vermerkte sie in ihr Tagebuch: „Jeden Abend bete ich … Um ein mitleidiges Herz bitte ich, wie könnte ich sonst lieben?“[58]

Ihr Nachsinnen über die Schönheit der Schöpfung mitten in der Kriegszeit führte zu dieser Einsicht: „Deshalb eigentlich kann nur der Mensch häßlich sein, weil er den freien Willen hat, sich von diesem Lobgesang abzusondern. Und jetzt könnte man oftmals meinen, er brächte es fertig, diesen Gesang zu überbrüllen mit Kanonendonner und Fluchen und Lästern.“[59] Fritz Hartnagel schilderte in seinem Schreiben vom 18. August 1942 die furchtbare Not der russischen Bevölkerung, da der Viehbestand von den Soldaten der Wehrmacht abgeschlachtet wurde und die wenigen Gemüsebeete geplündert wurden. Tote russische Soldaten säumten den Wegrand: „Wie sollen wir solches Elend, das doch auch das unsrige sein muß, anders ertragen, als daß wir uns freimachen von allen Erdenwünschen.“[60]

Das Bekenntnis der Sophie Scholl

Im Römerbrief entfaltet Paulus die Botschaft von der Gerechtigkeit Gottes. Diese Rechtfertigungslehre bildet das Kernstück der paulinischen Theologie. Der Römerbrief ist eine inhaltliche Grundlegung, was christlicher Glaube (Kapitel 1–11) und christliches Leben (Kapitel 12–15) überhaupt sind. Wenn Sophie Scholl den Römerbrief las, dann suchte sie Antworten auf existenzielle Fragen, sie suchte die Nähe des so fernen Gottes. Das Leid der Geschöpfe und das Unrecht in der Geschichte bedrücken sie; sie hoffte auf Sinn und Gerechtigkeit. Sie spürte aber, wie alle menschlichen Versuche, sich aus eigener Kraft Gott zu nähern, noch tiefer in die Krise führen. Mit dem berühmten Kapitel 8 erreicht Paulus einen Sinngipfel, wenn er die Erfahrung des Geistes entfaltet. Auf der anderen Seite meint Paulus mit dem Begriff „Fleisch“ nicht die Leiblichkeit, sondern eine bloß der Materie verhaftete Gesinnung und Lebensweise, die sich nur über Leistung, Kraft und Tüchtigkeit definiert. Auch der heutige Leser spürt die innere Begeisterung von Sophie Scholl über ihre Entdeckung, wenn sie diese von Paulus attackierte materialistische Weltanschauung mit der NS-Ideologie auf eine Ebene stellt. Sophie dagegen schöpfte aus einer neuen, tieferen Quelle; denn sie entdeckte den Geist, der „in den Bereich Gottes vorstößt“.[61]

57 Ebenda.
58 Tagebuch Sophie Scholl, 6. August 1942, in: ebenda (Anm. 1), S. 213.
59 Brief Sophie Scholl, 10. Oktober 1942, in: ebenda (Anm. 1), S. 223.
60 Brief Fritz Hartnagel, 18. August 1943, in: Hartnagel, Briefwechsel (Anm. 1), S. 393.
61 Otto Kuss, Der Römerbrief, Bd. III; Regensburg 1978, S. 642.

Sophies Bruder Hans hingegen fühlte sich zu den „heißen“, apokalyptischen Stellen der Bibel hingezogen. Die Apokalyptik hat ein dualistisches Weltbild: Christus – Antichrist, Hell – Dunkel, Gut – Böse. Die apokalyptische Sicht drängte sich ihm auf, um die bedrückende Lage im Dritten Reich zu deuten. Sie prägt auch die Argumentation im vierten Flugblatt der Weißen Rose. Ziel der Geschichte ist es, dass am Ende der Zeit der Antichrist vergeht und Christus endgültig herrscht. Im Römerbrief dagegen, insbesondere im 8. Kapitel, wird die ganze Welt als erlösungsbedürftig und auch erlösungswürdig betrachtet (Röm. 8,18 f). Über alle Menschen ist die Verdammnis gekommen, aber ebenso die Rechtfertigung für alle (Röm. 5,18). Der Römerbrief beschreibt die Welt mit aller Kreatur als von Gott geliebt, und das bleibt, auch wenn die finsteren Mächte und Gewalten am Werk sind (Röm. 8,38). Der Römerbrief entfaltet hoffnungsfrohe Perspektiven. Es zeigt den eigenen Stand von Sophie Scholl, dass sie nicht apokalyptisch denkt, sondern dass sie sich der Theologie des Paulus anschließt.

Der nachfolgend zitierte Brief[62] an Fritz Hartnagel ist ein kraftvolles und kostbares Dokument des Widerstandes gegen die NS-Ideologie, aber zugleich auch ein bewegendes Zeugnis einer früh gereiften Gläubigkeit. Die 21-jährige Studentin stellt sich gegen die biologistische Überzeugung der Nationalsozialisten, der Sieg des Stärkeren über den Schwächeren sei ein Naturgesetz. Sie erhebt ihre Stimme gegen den Heroismus der deutschen Herrenrasse. Satz für Satz attackiert sie die „schreckliche und entartete“ Ideologie der Nationalsozialisten:

> „Mein lieber Fritz!
>
> … Ich wollt, ich könnte Dir in dem Streit, den Du oft in Gesprächen mit Deinen Offizieren führen musst, mit dem, was ich weiß und bin, zur Seite stehen. Weißt Du, dass sich nicht ihr ganzes Inneres gegen dieses Naturgesetz, den Sieg des Mächtigen über das Schwache aufbäumt, scheint mir schrecklich und entweder entartet oder ganz und gar unempfindsam. …
>
> Im Römerbrief heißt es: denn das ängstliche Harren der Kreatur wartet auf die Offenbarung der Kinder Gottes. Sintemal die Kreatur unterworfen ist der Eitelkeit ohne ihre Willen, sondern um dessen willen, der sich unterworfen hat, auf Hoffnung. – Fritz, lies dieses Kapitel unbedingt selbst durch, nach diesem Brief, oder jetzt gleich. Und lies den herrlichen Satz zu Beginn: Denn das Gesetz des Geistes, der da lebendig macht in Christo Jesu, hat mich frei gemacht von dem Gesetz der Sünde und des

---

62 Brief Sophie Scholl, 28. Oktober 1942, in: Briefe und Aufzeichnungen (Anm. 21), S. 2. Dieser Bekenntnisbrief wurde in zwei bedeutende Sammelwerke aufgenommen: Peter Steinbach / Johannes Tuchel (Hg.), Widerstand in Deutschland 1933–1945. Ein historisches Lesebuch, München 1994, sowie Friedrich Schorlemmer (Hg.), Was protestantisch ist: Große Texte aus 500 Jahren, Freiburg 2008. (Schorlemmer: „Das Herz des Protestantismus schlägt in seinen zentralen Texten.“). – Ich danke Pfarrerin Renate Meixner (Sophie-Scholl-Kirchengemeinde Schwäbisch Hall) für den wertvollen Gedankenaustausch über den Römerbrief.

Todes. – Sind jene nicht arm, entsetzlich arm, die dies nicht wissen und glauben? Diese ihre Armut müsste uns immer wieder geduldig machen ihnen gegenüber (und das Bewusstsein unserer eigenen Schwachheit, denn was wären wir, allein gelassen), selbst wenn ihr dummer Hochmut uns zornig machen möchte. …

Ja wir glauben auch an den Sieg der Stärkeren, aber der Stärkeren im Geiste. …

Oh, diese faulen Denker! Mit ihrem sentimentalen Stirb und Werde. Nur aus Leben entsteht Leben, oder haben jene schon beobachtet, dass eine tote Mutter ein Kind geboren hat? …

Sie wissen nichts von einer Welt des Geistes, in der das Gesetz der Sünde und des Todes überwunden wird."[63]

Eine neue Gewissheit wird erkennbar. Klar und deutlich klingen die mahnenden Worte, politisch gerichtet und religiös untermauert. Dies ist die Botschaft der Sophie Scholl: Der Geist ist stärker als nackte Macht, Gewalt und Unterdrückung. Ihre Gläubigkeit entfaltet sich auch auf einer sehr persönlichen Ebene, wenn sie sich um das geistliche Wohl ihres Freundes kümmert: „Ja könntest Du dort einmal in eine Kirche und am Abendmahl teilnehmen. Welche Trost- und Kraftquelle könnte Dir das sein. Denn gegen die Dürre des Herzens hilft nur das Gebet, und sei es noch so arm und klein." Voll inniger Andacht schrieb sie ihm: „Wir müssen beten, und füreinander beten, und wärest Du hier, ich wollte die Hände mit Dir falten, denn wir sind arme Kinder, schwache Sünder."[64]

Bewährung im Widerstand

Als Hans Scholl, Alexander Schmorell und Willi Graf im Winter 1942 ihre Widerstandstätigkeit neu aufnahmen und ausweiteten, gehörte neben Christoph Probst und Kurt Huber auch Sophie Scholl dazu. Sie beteiligte sich an der Herstellung der beiden letzten Flugblätter und ihrer Verteilung in verschiedenen süddeutschen Städten. Ihre Bereitschaft zum Widerstand war im Winter 1942/43 klar ausgebildet. In ihr war die Überzeugung gereift, den Umsturz der NS-Gewaltherrschaft aktiv mitzutragen. Dazu zählte letztlich auch das Risiko, ihr Leben aufs Spiel zu setzen.

Dieser Winter 1942 war von intensiven Gesprächen geprägt, um die Ziele der Widerstandsgruppe Weiße Rose zu klären. Gleichzeitig ging es um die weltanschauliche Ausrichtung. Hans Scholl hatte den Kulturphilosophen Theodor Haecker im August 1941 bei Carl Muth kennengelernt. Mehrmals

63 Brief Sophie Scholl, 28. Oktober 1942, in: Briefe und Aufzeichnungen (Anm. 21). S. 223 f.

64 Brief Sophie Scholl, 18. November 1942, in: Hartnagel, Briefwechsel (Anm. 1), S. 432.

hatte Haecker aus seinen Werken vor dem weiteren Kreis vorgetragen.[65] Seine letzte Lesung fand am 4. Februar 1943 statt. Theodor Haecker griff in ganz aktuellen Bezügen die Frage der Theodizee auf, wie Gott eine Welt erschaffen konnte, „in der es Schuld und Sünde gibt ... und all das Entsetzliche an Leid und Leiden und Tränen".[66] In dem Versuch, sich in einem dezidiert christlichen Verständnis dem Geheimnis und der Wirklichkeit des Bösen in der Gegenwart und in der Geschichte anzunähern, kam Haecker zu diesen Einsichten: „Das Persönlichste des Menschen ist das Gewissen, das in sich über den Tod hinausgeht. ... Über der Allmacht Gottes steht seine Liebe, und die überquellende Fülle Seiner Gerechtigkeit ist Seine Barmherzigkeit."[67] Sophie Scholl war von dieser Lesung tief beeindruckt. Über die persönliche Ausstrahlung Haeckers schrieb sie an Fritz Hartnagel: „Seine Worte fallen langsam wie Tropfen, die man schon vorher sich ansammeln sieht, und die in diese Erwartung hinein mit ganz besonderem Gewicht fallen. Er hat ein sehr stilles Gesicht, einen Blick, als sähe er nach innen. Es hat mich noch niemand so mit seinem Antlitz überzeugt wie er."[68]

Als Hans und Sophie Scholl am Donnerstag, den 18. Februar 1943, das sechste Flugblatt im Lichthof der Münchner Universität auslegten, wurden sie dabei entdeckt und sogleich verhaftet. Bei der zweiten Vernehmung legte sie dieses Geständnis ab: „Es war unsere Überzeugung, dass der Krieg für Deutschland verloren ist, und dass jedes Menschenleben das für diesen verlorenen Krieg geopfert wird, umsonst ist. Besonders die Opfer, die Stalingrad forderte, bewogen uns, etwas gegen dieses unserer Ansicht nach sinnlose Blutvergießen zu unternehmen."[69]

Beim Verhör am Samstag, den 20. Februar 1943 richtete der Kriminalobersekretär Mohr folgende Schlussfrage an Sophie Scholl: „Sind Sie nach diesen Aussprachen nun nicht doch zu der Auffassung gekommen, dass man Ihre Handlungsweise und das Vorgehen gemeinsam mit Ihrem Bruder und anderen Personen gerade in der jetzigen Phase des Krieges als ein Verbrechen gegenüber der Gemeinschaft insbesondere aber unserer im Osten schwer und hart kämpfenden Truppen anzusehen ist, das die schärfste Verurteilung finden muss?" Ihre Antwort: „Von meinem Standpunkt aus muss ich diese Frage verneinen. Ich bin nach wie vor der Meinung, das Beste getan zu haben, was ich gerade jetzt für mein Volk tun konnte. Ich bereue deshalb

---

65 Bei Ricarda Huch findet sich diese schöne Würdigung: „Durch Muth machte er (Hans Scholl) die Bekanntschaft Theodor Haeckers, eines katholischen Schriftstellers von scharfem, humorvollem, glänzenden Geist, dessen Werke sich durch Phantasie und Farbigkeit auszeichnen. Er las einem ausgewählten Kreise, zu dem die Scholls gehörten, Abschnitte aus seinen philosophischen Büchern vor, die vielleicht zum Teil über das Verständnis der Hörer hinausgingen ...", siehe: Ricarda Huch, Gedenkbuch (Anm. 52), S. 92 f.).

66 Theodor Haecker, Schöpfer und Schöpfung, Leipzig 1934, S. 329.

67 Ebenda.

68 Brief Sophie Scholl, 7. Februar 1943, in: Briefe und Aufzeichnungen (Anm. 21), S. 234 f.

69 Breinersdorfer, Die letzten Tage (Anm. 16), S. 365.

meine Handlungsweise nicht und will die Folgen, die mir aus meiner Handlungsweise erwachsen, auf mich nehmen."[70] Aus dieser Antwort von Sophie Scholl spricht der Geist der Unerschrockenheit und Standfestigkeit. Der totalitäre Anspruch der NS-Gewaltherrschaft gelangte an seine Grenzen angesichts dieser Märtyrerin der Gewissenstreue.

Am Morgen des 22. Februar 1943 war Sophie Scholl niedergeschlagen: „So ein herrlicher, sonniger Tag, und ich soll gehen. Aber wie viele müssen heutzutage auf den Schlachtfeldern sterben, wie viel junges, hoffnungsvolles Leben …" Doch unverzagt schöpfte sie Kraft aus ihrer Zuversicht: „Was liegt an meinem Tod, wenn durch unser Handeln Tausende von Menschen aufgerüttelt und geweckt werden."[71] Am Vormittag desselben Tages wurden Hans und Sophie Scholl zusammen mit Christoph Probst vom Volksgerichtshof unter Roland Freisler zum Tode verurteilt. Nachmittags kam der evangelische Gefängnisgeistliche Karl Alt zu ihr. [72] Als er ihr das Abendmahl reichte, erinnerte er sie an die Lehre der Kirchenväter, dass das Brechen des Brotes die „Arznei der Unsterblichkeit" sei.[73] Rückblickend berichtete Pfarrer Karl Alt: „Die Armesünderzelle weitete sich zum heiligen Gottestempel. Man vermeinte das Flügelrauschen der Engel Gottes zu vernehmen, die sich bereiteten, die Seelen versöhnter Gotteskinder emporzuführen in den Saal der Seligkeit. Ohne eine Träne zu vergießen, feierte auch sie das heilige Mahl, bis der Wächter an die Zellentür pochte und sie hinausgeführt wurde."[74]

Von den drei Todeskandidaten ging Sophie Scholl als erste an jenem Montag den Weg über den Gefängnishof zur Hinrichtung. Ihre letzten Worte: Die Sonne scheint noch …

Zwei Tage später konnte Pfarrer Karl Alt – unter der Aufsicht der Gestapo – Hans und Sophie Scholl zu Grabe tragen. In seiner Ansprache zeigte er auf „*die* Sonne, die nie untergeht, sondern auch in die traurigsten und dunkelsten Herzen Trost und Kraft hineinstrahlt …"[75]

---

70 Breinersdorfer, Die letzten Tage (Anm. 16), S. 388 f.

71 Inge Scholl, Die Weiße Rose (Anm. 3), S. 60.

72 Karl Alt (1897–1951), ab 1921 Vikar in Augsburg, ab 1923 Pfarrer in Kaufbeuren, ab 1929 in Ansbach, seit Juli 1934 Pfarrer an der Lutherkirche München. Zu seinen Aufgaben zählte die Seelsorge in Stadelheim. Siehe hierzu: Karl Alt, Todeskandidaten, München u.a. (1946). – Susanne Hirzel berichtet über diese Begegnung: „Obwohl beide Geschwister – wie Pfarrer Alt mir berichtete – beim letzten Abendmahl begehrten, katholisch getauft zu werden, verzichteten sie darauf auf Zuspruch des Pfarrers nach kurzer Überlegung, um ihrer Mutter nicht zusätzlich Schmerzen zu bereiten." In: Hirzel, Vom Ja zum Nein (Anm. 29), S. 214.

73 Pfarrer Karl Alt bezieht sich hier auf den Kirchenvater Ignatius von Antiochien, der in den letzten Regierungsjahren des Kaisers Trajan (110-117) das Martyrium erlitt. In seinem Brief an die Epheser schreibt Ignatius: „… und ein Brot zu brechen, das Arznei der Unsterblichkeit ist, ein Gegengift, dass man nicht stirbt, sondern lebt in Jesus Christus immerdar." (Eph. 20, 2).

74 Inge Scholl, Die Weiße Rose (Anm. 3), S. 188 ff.

75 Inge Scholl, Die Weiße Rose (Anm. 3), S. 191.

Christoph Probst

Die innere Vollendung der Person Christoph Probst

JAKOB KNAB

„Auch im schlimmsten Wirrwarr kommt es darauf an, dass der Einzelne zu seinem Lebensziele kommt, zu seinem Heile kommt, welches nicht in einem ‚Erreichen' gegeben sein kann, sondern nur in der inneren Vollendung seiner Person. Denn das Leben fängt ja nicht mit der Geburt an und endigt im Tod."[1] Diese reifen Einsichten schrieb Christoph Probst im August 1942 im

1 Christiane Moll (Hg.), Alexander Schmorell / Christoph Probst. Gesammelte Briefe; Berlin 2011, S. 780. – Dieser Beitrag geht zurück auf meinen Vortrag vom 9. März 2011 (Aschermittwoch) vor dem Historischen Verein Murnau. Die Briefe von Probst wurden nach dieser Veröffentlichung zitiert: Christoph-Probst-Gymnasium Gilching (Hg.), „... damit Deutschland weiterlebt!" Christoph Probst (1919–1943), Gilching 2000.

Alter von 22 Jahren nieder. Er konnte nicht ahnen, dass sein junges Leben schon ein halbes Jahr später unter dem Fallbeil der Nazi-Henker enden würde.

Wechselvolle Jugend- und Schulzeit

Christoph Hermann Ananda[2] Probst wurde am 6. November 1919 in Murnau am Staffelsee als zweites Kind von Hermann und Katharina Probst geboren. Bereits im Juli verließ die junge Ehefrau zusammen mit der kleinen Angelika ihren Ehemann. Zwei Jahre später wurde die Scheidung ausgesprochen. Hier schon deutet sich das bestimmende Muster in der Lebensgeschichte von Christoph Probst an: Wechsel und Umzug, Änderungen und Brüche, aber gleichzeitig eine tiefe Sehnsucht nach Freundschaft, Harmonie und Liebe. Auffallend sind ebenso die zahlreichen Schulwechsel.[3] Im ersten Schuljahr erhielt Christoph Privatunterricht von seiner Mutter. Ende April 1927 wurde er an der Murnauer Knabenvolksschule angemeldet. 1926 heiratete Hermann Probst in Oberstdorf die knapp zehn Jahre ältere Elise Jaffée, geb. Rosenthal, die seit 1917 ohnehin zur Familie gehörte. Im Jahr danach, als Hermann Probst 1927 mit Sohn Christoph vorübergehend ins Allgäu übersiedelte, besuchte Christoph die Privatschule Dr. Schult in Oberstdorf. 1928 zog die Mutter mit den beiden Kindern Angelika und Christoph zu ihrem neuen Ehemann Dr. Eugen Sasse nach Nürnberg-Wolkersdorf. Christoph besuchte nun – bis Ostern 1930 – das dortige Humanistische Gymnasium. Daher entwickelte sich in dieser Zeit eine enge und vertraute Beziehung zu seinem Stiefbruder Dieter Sasse. 1932 trennte sich Christophs Mutter Katharina von Eugen Sasse und zog von Nürnberg in den Chiemgau um. Bereits 1929 wiederum war Vater Hermann von Kochel in das Dorf Zell bei Ruhpolding umgezogen. Von 1932 bis 1935 war Christoph daher externer Internatsschüler des Landerziehungsheims Marquartstein im Chiemgau. Unruhe und Wechsel des Orte und Personen prägten also das junge Leben von Christoph Probst.

Kurz vor Weihnachten 1934 schrieb er an seinen Stiefvater in Nürnberg: „Hier wird gerade heute Nachmittag das Weihnachtsspiel aufgeführt. Angeli und ich sind auch heftig daran beteiligt. Ängs als Verkündigungsengel und ich als einer der drei Könige."[4] Und an Weihnachten 1934 schrieb der 15-jährige Jugendliche Christoph an seinen Stiefvater: „Ich wünsche Euch alles Gute zu diesem Fest und ein schönes Zusammensein ohne jeglichen Gedanken, als nur Weihnachten. Es gibt doch kein Fest, das einen so von allem

---

2 Ananda (Sanskrit für Abwesenheit von Unglück), ein Bruder des Buddha, war in den letzten Jahren des Lebens des Buddha sein Lieblingsjünger. – In der Geburtsurkunde lautet der dritte Vorname „Anando".

3 Ich danke Dr. Marion Hruschka (Marktarchiv Murnau) für die freundlichen Auskünfte.

4 Brief Christoph Probst, 16. Dezember 1934, in: Moll, Briefe (Anm. 1), S. 560.

Sachlichen und Wirklichen ablöst, wie Weihnachten, und es ist schön, daß es auch heute noch solche Momente im Leben gibt."[5]

Das genaue Datum, wann Christoph Probst in die Hitlerjugend (HJ) eingetreten ist, ist nicht bekannt. Doch im November 1934 berichtete er seinem Stiefvater: „Ich habe sehr viel zu tun, daß ich sehr viel anderes lassen muß. Zu der schulischen Arbeit kommt noch die H.J. mit ihren großen Anforderungen auf die Freizeit und die Geige."[6] Im Schuljahr 1935/36 war Christoph Probst Schüler des Neuen Realgymnasiums in München, dem jetzigen Albert-Einstein-Gymnasium. Da der Beitritt zur Hitlerjugend freigestellt war, trat er dort nicht ein. Hier in München begegnete er dem Mitschüler Alexander Schmorell. Dieser war im September 1917 in Orenburg (Ural) geboren. Aufgrund der Wirren des Bürgerkrieges war der Arzt Hugo Schmorell mit seiner zweiten Ehefrau nach München emigriert. Christoph Probst und Alexander Schmorell verband bald eine „unzerreißbare Freundschaft". Und diese Freundschaft, so denke ich, gehört auch zu den Geburtsstunden der späteren Weißen Rose.

Im April 1936 kam es zu einem weiteren Schulwechsel. Ab Ende April 1936 besuchte Christoph Probst das Landerziehungsheim Schondorf am Ammersee. In Schondorf war der Beitritt zur HJ Pflicht, sie lockte mit Abenteuern. Christoph war bestrebt, die Anforderungen der HJ zu erfüllen. So schrieb er an seine Stiefmutter: „Heute morgen war ein H. J. Geländespiel – sehr gut organisiert, aber sehr anstrengend. Ich habe mich natürlich auch sehr beteiligt, trotzdem ich geschwächt war durch meinen Heuschnupfen."[7] Begeistert teilte er seiner Mutter und seiner Stiefmutter mit: „Ich habe auch einen schönen Sonntag erlebt mit zwei großen Sonnwendfeiern! Das erste war in der H. J. Ein riesiger Holzstoß wurde abgebrannt und die Siegernadeln vom Sportwettkampf wurden verteilt. Auch ich habe sie bekommen."[8] In den Briefen dieser Zeit berichtete er immer wieder von seiner sportlichen Tüchtigkeit

Ende Mai 1939 schrieb der „innig liebende Christel" noch ahnungslos an seinen „lieben, guten Paps": „Hoffentlich ist es zu Pfingsten schönes Wetter, daß wir unsere geplante Fahrt nach Mittenwald unternehmen können. Es wäre zu schön, einmal wieder ein paar Tage im Gebirge zuzubringen. Die Fahrt soll von der H. J. unternommen werden und drei Tage dauern. Wie geht es Dir, Paps? … Ich wünsch Dir recht schöne Pfingsttage."[9] Just in der Zeit, als sich Christoph für die Geländespiele der HJ begeisterte, erreichte ihn eine traurige Nachricht: Sein Vater Hermann hatte seinem Leben am 29. Mai 1936 in der Nervenklinik Kennenburg (Esslingen) im Alter von 50 Jahren ein Ende gesetzt. Der Verlust seines Vaters berührte ihn tief: „Oft träume ich

5 Brief Christoph Probst, 23. Dezember 1934, in: Moll, Briefe (Anm. 1), S. 562.
6 Brief Christoph Probst, 12. November 1934, in: Moll, Briefe (Anm. 1), S. 557.
7 Brief Christoph Probst, 13. Juni 1936, in: Moll. Briefe (Anm. 1), S. 576.
8 Brief Christoph Probst, 23. Juni 1936, in: Moll, Briefe (Anm. 1), S. 581.
9 Brief Christoph Probst, 28. Mai 1936, in: Moll, Briefe (Anm. 1), S. 571.

in den letzten Nächten von Papa und bin dann morgens immer froh. … Papas Bilder sind mir wie eine Nahrung. Wenn ich an die Touren denk, wird mir ganz weh ums Herz – wie schön, wie schöne, waren sie durch Papa, welchen Glanz warf er auf alles, wie froh bin ich, dass ich unter seinem Glanz leben darf, wir alle.“[10]

Christoph richtete nun vermehrt Briefe an seine Stiefmutter Elise, der zweiten geschiedenen Frau seines Vaters: „Wenn es Dir schlecht geht, so denke nur immer an das Herrlichste, was uns armen Menschen vom Himmel gegeben ist, die Liebe. Oft habe ich mich in schweren Stunden nach etwas Absolutem, nach einem Fels, der aus all dem Nebel der Täuschungen herausragt, gesehnt, an dem ich mich festhalten kann, weil alles um mich herum wandelbar und glitschig war. Erst neulich habe ich den Fels gefunden, es ist die Liebe. … Liebe herrscht überall, auf jeder Welt und zwischen den Welten. Sie herrscht zwischen ‚Toten‘, die mehr Leben in sich haben als die Menschen der Welt, und den Lebenden, die vielleicht Tote sind.“[11] Der 17-jährige Jugendliche idealisierte nun seinen Vater: „Bei allem Edlen und Schönen, was ich sehe, muß ich an Papa denken, weil er selbst so edel war und das Edle so liebte. Kein Mensch konnte mich jedoch bisher an ihn erinnern, da ich noch keinen fand, der nur einen Teil seines Adels in sich trug. Dies letztere erfüllt mich mit Stolz und Verzweiflung zugleich.“[12]

Spannung zwischen Krieg und Frieden

1937 legte Christoph Probst sein Abitur im Landerziehungsheim Schondorf am Ammersee bei. Er war zwar nicht getauft, aber er hatte den evangelischen Religionsunterricht besucht. Das Ende der Schulzeit markierte einen deutlichen Einschnitt; staatliche Forderungen kam auf Probst zu. Zunächst musste er seit Anfang 1937 den Arbeitsdienst (RAD) im niederbayrischen Arbing ableisten.[13] Um einen Studienplatz zu sichern, meldete er sich freiwillig zur Wehrmacht. Anfang November 1937 begann er seine militärische Grundausbildung bei einer Luftwaffeneinheit in München-Freimann. Ein Jahr später schloss er als Sanitätssoldat im Fliegerhorst Schleißheim vorläufig seinen Wehrdienst ab.

Im Sommersemester 1939 begann Probst mit dem Studium der Humanmedizin an der Universität München. Mit Kriegsbeginn im September 1939 gehörte er zur Studentenkompanie der Luftwaffe; er war nun Unteroffizier der Luftgausanitätsabteilung 7. Von Anfang April 1940 bis Ende August 1940 war er als Sanitätsfeldwebel in Altenstadt bei Schongau stationiert.[14]

10 Brief Christoph Probst, 13. Juni 1936, in: Moll, Briefe (Anm. 1), S. 576.
11 Brief Christoph Probst, 13. Juni 1936, in: Moll, Briefe (Anm. 1), S. 575.
12 Brief Christoph Probst, 9. Juli 1936, in: Moll, Briefe (Anm. 1), S. 590.
13 Moll, Briefe (Anm. 1), S. 94.
14 Siegfried Schriefer / Detlef Rudau / Albert Lengger, Der Fliegerhorst Schongau und die

Den Beginn des Westfeldzugs kommentierte er mit den Worten vom „unvermeidlichen mörderischen Kriegsanfang“, von der „elementaren Gewalt so kosmischen Geschehens“ und von der „todbringenden Brandung“.[15] Damals im Mai 1940 hoffte er auf ein baldiges Ende des Krieges.

Im Juni 1940 kam sein Sohn Michael zur Welt.[16] Christoph Probst und Herta Dohrn[17] heirateten jedoch erst ein gutes Jahr später im August 1941. In der Familie fand sich der Ort, wo sich Christophs Sehnsucht nach Frieden erfüllte, wo Krieg und NS-Gewaltherrschaft keinen Zutritt hatten. Im Dezember 1941 erblickte der zweite Sohn Vincent das Licht der Welt. Als Vincent im Juni 1942 getauft wurde, war der „Schulfreund“ Alexander Schmorell der Taufpate. Um diese Zeit versuchte sein tief religiöser Schwiegervater Harald Dohrn,[18] der zur katholischen Kirche konvertiert war, Christoph zu einer kirchlichen Trauung zu bewegen.

Im Wintersemester 1940/41 konnte Probst als Student der Humanmedizin an die Universität München zurückkehren. Doch ab Ende Januar 1941 wurde er wieder am Fliegerhorst Schongau stationiert. Ende Oktober 1941 wurde er zur Studentenkompanie nach Straßburg versetzt. Straßburg war die neu gegründete, ideologisch ausgerichtete akademische Kaderschmiede. In seiner Eröffnungsrede vom 23. November 1941 gab Reichsdozentenführer Walter Schultze[19] dieses Ziel für die „NS-Kampfuniversität“ Straßburg vor: „Was

---

Flakartillerieschule Altenstadt, in: Der Welf. Jahrbuch des Historischen Vereins Schongau, 1 (1993), S. 95 u. 97.

15 Brief Christoph Probst, 17. Mai 1940, in: Moll, Briefe (Anm. 1), S. 656.

16 Dr. Michael Probst (* 7. Juni 1940 in Sonthofen) war Internist. Er starb am Karfreitag, den 2. April 2010, in Herrsching. – Aus einer dezidiert katholischen Haltung heraus hielt er zeitlebens Vorträge, um das Leben seines Vaters Christoph und den Widerstand der „Weißen Rose“ zu würdigen. Ein Beleg dafür ist sein Vortrag „Zuversicht und Klarheit. Der Widerstand der ‚Weißen Rose'“, den er im Juli 1984 auf dem Katholikentag in München hielt.

17 Herta Dohrns Vater war Wolf Dohrn (1885–1914). Nachdem Wolf Dohrn 1914 an den Folgen eines Skiunfalls gestorben war, heiratete sein Bruder Harald ein Jahr später dessen Frau Johanna und zog Herta Dohrn (* 1914) wie seine eigene Tochter auf (Moll, Briefe (Anm. 1), S. 650, Anm. 363).

18 Harald Dohrn (1885–1945) war Lebensreformer und Regimegegner. Als Sympathisant der Weißen Rose geriet er ins Visier der Nazi-Justiz, er wurde im dritten Prozess gegen die Weiße Rose am 13. Juli 1943 angeklagt; er wurde jedoch zunächst freigesprochen. 1945 beteiligte er sich gemeinsam mit seinem Schwager Hans Quecke an einem Aufruf der Freiheitsaktion Bayern. Der 29. April 1945 wurde zum Todestag von Harald Dohrn und seines Schwagers Hans Quecke. Der Münchner Gauleiter Paul Giesler ließ noch in den letzten Kriegstagen etwa 50 Bürger, die ihre Sympathie mit der Freiheitsaktion bekundet hatten, festnehmen und ermorden. Auch Dohrn und Quecke waren darunter und wurden an einer einsamen Stelle des Perlacher Forstes von einem Exekutionskommando mit Genickschüssen umgebracht. – Nur ein Jahr später wurde in Schwabing der Feilitzschplatz, 1933 in „Danziger Freiheit“ umbenannt, im Gedenken an die Widerstandsaktion in „Münchner Freiheit“ umbenannt.

19 Walter Schultze (1894–1979) war Mediziner und NS-Funktionär. Beim Hitlerputsch im November 1923 übernahm er die ärztliche Versorgung Hitlers. Nach 1945 wurde er mehrfach angeklagt; diese Verfahren wurden 1960 infolge Verhandlungsunfähigkeit eingestellt.

undeutsch war in der Gedankenwelt unseres Volkes, muß nun ausgemerzt werden."[20]

Im Sommersemester 1942 konnte er wieder an der Universität München sein Studium der Humanmedizin weiterführen. Anfang Juni 1942 war der russische Exildichter Sigismund von Radecki[21] zu einem Leseabend im Hause Schmorell eingeladen. Hier kam Christoph Probst erstmals in näheren Kontakt mit Hans Scholl, der wie Schmorell Medizin studierte und zur 2. Studentenkompanie gehörte. Scholl hinterließ auf Anhieb einen nachhaltigen Eindruck; Probst schaute auf zu dem so ungemein selbstsicheren und sendungsbewussten Scholl. Und er merkte auch, wie ungemein belesen und redegewandt dieser Hans Scholl war. Einige Weggefährten erinnerten sich später, dass Christoph sich nun „in auffälliger Weise mit religiöser Literatur befasse."[22] Christophs religiöse Welt gewann dank seiner nun intensiven Lektüre und angeregt durch Gespräche im Freundeskreis alsbald klarere Konturen: „Auch im schlimmsten Wirrwarr kommt es darauf an," so schrieb er an seinen Stiefbruder Dieter Sasse am 27. Juli 1942, „dass der Einzelne zu seinem Lebensziele kommt, zu seinem Heil kommt, welches nicht in einem äußeren ‚Erreichen' gegeben sein kann, sondern nur in der inneren Vollendung seiner Person. Denn das Leben fängt ja nicht mit der Geburt an und endigt im Tod. So ist ja auch das Leben als die große Aufgabe der Mensch-Werdung, eine Vorbereitung für ein Dasein in anderer neuer Form."[23]

Ende Juni 1942 tauchten an der Universität München „Flugblätter der Weissen Rose" auf. Zu diesem Zeitpunkt war Christoph Probst noch nicht eingeweiht, dass seine Freunde Scholl und Schmorell die ersten vier Flugblätter der Weißen Rose zwischen dem 27. Juni und dem 12. Juli 1942 verfassten, vervielfältigen und versandten. Am 23. Juli 1942 wurden Hans Scholl, Alexander Schmorell, Willi Graf und andere Studenten der Sanitätskompanie zur Famulatur an die Ostfront abkommandiert. Beim Abschied entstand das berühmte Bild, das Hans Scholl, Sophie Scholl und Christoph Probst am Münchner Ostbahnhof zeigt. Nach dem Sommersemester 1942 musste Probst ein Praktikum im Luftwaffenlazarett Oberföhring ableisten.

---

20 Hier zitiert nach: Ernst Klee, Das Personenlexikon zum Dritten Reich: Wer war was vor und nach 1945, Frankfurt am Main 2003, S. 657 f.

21 Sigismund von Radecki (1891–1970) stammt aus Riga. Bedeutsam für ihn wurde seine Freundschaft mit Karl Kraus. Es war vor allem die Lektüre von Schriften Newmans, die ihn in den letzten Jahren der Weimarer Republik eine neue Orientierung finden ließ; die Anfänge dazu scheinen seit 1925 bei seinen Übersetzungen des englischen Schriftstellers und Newman-Schülers Hilaire Belloc zu liegen und führten schließlich zu seiner Konversion zur katholischen Kirche (11. Oktober 1931). Von 1935 schrieb er bis zu deren Verbot (1941) in der Zeitschrift *Hochland*, war mit dessen Herausgeber Carl Muth, dem er 1942 sein Buch „Wie kommt das zu dem?" widmete, befreundet.

22 Sönke Zankel, Mit Flugblättern gegen Hitler. Der Widerstandskreis um Hans Scholl und Alexander Schmorell, Köln 2008, S. 196.

23 Brief Christoph Probst, 27. Juli 1942, in: Moll, Briefe (Anm. 1), S. 780.

Entdeckung religiöser Quellen im Jahr 1942

Im Freundeskreis der Weißen Rose hatten sie gemeinsam Paul Claudels Drama „Der seidene Schuh“, ein Stück voller tragischer Leidenschaft und glühender Sehnsucht, gelesen.[24] Probst befasste sich in dieser Zeit auch mit den Tagebüchern von Søren Kierkegaard; er nannte sie seine „liebste Lektüre“, denn „viel Erahntes“ sei dort ausgesprochen.[25] Einen nachhaltigen Eindruck hinterließ auch Nikolai Berdjajew und sein Bändchen „Das neue Mittelalter“.[26] Als Ertrag dieser Lektüre schrieb Probst an seine Schwester: „Aber die Persönlichkeit des Menschen kann nur im Universum wurzeln, nur im Kosmischen findet sie ihren Wesensgrund, aus dem sie ihren höheren Gehalt schöpft. Persönlichkeit ist nur, wo Gott und das Göttliche ist.“[27] Otl Aicher, der Freund der Scholls aus Ulm, hatte Berdjajew den „russischen Haecker“ genannt.[28] Die Punkte, wo sich Berdjajew und Haecker treffen, sind offenkundig; denn für Berdjajew ist das „neue Mittelalter“ eine Zeit des Kampfes zwischen Christus und dem Antichrist. Als Probst in den Semesterferien Erzählungen des russischen Schriftstellers Nikolai Lesskov[29] las, da war er von dessen „tiefer Menschlichkeit und Wärme“ und dessen „lebensnahes alles durchglühenden Christentum“ begeistert.[30]

In einem Brief an Sophie Scholl vom 14. September 1942, also während der Frontfamulatur von Scholl, Schmorell und Graf, schrieb Probst, dass sich in manchen Stunden „das Bewusstsein des Krieges und des namenlosen Elends in der Welt wie ein Schatten auf sein frohes Gemüt senke.“[31] Die Famulatur konnte er in der Heimat, in einem Luftwaffenkurlazarett in der Gegend von Garmisch ableisten, bevor er am 20. November mit seiner Fami-

24 Mit 18 Jahren hatte Paul Claudel (1868–1955) ein religiöses Erweckungserlebnis. In seinem groß angelegten Drama „Der seidene Schuh“ (1925) entfaltet er eine vom katholischen Glauben geprägte, universale Schau von Gott und Mensch, Welt und Geschichte.

25 Brief Christoph Probst, 4. Juli 1942, in: Moll, Briefe (Anm. 1), S. 770. – Der protestantische Theologe und Philosoph Sören Kierkegaard (1813–1855) wird gemeinhin als der erste Existenzialist bezeichnet. Er grenzt sich radikal von der rationalen Gesamtstruktur des Hegelschen Systems und dessen Geschichtsphilosophie ab; er spricht von der unmittelbaren („subjektiven“) Erfahrung der Wahrheit sowie von Verantwortlichkeit des Einzelnen und dessen Gottesverhältnis. Theodor Haecker übertrug seine wichtigsten Tagebucheinträge und religiösen Reden ins Deutsche.

26 Nicolai Berdjajew (1874–1948) war ein russischer Philosoph in der Tradition des christlichen Existenzialismus. 1927 erschien in deutscher Übersetzung „Das neue Mittelalter. Betrachtungen über das Schicksal Russlands und Europas“, Darmstadt.

27 Brief Christoph Probst, 4. Juli 1942, in: Moll, Briefe (Anm. 1), S. 770.

28 Otl Aicher, Brief an Hans Scholl vom 30. November 1941, in: Zankel, Mit Flugblättern (Anm. 22), S. 236.

29 Nikolai Lesskov (1831–1895) war ein bedeutender russischer Schriftsteller. Unter dem Einfluss Tolstojs bildete sich eine kritische Einstellung zu der dem Evangelium entfremdeten Institution Kirche heraus.

30 Brief Christoph Probst, 26. September 1942, in: Moll, Briefe (Anm. 1), S. 799.

31 Brief Christoph Probst, 14. Oktober 1942, in: Moll, Briefe (Anm. 1), S. 801.

lie nach Lermoos umzog; denn im Dezember 1942 führte er sein Studium an der Universität Innsbruck weiter.

An einem Sonntag in der Adventszeit 1942 trafen sich u.a. Hans und Sophie Scholl sowie Probst in der Schreiber-Villa in München-Bogenhausen. Die Gastgeberin Gertrud Schreiber war die Witwe des Verlegers Ferdinand Schreiber, der 1941 verstorben war. Bei dieser Zusammenkunft deutete Theodor Haecker[32] die Bibelstelle vom Auftreten des Antichrist (2 Thess. 2, 1-12). Haecker interpretierte die Aktualität der Gestalt des Antichristen, aber er lehnte es ab, Hitler einfach mit dem Antichristen zu identifizieren. Haecker vertiefte seine religiöse Deutung, indem er aus dem Manuskript seiner Übersetzung von Newmans Adventspredigten aus dem Jahr 1835 vorlas.

Als innere Vorbereitung auf Weihnachten wandte sich Probst Reinhold Schneider zu und las dessen Buch *Macht und Gnade*.[33] Seinem Schwager schrieb er, wie sehr ihn dieses Buch stärke und tröste. Als Christoph auf den ersten Seiten jenen Satz von den Menschen las, die „sich opfernd und scheiternd, für das Endgültige zeugten und zugleich für das Volk",[34] konnte er nicht ahnen, dass er selbst nur wenige Wochen später dieses Zeugnis des Gewissens ablegen würde. Ein kurzer Textauszug soll einen Eindruck von Reinhold Schneiders Ernsthaftigkeit und Entschiedenheit vermitteln: „Der Mensch ist in die Geschichte hineingeboren, deren eigentlicher Inhalt nicht der Aufgang und Untergang der Staaten ist, sondern der Aufgang des Reiches Gottes und das Gericht an den Feinden dieses Reichs. Darum ist die Seele des Menschen in einem höheren Sinne Schauplatz der Geschichte, als es die Schlachtfelder sind."[35] Nicht der Held und dessen kriegerische Tüchtigkeit, sondern der Heilige, der sein Leben hingibt für die Wahrheit, steht für Reinhold Schneider im Zentrum der Geschichte.

Advent und Weihnachten 1942 wurden für Probst eine Zeit von tiefer religiöser Besinnung. In einem Brief kurz vor Weihnachten 1942 teilte er seiner Schwester Angelika seine Freude darüber mit, dass Christus geboren

---

32 Theodor Haecker (1879–1945) war Autodidakt. Er übersetzte Vergil, Søren Kierkegaard und John Henry Newman. Im April 1921 konvertierte er zur katholischen Kirche. Als Gegner des Nationalsozialismus erhielt er 1936 Rede-, 1938 Publikationsverbot. Nach der Hinrichtung von Hans Scholl, Sophie Scholl und Christoph Probst verstummte Haecker bis Juni 1943. Haecker starb am 9. April 1945 in Ustersbach (bei Augsburg).

33 Reinhold Schneider (1903–1958) gehörte zur „Inneren Emigration"; er hatte Kontakte zum Kreisauer Kreis. In seinen Schriften ist die Nähe zur Bewegung *renouveau catholique* erkennbar. Die Sammlung von Essays „Macht und Gnade"(1940) war der Auslöser des Publikationsverbots im Jahr 1941. Auch Willi Graf schöpfte aus der Lektüre von „Macht und Gnade" Kraft und Zuversicht. Anfang Februar 1943 schrieb er: „Es ist eigentümlich, welche überragende Bedeutung Schneider für uns gewonnen hat, er ist wohl einer der ganz wenigen, die uns Wesentliches zu sagen haben." In: Willi Graf, Briefe und Aufzeichnungen, Herausgegeben von Anneliese Knoop-Graf und Inge Jens, Frankfurt am Main 1994, S. 182.

34 Reinhold Schneider, Macht und Gnade. Gestalten, Bilder und Werte in der Geschichte, Leipzig 1940, S. 17.

35 Schneider, Macht und Gnade (Anm. 34), S. 91.

wurde. Auch seinem Stiefbruder Dieter Sasse schrieb er, dass Weihnachten ein Freudenfest sein solle; denn durch Christus habe das Leben einen Sinn. An Weihnachten 1942 schenkte ihm seine Mutter, die seine religiöse Sehnsucht spürte, einen künstlerisch gestalteten Christuskopf.[36] Christophs Ehefrau Herta erinnerte sich, dass ihr Ehemann in der Christmette an Heiligabend 1942 eine „Art exstatischer Vision" erlebte.[37] Weihnachten war ein einzigartiges Erlebnis für Christoph Probst. Dem Halbbruder Dieter öffnete er sein Herz; in einem Brief legte er von der neu erfahrenen, tiefen christlichen Gläubigkeit Zeugnis ab. Er formulierte ein persönliches Glaubensbekenntnis, als er vom kirchlichen Hochfest Weihnachten mit diesen eindrucksvollen Worten sprach: „Es soll auch so ein Freudenfest sein, an dem man voll Dankbarkeit der Güte des Schöpfers dankt, dass er uns Christus gesandt hat, durch den wir wissen, dass unser Leiden, unser Leben einen Sinn hat, der uns ein Leben vorgelitten hat aus reinster Güte, der das Leid verständlich gemacht hat und geheiligt hat, der uns auf das Leben nach dem Tod gewiesen hat, der die Liebe predigte, die wahre Verbrüderung der Menschen, der uns das Brot des Lebens gebracht hat und an dem es keinen Zweifel gibt." Christoph ahnte seine persönliche Sendung: „Es kommt auf das Leben jedes Einzelnen an, jeder Mensch ist Gott lieb, er will aber auch von jedem geliebt werden, denn die Liebe ist die Kraft der Welt, die alles Leben erzeugt, behütet und zur Seligkeit führt, die Kraft, die Welten geschaffen hat."[38]

Am 21. Januar 1943 – es ist die Zeit vor der Kapitulation von Stalingrad – wurde das dritte Kind, die Tochter Katja geboren.[39] In jenen Januartagen – nach der Konferenz von Casablanca[40] – übergab Probst seinen Entwurf für ein weiteres Flugblatt an Hans Scholl. Heute gilt es als sein politisches Vermächtnis: „Sollen Hitler, dem Sendboten des Hasses und des Vernichtungswillens, alle Deutschen geopfert werden? Ihm, der die Juden zu Tode marterte, die Hälfte der Polen ausrottete, Russland vernichten wollte, Ihm, der Euch Freiheit, Frieden, Familienglück, Hoffnung und Frohsinn nahm und dafür Inflationsgeld gab. Das soll, das darf nicht sein! Hitler und sein Regime müssen fallen, damit Deutschland weiterlebt." Die Katastrophe von Stalingrad trieb ihn in eine Endzeitstimmung, wie er an seine Stiefmutter schrieb: „Es ist eine apokalyptische Zeit und wir müssen wohl alle noch bis

36 Siehe hierzu Zankel, Mit Flugblättern, S. 194.

37 Hier zitiert nach Moll, Briefe (Anm. 1), S. 853, Anm. 898. – Die Christmette gehört zusammen mit der Feier der Osternacht zu den beiden Gottesdiensten im Kirchenjahr, die zur Nachtzeit gefeiert werden. Die Christmette an Weihnachten beginnt traditionell vor der Mitternacht.

38 Brief Christoph Probst, 18. Dezember 1942, in: Moll, Briefe (Anm. 1), S. 848.

39 Katharina (Katja) Elisabeth Maria wurde am 21. Januar 1943 in Tegernsee geboren. Sie starb bereits am 28. Oktober 1959 in Mainz.

40 Auf der Konferenz von Casablanca (14.–26. Januar 1943) besprachen Präsident F. D. Roosevelt (USA) und Premier-Minister Winston Churchill (GB) Fragen der Koordination ihrer Kriegführung gegen die Achsenmächte. Am 24. Januar 1943 wurde die Forderung nach einer bedingungslosen Kapitulation der Achsenmächte verkündet.

ins Innerste erschüttert werden, bis endlich Friede einzieht in diese halbzerstörte Welt.“[41] Auch ein weiterer Brief von Mitte Februar 1943 sprach von „apokalyptischer Stimmung“; die Angst bewegte ihn, dass „diese Welt immer tiefer ins Unheil gleitet.“[42]

Die letzten Tage von Christoph Probst

Am 18. Februar 1943 wurden Hans und Sophie Scholl in der Universität München verhaftet. Hans Scholl trug den handgeschriebenen Entwurf von Christoph Probst für ein weiteres Flugblatt bei sich. Dieser Text fiel der Gestapo in die Hände. Am Tag darauf bereits wurde Probst in Innsbruck verhaftet, als er seinen Urlaubsschein für Tegernsee abholen wollte, um seine erkrankte Ehefrau Herta und das neugeborene Kind Katja im Krankenhaus zu besuchen. Am 22. Februar 1943 wurden Hans Scholl, Sophie Scholl und Christoph Probst vom Volksgerichtshof unter Vorsitz von Roland Freisler in München zum Tode verurteilt. Diese Urteile wurden noch am selben Tag in Stadelheim vollstreckt.

Christoph Probst konnte drei Abschiedsbriefe schreiben. Sie zeugen von seiner menschlichen Liebenswürdigkeit und von seiner tiefen Gläubigkeit. Zunächst schrieb er an seine „liebste Herzensschwester“: „Ich habe nicht gewusst, dass Sterben so leicht ist. Ich sterbe ganz ohne Hassgefühle. ... Ich sehe Deine warmen braunen Augen (die nicht tränenfeucht sein sollen), Dein schönes Gesicht, aus dem mir immer so viel Liebe entgegenstrahlt, höre Deine Stimme, die mir so viel Liebes sagt. Und wenn Dein ganzes Bild vor mir steht, empfinde ich viel mehr als ich sagen kann, dann läuft mir das Herz über. Ich bin Dein, Du bist mein! Dein Christel.“[43]

Für sein „Herzens-Weib“ und „geliebtes Weiblein“ fand er diese innigen Worte: „Es ist mir, als wenn ich Dir ganz nah wäre. Ich sehe Dich vor mir, fühle Deine Liebe in mir und meine Liebe in Dir und bin so glücklich, weil ich weiß, dass diese Liebe unzerstörlich ist.“[44]

An sein „liebstes Mütterchen“ richtete Christoph Probst diese anrührenden Abschiedsworte: „Ich danke Dir, dass Du mir das Leben gegeben hast. Wenn ich es recht bedenke, so war es ein einziger Weg zu Gott. ... Aber ich bin ja nun im Himmel und kann Euch dort einen herrlichen Empfang bereiten. Eben erfahre ich, dass ich nur noch eine Stunde Zeit habe. Ich werde jetzt die heilige Taufe und die heilige Kommunion empfangen. Wenn ich keinen Brief mehr schreiben kann, grüße alle Lieben von mir. Sag ihnen, dass mein Sterben leicht und freudig war. Ich denke an meine herrlichen Kinderjahre, an meine herrlichen Ehejahre. Durch alles hindurch schimmert

41 Brief Christoph Probst, 5. Februar 1943; in: Moll, Briefe (Anm. 1), S. 879.
42 Brief Christoph Probst, 14. Februar 1943, in: Moll, Briefe (Anm. 1), S. 882.
43 Brief Christoph Probst, 22. Februar 1943, in: Moll, Briefe (Anm. 1), S. 888.
44 Brief Christoph Probst, 22. Februar 1943, in: Moll, Briefe (Anm. 1), S. 889.

Dein liebes Angesicht. Wie sorgsam und liebreich warst Du immer. ... Wandere Deinen Weg zu Gott weiter. Immer und ewig Dein Christel, Dein Sohn, Dein Lieber. Mutter, liebste Mutter“.[45]

Schon früh hatte Christoph Probst die Liebe als den Sinn seines Lebens erkannt. Seine Lebensgeschichte war geprägt von Wechseln und Umbrüchen. Doch nie verlor er das Grundvertrauen in die Wirklichkeit; er war empfänglich für neue Erfahrungen. Er fand Halt in der Freundschaft mit Alexander Schmorell. In der Ehe mit Herta Dohrn und zusammen mit den Kindern fand er den Ort, wo sich seine Sehnsucht nach Geborgenheit und inneren Frieden erfüllte. Er litt unter dem Rassismus der NS-Ideologie und unter dem Elend des Krieges. Der Entwurf für das siebte Flugblatt der Weißen Rose ist sein politisches Vermächtnis. Er klagte Hitler, den „Sendboten des Hasses und des Vernichtungswillens“, an; er setzte seine Hoffnung auf die Werte „Freiheit, Frieden und Familienglück“. In seinen Abschiedsbriefen fand Christoph Probst anrührende Worte für eine Liebe, die alles umfängt. In der letzten Stunde vor der Hinrichtung deutete er seine Lebensgeschichte so: „Wenn ich es recht überblicke, so war es ein einziger Weg zu Gott.“

45 Brief Christoph Probst, 22. Februar 1943, in: Moll, Briefe (Anm. 1), S. 890.

III.
Vertiefungen

Wehrmachtssoldaten am Ghettoeingang

Die Deportation der Juden aus Warschau Ende Juli 1942 Ghetto und Stadt Mit den Aufzeichnungen „Russische Erde" von Jürgen Wittenstein

DETLEF BALD

Die Weiße Rose ist eine Widerstandsgruppe, die sich einzigartig in der deutschen Geschichte des Widerstandes gegen den Nationalsozialismus heraushebt. Ihre Motive und Taten sind vielfältig erörtert und gerühmt worden. Der Kern dieser Gruppe aus München kann mit einigen sozialen Merkmalen auch so umschrieben werden: vier junge Männer, Medizinstudenten und zugleich Unteroffiziere der Wehrmacht, und ein älterer Mann, Hochschullehrer für Philosophie und Volksliedkunde, sowie eine junge Frau am Anfang ihres Biologiestudiums. Im Sommer 1942 wurde diese Gruppe in München auseinandergerissen: Sophie Scholl und Dr. Kurt Huber blieben zurück, Christoph Probst machte fern von ihnen in Innsbruck Dienst, während sich Willi Graf, Alexander Schmorell und Hans Scholl am 23. Juli morgens am Ostbahnhof verabschiedeten, um einen unbekannten Weg an die Ostfront zur Feldfamulatur in dem umkämpften Brückenkopf vor Moskau anzutreten.

Zum Stellenwert der Zugfahrt nach Warschau

Die Zugfahrt führte diese drei und andere etwa dreißig Feldwebel aus der Studentenkompanie in einem Truppentransport über Warschau an die Front bei Vjaz'ma. In Warschau trafen sie am 26. Juli 1942 mittags ein und blieben dort über zwei Tage lang. Erstmals wurden sie mit der Realität eines jüdischen Ghettos und einer von der Wehrmacht eroberten Stadt konfrontiert. Die Eindrücke vom Warschauer Ghetto und die Äußerungen der jungen Männer über ihre Erfahrungen im Krieg waren in besonders eindringlicher Weise in den Protokollen der Gestapo bezeugt. Die Einschätzung, der Krieg habe eine besondere Wirkung, scheint mittlerweile unbestritten akzeptiert. Aber es wurde weiter gefragt, ob diese jungen Männer der Weißen Rose „wirklich" an der Mauer zum Ghetto gewesen seien und ob nicht eigentlich in den „Flugblättern der Weissen Rose" ein „Antisemitismus" zu erkennen sei.[1]

Eine Quelle, die dieses Thema weiter ausleuchten kann, sind die Tagebücher von Jürgen Wittenstein, die ich in Auszügen bereits 2003 bekannt gemacht habe. Es bestehen also mehrere Anlässe und gute Gründe, nunmehr seine Aufzeichnungen und Beobachtungen von Ende Juli 1942 in Warschau insgesamt vorzustellen. Wittenstein gehörte 1942 schon seit mehreren Jahren in das Umfeld dieses Freundeskreises, kannte beispielsweise Schmorell seit 1938, machte mit ihm in München die Sanitäterausbildung, war bald danach ebenso mit Hellmut Hartert, dem einstigen Freund von Hans Scholl, und mit Christoph Probst ebenso 1939 über gemeinsames Sportfechten befreundet.[2]

---

1 Sönke Zankel, Mit Flugblättern gegen Hitler. Der Widerstandskreis um Hans Scholl und Alexander Schmorell, Köln, Wien 2008, S. 502. Den Text im Flugblatt („man mag sich zur Judenfrage stellen wie man will") verstehe ich als Bemühen, die Leser, die vom antisemitischen NS-Milieu sich angesprochen fühlten, dennoch für den Protest der Weißen Rose zu gewinnen; vgl. Michael Jäger, Lektüre und „Hochverrat". Literaturgeschichtliche Anmerkungen zur Weißen Rose, in: Jahrbuch der Deutschen Schillergesellschaft, 2003, S. 302 f.

2 Vgl. biografische Hinweise zu Jürgen Wittenstein, der, seit er amerikanischer Bürger ist, seinen Vornamen amerikanisiert hat: George J. Wittenstein bei Sibylle Bassler, Die Weiße Rose. Zeitzeugen erinnern sich, Reinbek 2006, S. 94 ff.; ebenso Detlef Bald, Anstöße zum Verständnis des Widerstandes der „Weissen Rose", in: Ders. (Hg.), „Wider die Kriegsmaschinerie". Kriegserfahrungen und Motive des Widerstandes der Weißen Rose, Essen 2005, S. 19 ff. und das Gedicht von Wittenstein „Nach der Hinrichtung" dort S. 29; Überblick bei Bald, „Weisse Rose" (Anm. 1), S. 18 ff. und S. 46.

Seine eigenartigen und noch genau zu bewertenden Beziehungen zum Widerstand werden sicherlich einmal gewürdigt werden. Eigenwillig, über Jahre verschwiegen, ist Wittenstein, dessen Persönlichkeit manchen zu sperrig und kantig vorkam, heftig angegriffen worden, weil er als Zeitzeuge Erzählungen nicht wörtlich identisch vorgetragen habe;[3] seit 1947 hat er während eines halben Jahrhunderts erste Berichte zur Weißen Rose in Form von Erinnerungen und Analysen in Interviews und kleinen Publikationen vorgestellt. Nur ist anzumerken, solche Kritik trifft, wenn ehrlich derselbe Maßstab angewendet wird, auf fast alle Zeitzeugen zu – und nicht nur auf die aus dem Umfeld der Weißen Rose.[4]

Wittenstein hatte mir seine Tagebücher aus der Zeit von Juli bis November 1942, Briefe an seine Mutter und Fotos über die Reise an die Ostfront vertrauensvoll, aber erst nach bemerkenswertem Zögern und mehrfachen Rücksprachen im Winter 2002 zur Verfügung gestellt; denn er war überzeugt, aufgrund schlechter Erfahrungen könne er deutschen Zeithistorikern nicht trauen. Es war gemunkelt worden, er hätte noch Unterlagen aus den vierziger Jahren. Einblick in seine Aufzeichnungen hatten verschiedene Personen aus wissenschaftlichen und journalistischen Kreisen in den neunziger Jahren erhalten wollen, aber nicht bekommen; nur ein knapper, etwa eine halbe Seite langer Auszug war bekannt geworden.[5] Zur Überlieferung der Unterlagen stellte Wittenstein fest, alle Tagebücher von 1930 bis 1946 (außer den verbrannten der Jahre 1938 bis 1941) seien auf dem Gut der Familie in Beilstein überliefert worden und noch in seinem Besitz.[6] Um allen vorgebrachten Zweifeln und spürbaren Verunsicherungen entgegenzutreten, erscheint es daher sinnvoll, diesen Teil des russischen Manuskripts von Wittenstein vom 26. Juli bis 29. Juli 1942 ausführlich vorzustellen. Dieses Vorhaben bietet zugleich die Gelegenheit, die historischen Eindrücke von der Stadt Warschau wie auch vom Ghetto aus der Sicht, aus dem Erleben und in der Sprache von Jürgen Wittenstein wahrzunehmen.

Jürgen Wittenstein ist zweifelsohne und bemerkenswert literarisch begabt. Davon zeugen auch seine Gedichte. In diesem Tagebuch zeigt er eine feine, genaue, manchmal drastische Beobachtungsgabe und die Fähigkeit, Wichtiges in den Bildern aufzuschreiben, in denen er „seine" wahrgenom-

---

3 Beispielsweise Johannes Tuchel, Neues von der „Weißen Rose"? Kritische Überlegungen zu „Detlef Bald: Die Weiße Rose. Von der Front in den Widerstand", in: POLHIST Nr. 15, Berlin 2003, S. 8 ff.

4 Ein anvisiertes Forschungsprojekt zur Weißen Rose am Institut für Zeitgeschichte, München, wurde u.a. wegen dieser Problematik 1963 eingestellt.

5 Vgl. George J. Wittenstein an Detlef Bald, 24. Juni 2003.

6 Denise Heap, sich später Ruth Hannah Sachs nennend, hatte diesen Auszug erhalten; sie war zutiefst betroffen, dass der Autor das ganze zeithistorische Dokumente der Kriegsmonate von Wittenstein erhielt, vgl. George J. Wittenstein an Aufbau-Verlag, 28. Juni 2003; vgl. auch die öffentliche Stellungnahme des Aufbau-Verlags, Berlin, 1. Juli 2003. Ich habe mich (stichprobenweise bei einigen Daten des Tagebuchs) überzeugen können, dass die mir übergebenen Manuskriptseiten alten Notizen entsprechen, wie auch die Feldpostbriefe an die Mutter.

mene Welt vorstellt. Der Leser erfährt so auch einiges von Stimmungen, mehr noch, Milieubedingtes und Atmosphärisches werden spürbar. Gerade der wiederholte Gang zum Ghetto gibt eindrucksvoll wider, was auf den Beobachter einstürmte. Es verwundert nicht, dass sich daneben auch sprachliche Begrifflichkeiten finden, welche die enge, zeitgenössische Brille des Autors dokumentieren. Aktualität scheint gegeben, da er im Präsens schreibt, den Leser erzählend geradezu mitnimmt. Wittenstein, das scheint seine typisch eigene Darstellungsweise zu sein, suchte fast immer Distanz zu seinem Gegenstand und generalisierte gerne, ordnete ein und bewertete. Aus abstrakten Schemen – Besatzung oder Judenverfolgung – werden Menschen sichtbar, Gestalten aus Fleisch und Blut, Hungernde und Bedrückte ins Blickfeld gerückt, Alltag in Warschau. Es finden sich starke Passagen mit Abgründen des Grauens. Jürgen Wittenstein überschrieb seine Tagebücher ab Juli 1942: „Russische Erde"; daraus sind die Abschnitte über Warschau entnommen. Ähnlich wie Willi Graf, der eine dezidierte Kleinschreibung liebte („unser abteil ist gut, ich fühle mich wohl, wir haben platz und können reden")[7], wählte Wittenstein diese elegische Schreibform: „Die dritte nacht im zuge ist vorüber. Leise schaukelnd hat mich meine hängematte in den schlaf gewiegt."[8] Zur leichteren Lesart wird hier die gebräuchliche Schreibweise verwendet. Auch werden einzelne Passagen geschlossen vorgestellt, um ihren Duktus und die Gedankenfolge nicht zu stören.

Zeugnisse zur Weißen Rose in Warschau

Die Mitglieder der Weißen Rose besuchten und besichtigten Warschau in der Uniform der Sanitätsfeldwebel. Nun waren die zur Famulatur an der Front befohlenen Kommilitonen der Medizin eindeutig als Kameraden der Wehrmacht ausgewiesen. So kamen sie auch zum Ghetto. Das bestätigten Hans Scholl, Alexander Schmorell, Willi Graf und Hubert Furtwängler, ein weiterer aus dem Umkreis der Gruppe, Wochen später in einem Brief aus Russland an Kurt Huber in München. In holprigem Deutsch heißt es da: „Die Stadt, das Ghetto und alles Drum und Dran hatte auf alle einen sehr entschiedenen Eindruck gemacht."[9] Dieser Satz hat manche Interpreten des Münchner Widerstandes ebenso inspiriert wie das Wort von Willi Graf, das er am Ankunftstag, dem 26. Juli, in seinem Tagebuch aufzeichnete: „Am Spätnachmittag gehen wir in die Stadt. Das Elend sieht uns an. Wir wenden uns ab."[10]

---

7 Tagebuch Graf, 23. Juli 1942, in: Gewalt und Gewissen. Willi Graf und die Weiße Rose. Eine Dokumentation von Klaus Vielhaber in Zusammenarbeit mit Hubert Hanisch und Anneliese Knoop-Graf, Frankfurt/M. 1964, S. 72.

8 Tagebuch Wittenstein, 26. Juli 1942.

9 Stadtarchiv München (SAM) NL Huber 19, 17 H. Scholl, A. Schmorell, W. Graf, H. Furtwängler an K. Huber, 17. Aug. 1942.

10 Tagebuch Graf, 26. Juli 1942, in: Anneliese Knoop-Graf, Inge Jens (Hg.), Willi Graf.

Die konkreten Hinweise dessen, was jenen Sanitätsfeldwebeln tatsächlich begegnete, wird im einzelnen ungewiss bleiben, da die überlieferten Nachrichten sehr spärlich sind. Gleichwohl ist vielfach bestätigt, dass die Eindrücke vom Ghetto in Warschau und an der Front tiefe Züge, ja Nachdenklichkeit und Betroffenheit erzeugt hatten, wie beispielsweise gleich nach dem Ende des Krieges Anneliese Graf über ihren Bruder erinnerte: Er „hat mit eigenen Augen in Polen und Russland die Greuel mit ansehen müssen und sehr darunter gelitten."[11] So klingt die beinah typische Erinnerungsweise, das Schreckliche der Eindrücke vom Ghetto als Gräuel oder eben als Elend zu umschreiben. Das war für lange Zeit nach dem Krieg so üblich gewesen, wie in Publikationen zum Widerstand der Weißen Rose über die Eindrücke Ende Juli 1942 in Warschau gesprochen und geschrieben wurde. Es wird nur allgemein angedeutet. Die Empörung, die zum Widerstand führte, wird dann – in den fünfziger Jahren in zeitbezogener, doch deutlicherer Sprache – auf „die Behandlung der Ostvölker und die Verfolgung und Vernichtung der Juden" bezogen; es wird mehr differenziert. „Den Ausschlag gaben die Erlebnisse, die die Medizinstudenten bei ihrem Einsatz im Sommer 1942 in Polen und in der Sowjetunion hatten." Die persönliche, authentische Beweisführung liegt darin, dass sie „mit eigenen Augen" diese Dinge, eben Judenverfolgung (in Warschau) und Kämpfe im Krieg sowie die Praxis der Besatzungsherrschaft (nahe der Front) gesehen hätten.[12]

Erstmals konkret und zutreffend wurde im Begleitband des Films von Michael Verhoeven über den Münchner Widerstand die Lage in Warschau benannt, als am Ende der achtziger Jahre ausgeführt wurde: „Sie gehen durch die Stadt und kommen zum Jüdischen Ghetto. Das Elend dort ist noch größer, als es Willi ein Jahr zuvor erlebt hatte. Seit ungefähr drei Wochen ist die SS dabei, das Ghetto zu räumen. Ein langer Zug verhungerter Männer, Frauen und Kinder bewegt sich durch die Stadt zum Bahnhof ...".[13] Es war höchste Zeit, endlich die historischen Tatsachen auszusprechen, denen die Sanitätsfeldwebel bei ihrer Famulatur in die Augen sehen mussten. Manche Zeitzeugen hatten bis dahin den Inhalt bevorzugt, den Aufenthalt in Warschau auf ein vermeintlich anheimelndes Essen in dem Lokal „Blaue Ente" zu beschränken, das im Tagebuch von Graf erwähnt wurde.[14] Das galt ebenso typisch für die so sehr und pauschal herbeigeredete romantische Verklärung der Monate an der Ostfront als einer Idylle des abendlichen Singens und des mondbeschienenen Reitens durch Birkenwälder. Vergessen und Verdrängen mussten sich nun der historischen Realität beugen. Verhoeven hat dieses Verdienst, einen realitätskonformen Blick auf diese Zeit geworfen

---

Briefe und Aufzeichnungen, Frankfurt/M. 1984, S. 44.

11 SAM NL Huber 26, 10 Bericht von Anneliese Graf, 10. August 1945.

12 Institut für Zeitgeschichte (IfZ) Fa 215, Bd. 4, Allen Gewalten zum Trotz sich erhalten, in: Deutsche Woche, 25. Februar 1953.

13 Michael Verhoeven, Mario Krebs, Die Weiße Rose. Der Widerstand Münchner Studenten gegen Hitler, Frankfurt/M. 1988, S. 134 f.

14 Tagebuch Graf, 26. Juli 1942, in: Willi Graf (Anm. 10), S. 44.

zu haben. Dazu zählen in diesem Fall, im Fall von Warschau, das Ghetto und die Politik der Judenverfolgung, die in den Tagen, als die Sanitätsfeldwebel aus München ihre Zugfahrt unterbrechen mussten, einen ersten organisatorischen Höhepunkt fand. Die SS begann ihre Gewaltaktion, Massentransporte zur Vernichtung nach Treblinka durchzuführen. Auf diesen Zusammenhang hatte ich früher hingewiesen.[15]

Die nachfolgenden Passagen sind dem Tagebuch von Wittenstein zugeordnet, ergänzt mit wenigen, stark begrenzten Annotationen, die seine Ausführungen zur jüdischen Lebenswelt ein wenig weiter erläutern sollen. Es macht Sinn, diese Aufzeichnungen von Wittenstein abzudrucken, dessen Erleben dokumentiert wird – sicherlich nur dieses einen Menschen aus dem Umkreis der Sanitätsfeldwebel der Weißen Rose; doch eröffnen die persönlichen Einblicke eine Perspektive in das Geschehen vor Ort, dessen „Elend" alle erfuhren, das hier eine Deutung findet.

Auf der Fahrt nach Warschau

Karg sind die Nachrichten über die Fahrt durch Polen, die von der Kerngruppe der Weißen Rose überliefert wurden. Graf allein hat eine Zeile, „während der letzten beiden Tage ...", notiert am 26. Juli 1942.[16] Rückblickend hielt Wittenstein am selben Tag seine Eindrücke von unterwegs, von Land und Leuten fest, zunächst die ländlich-friedliche Welt:

> Heute aber ist es Polen, und seine endlose Weite ist es, die zuerst mir ins Auge fällt. Unabsehbar dehnen sich die Felder, nur ab und zu unterbrochen durch schmale Waldstreifen, kaum groß genug, dem müden Auge einen ruhigen Halt zu geben. Große, schwarz-weiß geleckte Kühe weiden auf den Wiesen, nur selten sieht man Pferde in der Koppel; in dieser Landschaft, die doch wie geschaffen ist zum Reiten. Mühelos sieht man im Geiste die anstürmenden Scharen russischer Kosaken, wie sie mit gellenden Rufen gegen die nächsten Stellungen jagen. –
>
> Es mag sein, dass man dieser Landschaft manchen Reiz abgewinnt, lebt man lange genug in ihr. Und doch tötet sie auf die Dauer, macht sie stumpf und müde oder kalt und hochmütig wie die preußischen Junker.[17]

Die Einträge geben auch Eindrücke von der deutschen Eroberung Polens, von der Zerstörung des Landes und der Armut der Bevölkerung wider. Besonders die Ausbeutung der landwirtschaftlichen Produktion durch die Deutschen dürfte ihre Auswirkungen bereits klar gezeigt haben:

---

15 Vgl. Bald, „Weisse Rose" (Anm. 1), S. 68 ff.
16 Tagebuch Graf, 26. Juli 1942, in: Willi Graf (Anm. 10), S. 44.
17 Tagebuch Wittenstein, 26. Juli 1942, S. 13.

> Wieder und immer wieder zeigen sich kleine Kinder am Bahndamm, laufen neben dem Zug einher und betteln mit flehend erhobenen Armen um Brot. An zerfallenen Hütten stehen ihre Mütter und schauen ihnen ängstlich nach mit schmalen, verhärmten Gesichtern. Dann, wenn einer der Soldaten sich erbarmt und ein Stück Brot die Böschung hinunterkollern lässt, stürzt sich gierig das nächste Kind darauf, presst glückselig-ängstlich den Brocken mit beiden Armen an sich und eilt, so schnell es laufen kann, zu den Eltern.
>
> Ein italienischer Trupp wurde uns in der Nacht angehängt. Ihre Ausrüstung ist gut, besser als die Unsrige, und ihre Behandlung großzügiger. Es erfüllt mit Neid, bei der schmalen Kost dem reichlichen Essen zuzuschauen, das sie oft noch aus Überdruss wegschütten. Bunt und lebendig wie sie ist auch ihr Gebaren, ja, selbst ihre Uniform. Erfreulich ihre Ungebundenheit und Vitalität, sogar angesichts des ihnen Bevorstehenden, während die Unsrigen kaum etwas anders tun als Skat spielen. Ich sprach mit einem von ihnen. Er ist Student, Ingenieurschule. Und er verrät ihre geheimsten Gedanken: nichts liegt ihnen an diesem Krieg, viel lieber zögen sie, ihrer ganzen Geschichte, Tradition und Gesinnung gemäß, gegen Deutschland zu Felde.[18]

Von der Begegnung mit italienischen Soldaten, deren Waggons an den Zug Richtung Ostfront angehängt wurden, berichtete auch Graf. Insgesamt mangelt es an Informationen, was geschehen ist oder welche Themen in dem Kreis der Sanitätsfeldwebel aus dem Kreis der Weißen Rose eine Rolle gespielt haben. Zufälliges wurde berichtet. Graf nennt etwas lapidar und faktisch nur: „Während der letzten beiden Tage fuhren wir mit Italienern."[19] Es schien ihm erwähnenswert.

Warschau: „kalt ist die Stadt und tot"

Warschau hatte die erste Feuerprobe dieses Weltkrieges im Herbst 1939 zu überstehen gehabt, als die Stadt Opfer heftiger deutscher Bomberangriffe wurde. Sie war zwar nicht die erste und einzige polnische Stadt, in der ganze Wohnviertel mit den berüchtigten Stukas, den Sturzkampfbombern der Luftwaffe, deren Geschwindigkeit die Bomben zu einem gefürchteten Sirenen ähnlichen Heul-Dröhnen brachte, zerstört wurden, aber dieses Werk der Vernichtung war Vorbote der drohenden Vernichtung aus der Luft: das Ausradieren der zivilen Zentren. Drei Jahre nach der Besetzung waren Teile der Stadt wieder hergerichtet, doch die Bedingungen der Besatzung zeigten Auswirkungen.

---

18 Ebenda.
19 Tagebuch Graf, 26. Juli 1942, in: Willi Graf (Anm. 10), S. 44.

Jürgen Wittenstein im Zug nach Warschau – und in dessen Ruinen

Nachmittag wird es, als der Zug Warschau erreicht. Erschreckend ist der Anblick dieser Stadt. Armselige Vorstädte, deren Übergang in den Hauptteil der Stadt schroff. Denn plötzlich ragt mitten zwischen ärmlichen Hütten ein großartiger, moderner Hochbau empor. Immer wieder, vereinzelt zwischen den kleinen Häusern, solch ein scheußlicher Kasten. Denn schön ist keines dieser Häuser. Dann nimmt uns gnädig das Dunkel der Erde auf, denn der Warschauer Hauptbahnhof liegt unterirdisch. Erst nach langer Fahrt durch die Nacht speit uns die Stadt wieder aus: Wir stehen auf einer der Weichselbrücken und zum ersten Mal wirkt diese Stadt schön. Badende Menschen, kleine Segel- und Paddelboote. Vergnügen angesichts der gegenüberliegenden zerschossenen Häuser. Wände, übersäht mit Einschüssen, hinter denen bereits wieder Leben sich birgt. Es ist nicht so, dass der größte Teil der Stadt vernichtet sei. Gewiss, es ist vieles wieder aufgebaut und Schuttmassen hinweggeräumt, aber was neu ist, sieht man; der größte Teil steht wohl noch. Doch liegen zwischen modernen und hohen Prunkbauten Ruinen zusammengestürzter Häuser, einzelne stehen gebliebene Fassaden, Bauten mit gähnenden leeren Fensterhöhlen, sonst anscheinend noch ganz intakt: erschütternde Spuren einer widersinnigen Zerstörung. Das verstärkt den abstoßenden Eindruck, den diese Stadt bietet. Denn ihr Wachstum ist nicht organisch; wild, planlos durcheinander gebaut bietet sie ein verwirrendes abschreckendes Bild. Gerade, dass im Stadtkern sie sich einigermaßen geschlossen gibt. Dort, in der Altstadt, gibt es noch Reste der alten, großen Kultur aus der Zeit der mächtigen polnischen Könige. Aber sie sind selten und man muss ihnen mit viel Geduld nachspüren. Ein Teil der Bitternis ist von den Gesichtern der Einwohner geschwunden, und doch liest man in ihnen das schwere Unrecht, das ihnen angetan wurde. Und sie alle warten ...

Fremd sind die Gesichter der Frauen und schön. So viele schöne Frauen, wie selten bei uns in einer Stadt zusammen. Aber sie sind stolz und weisen kühl die deutschen Eindringlinge ab. Es wird zu einem großen Teil an ihnen liegen, wenn dies Volk sich bewahrt.

Kalt ist die Stadt und tot, ein großes verwundetes Tier, das nicht sterben kann, das künstlich am Leben erhalten wird. Denn immer noch fluten die Massen durch die Straßen, eilig, geschäftig, erregt diskutierend. Ein künstlicher Flitter liegt auf allen, der den Schein des Lebendigen aufrechterhält. Da gibt es große, prunkvolle Lokale, in denen der Deutsche sich breit macht. Dort herrscht das Parteiabzeichen vor, und es scheint, als gäbe es da alles noch im Überfluss: Essen, Wein, gute Laune und Frauen. Daneben aber gibt es kleine, intime Lokale, in die der Pole sich geflüchtet hat und die schwer zu finden sind. Es kann geschehen, dass auch dorthin zuweilen Fremde finden, aber immer bleiben sie zurückhaltend. Denn überall sitzen deutsche Spitzel. Es gibt, so sagt man, einen alten Gaskessel, in dessen Innerem sich die großartigste Vergnügungsstätte Warschaus befindet. ...

In der Seitenstraße in der Nähe des Bahnhofes befindet sich ein von der Wehrmacht geschaffenes Institut, in der die polnischen Mädchen sich feilbieten. Nackt und mit ungeheurer Brutalität springt einen hier niederste Sexualität an. In Scharen strömten hier die Mediziner hin, die Herren „Hilfsärzte“. Mit Neugier und weiß Gott was noch für Gründen motivierten sie es. Immer wieder aber sah man einen durch die Türe verschwinden, die zur Treppe nach oben führt. – Bezeichnend übrigens für den Stand des deutschen Offiziers, dass seine Ehre von der Feldgendarmerie bewahrt werden muss. In dem Vorraum hängt ein Plakat: „Eintritt für Offiziere einschl. San.Offz. verboten. Bei Zuwiderhandlung muss sofort die Feldgendarmerie benachrichtigt werden.“ ...[20]

Warschau: „das Ghetto hier soll geräumt werden“

Warschau ist als Präzedenzfall bekannt. Eine Großaktion der NS-Rassenpolitik war gerade eingeläutet, als die Sanitätsfeldwebel in die Stadt kamen. Hatten die Deutschen zuvor Juden aus der Region im Ghetto in Warschau konzentriert und zusammengepfercht, wie Graf mit „Schrecken“ bei seiner früheren Durchreise durch Warschau im Sommer 1941 beobachten konnte.[21] Ihm schien es „eigentlich unvorstellbar“, wie das Ghetto eingerichtet wurde. „Ich hätte mir das nie gedacht, einfach nicht vorstellen können.“[22] Den Ghettobewohnern fielen damals Soldaten der Wehrmacht auf, die ihnen halfen oder sie sogar zu retten versuchten.[23] Deutschen Soldaten war es noch länger möglich, durch das Ghetto zu schlendern und jüdische Straßenhändler zu besuchen; viele erwiesen sich als „anständige, einfache Leute“, denen abge-

20 Tagebuch Wittenstein, 27. Juli 1942, S. 13 ff.

21 Tagebuch Graf, 6. Juni 1941.

22 W. Graf an M. Herfeldt, 12. Juni 1941, in: Willi Graf (Anm. 10), S. 123.

23 Vgl. Eva Fogelmann, „Wir waren keine Helden“. Lebensretter im Angesicht des Holocaust. Motive, Geschichten, Hintergründe, Frankfurt/M. 1998, S. 48, 123 ff.

nommen wurde, kein „Interesse an Hitlers Ideologie" zu haben oder sogar aussprachen, „was sie von Hitler und seiner Bande hielten", wie in einer jüdischen Reportage festgehalten wurde.[24] Bald danach wurde der Kontakt eingeschränkt, während die Durchfahrt mit der Straßenbahn noch gestattet war, wurde untersagt, zu Fuß das Ghetto zu betreten. Dennoch ist nach Berichten von Soldaten ein „lebhafter Handel" – Gold für Brot – entstanden, da die Not erfinderisch machte, im „Judenviertel" und auf dem Weg zum Flughafen: „Die haben Goldwaren da mitgebracht und wir haben Brot dafür gegeben, bloß damit sie was zu fressen kriegten."[25]

Später nun, im Sommer 1942, zeigte sich eine neue Epoche der NS-Politik. Die germanische „Neuordnung Europas" war angesagt, dafür zielte man auf die Maßnahmen der „notwendigen ethnischen Scheidung von Rassen und Völkern": Die Juden aus dem Ghetto Warschaus sollten liquidiert werden, um den, wie die sozialdarwinistische Amtssprache des Befehls verkündete, „moralischen und physischen Seuchenherd" zu beseitigen.[26] Der Plan sah vor, täglich Tausende Juden aus dem Ghetto in Züge zu verladen. Das Startsignal hatte SS-Sturmbannführer Hermann Höfle wenige Tage vor der Ankunft des Zuges mit den Sanitätsfeldwebeln am 22. Juli 1942 gegeben. An diesem Tag hatte er dem Vorsitzenden des Judenrats im Ghetto, Adam Czerniakow, verkündet: „Mit dem heutigen Tag beginnt die Aussiedlung der Juden aus Warschau."[27] So forsch dies auch klang, die SS hatte erhebliche logistische Probleme, innerhalb der Stadt die notwendigen Plätze frei zu halten. Alle Probleme führten zu mehr Zwang und Brutalität. Bahnlinien und Zugwaggons brachten weitere Schwierigkeiten, es mangelte am erforderlichen Transportvolumen; auch zeigten Anschläge und Sabotage durch Partisanen Wirkung. Das Prestige der SS, präzise und reibungslos die Planungen durchzuziehen, war angekratzt.

In diesen Tagen war führenden Juden im Ghetto bewusst geworden, dass eine zweite Etappe der NS-Judenpolitik eingetreten war, „ein ungeahnt schreckliches Glied" des Leidens: „die Ausrottung, die physische Vernichtung der Juden".[28] Die Entrechtung hatte ihren Höhepunkt in dem Wort eines SS-Mannes gefunden, der einem Juden erklärt hatte: „Du bist kein Mensch, du bist kein Tier, du bist ein Jude!"[29] Das Ghetto war am 16. November 1940 eingerichtet und zu einem „geschlossenen" erklärt worden, das Zug um

---

24 Zitiert in Samuel D. Kassow, Ringelblums Vermächtnis. Das geheime Archiv des Warschauer Ghettos, Reinbek 2010, S. 304.

25 Zitiert in Sönke Neitzel, Harald Welzer, Soldaten. Protokolle vom Kämpfen, Töten und Sterben, Frankfurt/M. 2011, S. 180.

26 Befehl vom 19. Juli 1942, zit. in: Peter Longerich, Die Ermordung der europäischen Juden, München 1989, S. 201 f.

27 Joseph Wulf, Das Dritte Reich und seine Vollstrecker. Die Liquidation von 500 000 Juden im Ghetto Warschau, Berlin 1961, S. 282. Adam Czerniakow wählte am folgenden Tag den Freitod.

28 Zitiert aus der Analyse von 1942 in: Kassow, Vermächtnis (Anm. 24), S. 472.

29 Ebenda, S. 473.

Zug durch Mauern und Stacheldraht abgegrenzt wurde. Die Bevölkerung sollte verhungern, die Rationierung war auf weniger als ein Zehntel der lebensnotwendigen Kalorien festgelegt, die Ein- und Ausfuhren wurden an der offiziellen „Transferstelle“ kontrolliert. Schmuggel war die Voraussetzung zum Überleben. Nach jüdischen Schätzungen waren schon etwa 100 000 Menschen gestorben, im Mai 1942 lebten noch etwa 400 000 Juden im Ghetto.[30]

Nicht weit davon zieht sich ein endlos scheinender Stacheldraht in der Mitte einer Straße entlang. Alle 25 Meter steht ein Posten mit geschultertem Gewehr. Sie verstehen kein Wort deutsch. Wenn man sie anspricht, stehen sie zackig still, deuten mit dem Kopf auf den Zaun und sagen: „Jidden-Ghetto“. Es sind Ukrainer, dieselben, die in Lublin ein Ghetto mit 35 000 Insassen in knapp eineinhalb Monaten „geräumt“ hatten. Not, Grauen und Elend verbergen sich hinter den Gittern. Ein ganzes Stadtviertel voller Juden. Vor vier Wochen seien es noch 700 000 gewesen, rühmten sich die SS-Männer, aber nun hätten sie begonnen, „aufzuräumen“.[31]

Warschau: „mit ungeheurer Brutalität“

Die Verhältnisse im Ghetto waren durch die Überfüllung unerträglich und die Eingriffe der SS zur „Aussiedlung“ chaotisch. Die Gerüchte über den Umfang der Deportationen sprossen ins Uferlose, nachdem auf Aushängen das Wort „Ausnahme“ aufgetaucht war. Hoffnung schien auf. Um der Deportation über den „Umschlagplatz“ Richtung Treblinka zu entgehen, entstand innerhalb des Ghettos eine Art Fluchtbewegung. Daraufhin organisierte die SS Ende Juli Razzien und Straßensperren, unterteilte das Ghetto in Sektoren, um es besser kontrollieren zu können. Diese Aktionen erzeugten Panik und Verwirrung.[32] Die Chance zu entkommen, hatten nur wenige, beispielsweise diejenigen, die in Werkstätten und Produktionsbetrieben innerhalb des Ghettos, wo sogar deutsche Firmen 4 000 Juden in ihren Betrieben beschäftigten, gerade auch für die Wehrmacht produzierten; die zu diesem Arbeitszweck ausgegebenen Nummern waren auf 30 000 begrenzt.[33] Die offizielle Ghetto- und die umfangreiche produktive Untergrundwirtschaft führten zu illegalem Handel auf Schwarzmärkten auch außerhalb des Ghettos, aber sicherten vielen das Überleben.[34] Darüber hinaus hatten andere das Privileg, mit Passierscheinen außerhalb der Grenzziehung arbeiten zu können.

---

30 Vgl. ebenda, S. 173 ff.

31 Tagebuch Wittenstein, 27. Juli 1942, S. 15. Die Angaben Wittensteins über die eingesetzten militärischen Einheiten als Hilfstruppen der SS halte ich für zutreffend, vgl. Bald, „Weisse Rose“ (Anm. 1), S. 73 ff. und S. 217.

32 Vgl. Kassow, Vermächtnis (Anm. 24), S. 252 ff. und 480 ff.

33 Vgl. ebenda, S. 312; diese Angabe bezieht sich auf Sept. 1942.

34 Vgl. Beitrag Olaf Meuther in: Wolfram Wette (Hg.), Zivilcourage. Empörte, Helfer und Retter aus Wehrmacht, Polizei und SS, Frankfurt/M. 2005, S. 114 ff.

Die sozialen Spannungen konnten mittels einer grauen Wirtschaft kaum ausgeglichen werden; große Hilfsprogramme wurden gegründet, unter denen die „Aleynhilf" von Emanuel Ringelblum der Not, der Verelendung und Verwahrlosung entgegen treten wollte.

> Neben dem Zaun liegt ein Pole, regungslos, eine kleine Lache Blutes daneben. Kopfschuss. Er hätte sich dem Zaun genähert, meint der Posten. Denn wer diesem zu nahe kommt, wird rücksichtslos und ohne Anruf erschossen. Dahinter aber sterben sie reihenweise Hungers. Morgens wird das Tor geöffnet, dann verlassen Trupps das Viertel; sie werden zur Arbeit eingesetzt. Abends kehren sie zurück; wenn sie Glück haben, mit einem Säckchen Kartoffeln beladen. Alle tragen sie eine weiße Armbinde mit einem blauen Davidsstern. Zuweile sieht man solche mit gelben Sternen auf der Brust, das sind solche aus dem Altreich. Aber die meisten kommen weiter nach dem Osten. Und auch das Ghetto hier soll geräumt werden. ...
>
> Wieder am Ghetto. Aus den Fabriken kommen in langen Marschkolonnen die Juden, die dort arbeiten müssen. Auf dem Heimweg dürfen sie sich Lebensmittel für ihren Bedarf kaufen. Am großen Eingangstor stehen ein paar Polizisten und ein SS-Truppführer, mit einer großen Nilpferdpeitsche in der Hand. Die Juden müssen ihre Ausweise vorzeigen, ihre Pakete werden geprüft. Hat einer zuviel dabei, so wird ihm alles abgenommen. In beachtlichen Bergen häufen sich diese Packen. Macht einer der Juden zu langsam oder gefällt dem SS-Mann irgendetwas anders nicht, so wird ihm mit der Peitsche eine übergezogen, gleich, wohin es trifft. Nach Möglichkeit sogar Gesicht. Ein anderer, der daneben steht, hatte anscheinend nichts anderes zu tun, als jeden, der vorbeiging, mit heftigsten Fußtritten ins Gesäß zu größerer Eile anzufeuern. –
>
> Einen der an der Mauer alle 30 m postierten Feldgendarmen hielt ich auf dem Rückweg an. Dabei musste ich die Feststellung machen, dass die Polizisten weitaus menschenfreundlicher sind als die SS-Leute. Er erzählte mir alles, was ich wissen wollte. Im Ghetto gibt es einen Judenrat, der über alles zu bestimmen hat. Er wählt die 1000 Leute aus, die jeden Tag das Ghetto verlassen müssen in Richtung Osten. Nur die Arbeitsfähigen erreichen davon jemals ihr Ziel, Frauen und Kinder nie. Er bestimmt auch die jüdische Polizei, die sehr roh mit ihren Rassengenossen umgeht, denn sie will sich Liebkind machen.
>
> Der Präsident des Judenrates vergiftete sich vor einem Monat, da er es nicht mehr aushielt. Erstaunlich, wie viele Kinder sich im Ghetto herumtreiben. Die Juden würden sich eben „wie Ratten" vermehren, selbst unter diesen Umständen. Es sollen noch unvorstellbare Schätze im Ghetto liegen, doch würden nur noch die Reichen einigermaßen leben können, die bekämen auch für ihr Geld alles. Auch hier im Ghetto gibt es, wie draußen in der Stadt sehr viel, eine große Anzahl Fahrrad-Rikschas: ein Fahrrad mit Anhänger, in dem zwei Personen bequem sitzen können.

> Zuweilen werden Razzien abgehalten nach verborgenen geschmuggelten Lebensmitteln. Was dabei herausgeholt würde, sei ganz unglaublich. Dabei wird mit ungeheurer Brutalität vorgegangen. –
>
> Auf Fenster, die der Straße zugewandt sind, wird sofort geschossen, wenn sich ein Jude dahinter zeigt. Eine Reihe solcher Fenster zeigte mir der Polizist, meinte dabei aber gemütlich, sein Kamerad habe den Juden nicht treffen sollen, sondern habe nur ins Fenster geschossen, um ihn zu vertreiben. Die Leute von der SS würden allerdings sie sofort „umlegen", die seien überhaupt reine Bluthunde. Jeden Tag würden sie welche umlegen. Als auf das Auto des SS-Chefs ein Stein geworfen wurde, ließ er den gesamten Häuserblock niederreißen und alle Insassen erschießen. –
>
> An einer anderen Stelle stehen wieder Ukrainer. Gibt man ihnen 6 Zigaretten, dann schießen sie einem zum Vergnügen einen Juden ab.[35]

Aus Wittensteins Bericht erfährt man manches Zutreffende. Hunger und Schmuggel, Wohlstand und Hoffnungslosigkeit, Handel und Transport mit Rikschas lassen etwas davon ahnen, welche bedrückende Wirklichkeit im abgeschlossenen Ghetto herrschte. Ein jüdischer Bericht vom Juli 1942 fasste die Verhältnisse in Warschau mit diesen Worten: „Der Gestank. Äußerliche Gegensätze zwischen Reich und Arm. ... Gleichheit am unteren Ende. Gesellschaftliche Unterschiede, erkennbar an Kleidern, Religion und Sprache ... und an einer weniger abgemagerten äußeren Erscheinung. Die verzweifelte Suche nach Protektion und Arbeit. Ablenkungen der Straße."[36]

Die Sanitätsfeldwebel der Weißen Rose hatten Ende Juli 1942 einen unfreiwilligen Aufenthalt in Warschau gehabt. Daher hatten sie Zeit, sie sammelten Eindrücke von der Stadt und vom Ghetto. Ihre Informationen, so vage manches blieb, trafen doch im Kern das Grauen hinter den Mauern des Ghettos. Graf gab sicherlich die verbreitete Stimmung zutreffend mit seinen Worten wider: „Hoffentlich sehe ich Warschau nicht mehr unter diesen Vorzeichen und Bedingungen."[37]

Warschau – letzter Eindruck

Wittenstein blieb auch vom menschlichen Elend in der zerbombten Stadt nicht unbeeindruckt, als er nämlich gleich am ersten Tag auf Baracken am Bahnhof stieß, in denen Flüchtlinge aus den von Bomben zerstörten Wohnhäusern hausten, mühselig mit Strohbüscheln in zerbrochenen Scheiben Schutz vor der Kälte suchend. Er war tief bestürzt über diese Verhältnisse: „Es war das ärmlichste und schmutzigste Elend, das ich jemals gesehen hat-

35 Tagebuch Wittenstein, 27.-28. Juli 1942, S. 15 f.
36 Zitiert in Kassow, Vermächtnis (Anm. 24), S. 397.
37 Tagebuch Graf, 27. Juli 1942, in: Willi Graf (Anm. 10), S. 44.

te."[38] Auch Scholl war über die Armut entsetzt. An seine Eltern schrieb er am selben Tag: „Auf der Straße liegen halbverhungerte Kinder und wimmern um Brot."[39] Der abschließende Eintrag Wittensteins vom Aufenthalt in Warschau knüpfte da an, erneut machte er Beobachtungen über die sozialen Diskrepanzen zwischen Besatzern und Einheimischen:

> Die Vorortzüge im Westen verkehren selten, der Andrang ist groß. Die Folge davon ist, dass die Züge bis zum letzten Platz überfüllt sind. Auf Trittbrettern hängen Trauben von Polen, während in den für Deutsche reservierten Abteilen ganz wenige Personen sitzen. Es ist ein schandbarer Anblick: Im Abteil 1-3 sich fläzende Deutsche, auf den Trittbrettern alte, schwache Polinnen. Ich kann mir nicht helfen, ich würde mich so sehr schämen, dass ich wahrscheinlich mich aufs Trittbrett stellen und den alten Frauen meinen Platz anbieten würde.

Dann brach die Nacht herein, der Abschied war angesagt. Es sollte weiter an die Ostfront gehen. Erneut stand „langes Warten" an, bevor endlich ein Zug für die Sanitätsfeldwebel bereitgestellt wurde, wie Graf festhielt, und sie über Litauen in den Osten führte.[40] Kein Wunder nach diesem „Elend" in Warschau suchten sie Ruhe; Wittenstein wandte sich von der „trostlosen Einöde Polens" innerlich ab, bevor „die geradezu anmutig zu nennende Hügellandschaft Litauens" sich öffnete – „eine Erholung für das ermüdete Auge".[41]

Der Protest der Weißen Rose gegen die Judenverfolgung

Warschau war ein einziges Exempel des Entsetzens. Die Brutalität der menschenverachtenden Ideologie des Nationalsozialismus hatte ihre Verwerflichkeit offengelegt. Das Ghetto, in dem die größte Aktion zur gewaltsamen Erfassung, zum Abtransport und zur Tötung der meisten Juden Warschaus anlief, war eine „tragische Sehenswürdigkeit" von durchreisenden und in der Nähe stationierten Wehrmachtsoldaten.[42] Die Sanitätsfeldwebel der Studentenkompanie aus München waren vermutlich alle vor Ort. Die Gruppe aber, die mit der Weißen Rose in Verbindung stand, war gewiss dort; sie nahm das

---

38 Tagebuch Wittenstein, 27. Juli 1942, S. 15.

39 Zit. in Inge Scholl (Hg.), Hans Scholl, Sophie Scholl. Brief und Aufzeichnungen, Frankfurt/M. 1984, S. 83.

40 Tagebuch Graf, 28. Juli 1942, in: Willi Graf (Anm. 9), S. 45. Ein Beispiel über die dortige Liquidierung der Juden findet sich bei Wolfram Wette, Karl Jäger. Mörder der litauischen Juden, Frankfurt/M. 1911, S. 52 ff., Hinweise über das Geschehen im Baltikum bei Bald, „Weisse Rose" (Anm. 1), S. 77 ff.

41 Tagebuch Wittenstein, 29. Juli 1942, S. 16.

42 Arno Lustiger, Der deutsche Widerstand und der Holocaust – Patriotismus und der Selbstbehauptungswille der deutschen Juden, in: Bald, Kriegsmaschinerie (Anm. 2), S. 155.

„Elend“ wahr. Um sie noch einmal mit Namen zu nennen: Hubert Furtwängler, Willi Graf, Raimund Samüller, Alexander Schmorell, Hans Scholl und Jürgen Wittenstein. Das „Drum und Dran“ der staatlich organisierten Judenverfolgung, wie Scholl und die anderen an Huber geschrieben hatten, brannte sich ein, bestärkte ihr ethisches Fundament und schärfte ihre radikale Kritik am NS-System weiter. Scholl hatte da, wie seine Familie berichtete, „viel Grauenhaftes erlebt“ und „abgrundtiefen Schmerz“ empfunden, als er auf dieser Fahrt an die Ostfront auch das Leid „bei einzelnen Juden“ wahrgenommen hatte.[43]

Das Aufbegehren gegen diese menschenverachtende Politik war bereits in München in abendlichen Diskussionen klar gewesen, auch für Sophie Scholl und Kurt Huber. Beide waren eindeutig. Huber hatte geradezu sein Forum gegen die Judenverfolgung eröffnet, als er in Vorlesungen Deutlichkeit zu erkennen gab.[44] Eine Episode aus einer Vorlesung, in der er über jüdisch geprägte Denker wie Spinoza oder Husserl las, macht klar, wie ironisch er damit umging. Er wies auf die angeordnete amtliche „Säuberung“ der Institutsbibliothek hin und merkte zu Werken jüdischer Autoren an: „Nehmen Sie sie ruhig mit! Das ist Rettung des deutschen Geistes ...!“[45]

Die Weiße Rose fand ihre humanen Standpunkte, dazu zählte von Anbeginn an, für die Juden einzutreten und sich gegen ihre Vernichtung aufzulehnen. Mit Menschen seines Vertrauens hatte Scholl diese Haltung wie selbstverständlich aussprechen können, als er beispielsweise Otl Aicher im Dezember 1941 mitteilte, Carl Muth fühle sich krank, da ihm die „Aktionen gegen die Juden in Deutschland und in den besetzten Gebieten“ die Ruhe genommen hätten.[46] In verschwörerischer Absicht war dies öffentlich geworden, als Hans Scholl und Alexander Schmorell die ethische und politische Kultur dieses Widerstandes – vor der Famulaturfahrt an die Ostfront, gerade einen Monat zuvor – in den vier „Flugblättern der Weissen Rose“ bekannt gemacht hatten.[47] Das war ein Fanal, ein Aufschrei des Gewissens. Insbesondere in dem zweiten Flugblatt hatten sie die Verbrechen gegen die jüdische Bevölkerung in Polen gebrandmarkt. Schmorell und Scholl hatten dort die ungeheuren „Verbrechen“ der SS, unvergleichlich „in der ganzen Menschengeschichte“, beklagt, die jüdische Bevölkerung in Polen auf „bestialische Art“ zu ermorden. Schlicht klingt der Satz im Flugblatt: „Auch die Juden sind doch Menschen.“

Wenige Wochen später sahen sie in Warschau entsetzliches Leid und Elend; die SS-Maschinerie der Vernichtung lief an. Die Münchner wurden

---

43 Institut für Zeitgeschichte, ED 106, 101 Inge Scholl (an Ricarda Huch, o. D.), S. 21.

44 Vgl. Wolfgang Huber, Kurt Huber vor dem Volksgerichtshof. Zum zweiten Prozess gegen die Weiße Rose, Essen 2009.

45 SAM NL Huber 198 Hermine Maier, Ein Lehrer vertieften Denkens (nach 1945), S. 4.

46 Hans Scholl an Otl Aicher, 23. Nov. 1941, zit. in: Inge Jens (Hg.), Briefe und Aufzeichnungen, Frankfurt/Main 1984, S. 87.

47 Vgl. Hinrich Siefken, Die Weiße Rose und ihre Flugblätter. Dokumente, Texte, Lebensbilder, Erläuterungen, Manchester, New York 1994.

konkret mit diesen „scheußlichsten, menschenunwürdigsten Verbrechen" (Flugblatt II) konfrontiert, auch wenn die Gerüchte auf den Straßen in Warschau, die Wittenstein über die Vernichtung in den KZs notiert hatte, nicht allen zu Ohren gekommen sein müssen. Doch ihre Empörung angesichts der rassistischen Politik zeigte sich in nur wenigen Aufzeichnungen.

Was aber ging in ihnen vor, wie fassten sie ihre Empfindungen? Welche Gedanken bestimmten ihre Gespräche auf der dann folgenden langen Zugfahrt? Dass dieses Thema der Flugblätter und am Ghetto sie nicht los ließ und auch später wieder Bedeutung fand, dokumentieren Vernehmungsprotokolle der Polizei über abendliche Diskussionen im Januar 1943: „Scholl erinnerte ... an die Judenverfolgung und erwähnte, dass es vom Standpunkt der menschlichen Nächstenliebe ein Gebot der Stunde sei, hier etwas zu unternehmen."[48]

Die Fahrt von München über Warschau war eine Fahrt in das Zentrum des „Bösen", das Schmorell und Scholl im dritten Flugblatt mit den Worten – „Unser heutiger 'Staat' aber ist die Diktatur des Bösen" – in ihrer religiös so aufgeladenen Sprache angeprangert hatten. Am Ghetto wurden sie der Blutspur von Terror und Tötung, Repression und Selektion ansichtig. Das „Elend" war das Memento der NS-Politik der Menschenverachtung und Machtbesessenheit, die Deportation ein Glied in der Kette der Vernichtung. Hier trugen die Juden das Kainszeichen der rassistischen Minderwertigkeit und religiösen Verachtung, dort an der Front vor Moskau kam es in anderer Gestalt erneut auf sie zu. Opfer des Nationalsozialismus, sie alle. Mit dem über allem, dem Ghetto und dem Krieg, schwebenden „Programmwort 'Blut und Boden' hatte eine eigentümliche nationalsozialistische „Repaganisierung des Herrschaftsgebiets" obsiegt, wie Eugen Biser das Ende des Menschlichen bezeichnete.[49] Warschau war das Menetekel. Menschen standen dagegen auf. Auch die Träger der Weißen Rose sind zu erinnern: Erinnern des Guten.[50]

48 Staatsarchiv München, STAnw. 12530, 45 Vernehmung H. Dohrn, 2. April 1943.

49 Eugen Biser, Widerstand im Geist der Freiheit, in: Bald, Kriegsmaschinerie (Anm. 5), S. 9.

50 Dirk Heinrichs, Was besagt Vergessen und Erinnern des Guten? Bremen 2007, S. 73 ff.

Theodor Haecker

Begegnungen und Entdeckungen auf dem Weg von Theodor Haecker zur Weißen Rose Persönlicher Rückblick auf ein Forscherleben

HINRICH SIEFKEN

I.

Heute erscheint mir mein Weg über Theodor Haecker zur Weißen Rose als eine Reihe glücklicher Zufälle. Wesentliche, öffentliche Höhepunkte waren die Jahre 1989, 1991,1994, 1995 und 2000-1 [4, 5; 8, 11, 13, 19].[1] Das erste Jahr brachte mit der Marbacher Kabinett-Ausstellung *Theodor Haecker 1879–1945* und dem Marbacher Magazin auch die neue, „vollständige und kommentierte Ausgabe“ der *Tag- und Nachtbücher 1939–1945,* die der Innsbrucker Haymon Verlag dort vorstellte. Selbst die Presse wurde wieder auf Haecker aufmerksam.

Im Januar 1991 fand in Nottingham, in enger Verbindung, eine Ausstellung – die von München eingeflogene Weiße-Rose-Ausstellung und eine dazu erarbeitete Veröffentlichung – das erste der drei Nottinghamer *Resistance Symposia* statt. Der Sammelband *Student Resistance to National Socialism 1942-1943. Forschungsergebnisse und Erfahrungsberichte* lag im November vor.

1994 erschien der Aufsatz *„Die Weiße Rose and Russia“* [7] und das für englische Abiturienten und Studenten gedachte Arbeitsbuch *Die Weiße Rose und ihre Flugblätter. Dokumente, Texte, Lebensbilder und Erläuterungen* [11]. Es war aus meiner Arbeit mit Studenten entstanden und begleitete sie bis zu meiner Emeritierung.

Zum 50. Todestag erschien 1995 in Haeckers Heimatstadt Esslingen der Sammelband *Theodor Haecker: Leben und Werk* mit einer Textauswahl aus seinem Werk, wichtigen Briefen, Erinnerungen und Würdigungen [13]. Eine wirkliche, obendrein ökumenische Haecker-Tagung wurde erst im Jahre 2000 in der katholischen Akademie Stuttgart-Hohenheim möglich. Ihre Beiträge erschienen unter dem Titel *Theodor Haecker (1879–1945). Verteidigung des Bildes vom Menschen* als Band 55 der Hohenheimer Protokolle [20]. Inzwischen war ich emeritiert. Ich hole etwas weiter aus, um zu erklären, wie ich zu dieser Arbeit gekommen bin.

1979 war ich als Professor und Seminarleiter nach Nottingham berufen worden, nach zwölf Jahren an dem kleinsten germanistischen Institut Großbritanniens, ländlich gelegen in Lampeter in Wales. Hinter mir lag das abgeschlossene, noch ungedruckte Buch *Thomas Mann – Goethe. „Ideal der Deutschheit.“ Wiederholte Spiegelungen.* Fink: München 1981. Es war in dreieinhalb Jahren Zürcher Archivarbeit entstanden, aus einem bis 1958 zurückgehenden Interesse an angeblich „Entarteter Kunst“ und der Verzerrung des Begriffs „Deutscher Kunst“ im Dritten Reich. An Hand der Essays, Reden, Schriften Manns und des Goethe-Romans ging es da um die Verteidigung deutscher Kulturtradition im Falle des „großen“ Deutschen, Goethe. Zeit-Hintergrund waren die Weimarer Republik, das Dritte Reich und der Weg Manns ins Exil, in dem *Lotte in Weimar* abgeschlossen wurde. Für meine *Inaugural Lecture*, meine Antrittsvorlesung, schlug ich der Universität Nottingham „Thomas Mann’s *Bruder Hitler*“ vor [*German Life and Letters,* 35 (1982), 165-181].

1 Hinweis: Die in eckigen Klammmern geführten Zahlen verweisen auf die am Schluss dieses Beitrages aufgeführten Arbeiten und Publikationen des Herausgebers.

So kündigte ich einen Schwerpunkt meiner Lehrveranstaltungen und weiterer Forschungsarbeit an. Seit einer Asta-Reise von Tübingen nach München zur Ausstellung *Entartete Kunst* im Jahre 1962, 25 Jahre nach der berüchtigten Aktion Hitlers gegen die Moderne, ließ mich die Frage nicht los, wie diese Auseinandersetzungen um deutsche Kultur zu verstehen seien. Schon kurz nach meiner Ankunft in Lampeter hatte ich 1968 einen Lichtbilder-Vortrag über *Un-German Art* angeboten. Das Interesse war unerwartet groß. Ich trug ihn regelmäßig in sich ändernden Fassungen vor – vor Studenten und Kollegen, vor dem Publikum der kleinen Landstadt Lampeter und auf einem Studienwochenende vor Germanistik-Studenten und Fachkollegen der föderativen University of Wales. Von Nottingham aus reiste ich damit nach Hull und Warwick, zum Germanic Institute London, auf Einladung des Goethe Instituts nach Manchester zur Eröffnung einer Anne-Frank-Ausstellung und später in Bradford und York zur Eröffnung einer inzwischen verbesserten Fassung der Münchner Weiße-Rose-Ausstellung. Die Diskussionen ließen mir keinen Zweifel an der anhaltenden Brisanz des Themas.

Ich war begeistert, 1981 in Nottingham in einer Rede eines Theologen die Definition der Arbeit des Universitätslehrers von Herbert Spencer zu hören, es sei unsere Aufgabe „to make us unfit for things as they are, and fit for things as they ought to be“. Kant hatte vom „Ausgang aus der selbstverschuldeten Unmündigkeit“ als Antwort auf die Frage „Was ist Aufklärung?“ gesprochen. Ich definierte fortan den Lehr- und Lernbetrieb gerne als „a subversive activity involving consenting adults“, was ich einem Taschenbuch für Lehrer verdankte.

Meine Umsiedlung von Tübingen nach Großbritannien 1967 war eine Neu-Orientierung gewesen. Nach Promotion als Mediävist hatte mir 1964 mein Tübinger Doktorvater Wolfgang Mohr die Habilitation vorgeschlagen. Wir einigten uns auf den Projekt-Titel *Erzählformen der mittelhochdeutschen Epik.* Nach einem Jahr als Wissenschaftlicher Assistent, der Übungen zu Mittel- und Althochdeutsch gehalten hatte, schied ich auf eigenen Wunsch im Sommer 1967 aus dem Beamten-Dienst mit dem Langziel Mittelalter wieder aus. Ich hatte Lehrer werden wollen. Universitätslehrer zu werden war verlockend und Wolfgang Mohr war da ein gutes Vorbild, aber ich wollte zurück zur Literatur und Kunst des 20. Jahrhunderts. Zu tief war der Eindruck der Studentenjahre, mit der Entdeckung Georg Trakls, mit den Kolloquien und Vorlesungen von Walter Jens zur Gegenwartsliteratur und zum Werk Brechts, vor allem aber auch die intensive Arbeit für Richard Brinkmanns Oberseminar zum Expressionismus über August Stramm, den Sturm-Kreis und Kandinskys Schrift *Über das Geistige in der Kunst.* Zudem hatte ich 1966, als Lektor auf ein Jahr in Bangor in Nord-Wales, den damals persönlicheren britischen Lehr- und Arbeitsstil erlebt.

Die endgültige Umstellung auf den britischen Universitätsbetrieb war nicht schwierig. Ich merkte schnell, dass mancher interessante Text Studenten, für die Deutsch eine Fremdsprache war, auch nach dem Auslandsjahr noch überforderte und ihnen kaum zugänglich zu machen war. Ich hatte es mit Romanen wie Manns *Der Zauberberg, Die Bekenntnisse des Hochstaplers Felix Krull,* und Döblins *Berlin Alexanderplatz* versucht. Erfolg und Mitarbeit hatte es bei der Novelle *Tristan* gegeben. Auch in Nottingham war Thomas Mann als Spezialgebiet kaum anzubieten, obwohl ich es in meinem ersten Jahr versuchte. Die Studenten waren sprachlich zu benachteiligt für gemeinsame Gespräche. Andere meiner früheren Kurse, wie das *Drama des 20. Jahrhunderts* und *Romane der Gegenwart,* wurden bereits angeboten. So ergab sich als mein Spezialgebiet im Nottinghamer Studienprogramm *National Socialism and German Literature*, das ich aufteilte in *NS-Literature (Propaganda)* und *Literature against National Socialism (Resistance).* Es bewährte sich schnell. Ich brauchte erstmal eine reichere Basis an Kenntnissen und Material, auch ein neues Forschungsprojekt.

II.

Der DAAD war bereit, mir 1981 mit einem vierwöchigen Studienaufenthalt zum Thema „Tagebücher 1933–1945" zu helfen. Ich hatte Autoren wie Theodor Haecker, Ernst Jünger, Harry Graf Kessler, Jochen Klepper, René Schickele und Oskar Loerke im Auge, deren Tagebücher gedruckt vorlagen, und las in Marbach alles Greifbare über das Tagebuch als literarische Form. Nebenbei kopierte ich historisches Quellenmaterial für die neuen Kurse. Zufällig hörte ich, dass der handschriftliche Nachlass Theodor Haeckers, unentdeckt und unbenutzt, wie sich zeigen sollte, in Marbach lag.

Aus purer Neugier bestellte ich mir am letzten Tag vor der Abreise das Manuskript der *Tag- und Nachtbücher* in den Lesesaal. Das waren allerdings im Katalog mehrere Manuskript- und Typoskript-Stücke, deren Zusammenhang nicht klar war. Es zeigte sich schon nach zwei Stunden, dass was ich da in Haeckers Handschrift las, nicht textgleich mit der Wild'schen Ausgabe von 1948 und deren Nachdrucken war, die ich gegenlas. Das Tagebuch war offenbar umfangreicher gewesen. Es fanden sich Verballhornungen dank Haeckers nicht einfacher Handschrift. Die Freuden des Entzifferns alter deutscher Schrift kannte ich aus Monaten im Zürcher Thomas Mann Archiv. War ich auf einer Spur, die weitere Entdeckungen versprach? In wenigen Stunden wandelte sich das literaturwissenschaftliche Tagebücher-Projekt zu einer möglichen Neu-Ausgabe der *Tag- und Nachtbücher*.

Nach vorbereitender Korrespondenz verbrachte ich 1984 mit Unterstützung der British Academy acht Herbstwochen in Marbach, fast nur mit Haecker-Handschriften beschäftigt. Das sehr umfangreiche, unbekannte Material ließ mir keine Zeit, die Tagebücher anderer Autoren einzubeziehen. Auffällig war der feine Zementstaub zwischen den seit der Registrierung unberührten Blättern. Die Bibliothekarin bestätigte das. Sie kannte den Grund. Als Haeckers Wohnung im Dachgeschosses des Schreiber-Hauses in München durch Luftangriff völlig zerstört worden war, hatte Haecker im Keller überlebt. Seine Handschriften hatten aus den Trümmern gerettet werden können.

Anderes hatte an anderer Stelle den Krieg überstanden. Der ganze, weithin unbekannte Fragenkomplex der Biografie Haeckers und seines Lebens und Wirkens im Dritten Reich zeichnete sich ab.

Ich telefonierte zum ersten Mal mit Irene Straub, Haeckers Tochter, die ich in München besuchen konnte, und mit Frau Irmgard Wild, der Witwe des Leiters des Kösel-Verlages, der die *Tag- und Nachtbücher* (TNB) mit Genehmigung der Allied Control Commission 1948 hatte veröffentlichen können. Friedrich Pfäfflin in Marbach, der bei Kösel gearbeitet hatte, half mir manche verlorene Spur wiederzufinden. Über Christoph Wild war ich bald im Besitz der schönen fünfbändigen Ausgabe *Theodor Haecker: Werke*. Kösel: München. 1958–1967, mit einem Essay „Theodor Haecker„ von Clemens Bauer, einer Bibliografie und einem Register von Karl Schaezler. Das Programm des Kösel-Verlags hatte sich inzwischen sehr gewandelt. Weiteres Interesse an Haecker, gar einer Neuausgabe der TNB bestand nicht. Doch ich war endgültig auf dem Weg zu Theodor Haecker.

Der erste Schritt war die Erstellung einer vollständigen Transkription der Manuskripte und Typoskripte der TNB, die dann zu kommentieren sein würde. Erst vor dem Hintergrund der Zeitgeschichte, auf die Haecker sich laufend, wenn auch oft versteckt bezog, auf Äußerungen im Radio, in der Presse, auf Kriegsereignissen, würde dieses scheinbar so verschwiegene und abstrakt-lakonische Tagebuch eines Vereinsamten wieder das Zeitdokument sein, als das es – nach den Rezensionen zu urteilen – in der Nachkriegszeit noch erkennbar gewesen war.

Die Korrespondenz mit Menschen und Zeitzeugen wuchs an, die ich von Marbach nur per Post oder erst einmal telefonisch erreichen konnte. Es ergaben sich erste Eindrücke der Esslinger Jugendzeit, des Münchner Freundeskreises, der Beziehungen zu Ludwig von Ficker und seinem *Brenner* in Innsbruck, zu Carl Muth und *Hochland,* zu dem Esslinger Jugendfreund Hermann Schreiber, dem Verleger der *Meggendorfer Blätter*, die später in den *Fliegenden Blätter* im selben Verlag aufgingen. Bald beschäftigte mich die Frage, welche Beziehung in den Kriegsjahren zwischen Haecker und dem Kreis der Münchner Studenten der Weißen Rose bestanden hatte. Die TNB nannten schon in der ersten Ausgabe von 1948 unter dem 9. Juni 1944 den Namen Scholl (Notat 1080): „Im Keller. Sprengbombe. Zerstörung des Hauses und meiner Wohnung. Beispiellose Verwüstung. Manche *gute* Menschen, Helfer, Tröster durch ihr Sein und ihr Tun! Scholl! Manche crapule. Vornehme Seelen. Und kleine Seelen. …“ Was bedeutete das?

Während der acht schwäbischen Wochen bekam ich eine Einladung von Professor Werner Welzig aus Wien, vor seinem Mitarbeiterkreis, der die Tagebücher Schnitzlers edierte, über meine Arbeit zu berichten. Es war die erste Gelegenheit, skeptischen Sachkundigen die Überlieferungslage vorzustellen. Ich habe den Vortrag dann 1986 am Germanic Institute in London und vor Kollegen der Universität Birmingham, 1991 in Nottingham vor Bibliothekaren in überarbeiteter Form vorgetragen [3; 7]. In der Ausgabe der TNB wurden diese Vorarbeiten in die Abschnitte „Zur Biographie Theodor Haecker„ und „Bemerkungen des Herausgebers“ aufgenommen, soweit sie nicht direkt in den Kommentar eingingen.

Das Problem der möglichen Vollständigkeit hatte mehrere Aspekte. Wild hatte Notate nicht aufgenommen, die schon im August 1940 in Jahrgang 37 des *Hochland,* als „Tagebuchblätter“, gedruckt vorgelegen hatten. Weiter sind Vorentwürfe zu Arbeiten der Jahre 1939 bis 1945 getilgt worden, so die zu dem neuen, zeitgemäßen Vorwort der zweiten Auflage (1941) der Tagebücher Kierkegaards, zu den „Gedanken zu einer Metaphysik des Fühlens“ (*Hochland*, Dezember 1940), zu dem „Dialog vom Wunderbaren und vom Nichts“ (*Hochland*, Juni 1941), zu den „Versuchungen Christi“ (für den Alsatia Verlag Colmar, 1944 geplant), zu dem im Oktober 1944 abgeschlossenen Manuskript der *Metaphyik des Fühlens* (erst postum nach Haeckers Tode erschienen) und schließlich zu der postumen Schrift *Der Buckel Kierkegaards.* Durch die so entstandenen Lücken war aber der Zusammenhang der Notate empfindlich gestört. So manche Datierung war mit ausgefallen, andere Datierungen waren getilgt worden, ursprünglich getrennte Notate waren gelegentlich zusammengezogen worden. Dem Leser entstanden dadurch unnötige Schwierigkeiten, die Bindung der Notate an die Zeit zu verstehen, in der Haecker schrieb, oder zu schweigen gezwungen war – wie zur Zeit der Verhaftungen nach den Aktionen der Weißen Rose – oder mit sich selbst bei Nacht in seinem Tagebuch sprach, um Licht in das Dunkel der Tagesereignisse zu bringen. Dann waren da die unbeabsichtigten Verballhornungen. Durch Verlesung war die in München bekannte Anekdote vom Prinzregenten sinnlos als Anekdote zu Prinz Eugen (Notat 676) geworden. Aus der Stelle von der Würde des Menschen, deren „Freudenwort die Freiheit“ sei, war „Frieden mit der Freiheit“ (Notat 654) geworden. Zur Revolution in Jugoslawien schrieb Haecker, dass „nach den Griechen“ (nicht: „Krisen“) auch dort antike Bürgertugenden wiedererwachen.

Hier war der Herausgeber versucht zu beckmessern, aber zu bedenken war, unter welchen Bedingungen (Gefahr der Entdeckung, Bombenangriffe, Flucht an ruhigere Stätten, wie Tübingen, Bruderhof, Ustersbach) Haecker schrieb. Die Auswirkungen innerer und äußerer Unruhe, körperlicher Schwäche (Diabetes) und Sichtbehinderung auf seine Handschrift lagen vor Augen. Er sprach von sich selbst, obwohl er erst gut sechzig Jahre alt, als „old man“ mit Stock und unsicherem Schritt. Und unter welchen Bedingungen 1947–1948 dann Bücher gemacht wurden, ist heute wohl kaum noch nachzuvollziehen. Mit verständlichen Mängeln hatte sich jedoch nicht nur eine Verminderung der erhaltenen Notate ergeben, die im Original nicht numeriert sind. Der Zeit- und Werkbezug waren erheblich gestört. Wohl hatte Haecker während der Jahre 1939 bis 1945 offiziell Rede- und Schreibverbot, aber Beiträge zu *Hochland,* kleine Ausgaben im Colmar Verlag (wie die 1944 der feldpostartigen Text-Auswahl *Über den abendländischen Menschen*, die ich von Irene Straub bekommen hatte) waren ihm bei Vorsicht möglich gewesen. Auch wäre es ganz falsch, aus dem Schweigen der Notate zu schließen, dass Haecker keine weiteren Pläne für die Zeit nach dem Krieg gemacht hätte oder nicht auch schon um Mitarbeit an dann wieder möglichen Arbeiten eingeladen worden wäre. Der Diarist Haecker sah seine Aufgabe deutlich: „Auf die Zeitgenossen kann man sich heutzutage nicht so ohne weiteres verlassen, auf das Gedächtnis der Zeitgenossen überhaupt nicht. Darum werden Outsider und Extraordinarii bestellt, von denen anzunehmen, dass sie im commune naufragium nicht spurlos untergehen werden." Er, der alles Amtliche zur Schmach erklärt, weiß von seiner Rolle als Außenseiter, als nicht beamteter „Geschichtsschreiber", der im allgemeinen Schiffbruch an die „ordo" erinnert, die zerstört wird [Notat 691, 1. Januar 1941].

Die Frage nach der Rolle Haeckers als Schriftsteller – mit Mitgliedsnummer in der Reichsschrifttumskammer, nach automatischer Übernahme des Schriftstellerverbandes durch das Dritte Reich –, nach seiner Verantwortung als Mitherausgeber der *Fliegenden Blätter*, die sich der Gleichschaltung nicht entziehen konnten, als Beiträger zu *Hochland*, von dem einzelne Hefte nicht ausgeliefert werden durften, bis es „wegen Papiermangels" ganz geschlossen wurde, führt tief hinein in die Problematik des Tagebuches. Ich habe lange gebraucht, mit dem Verständnis dieser Widersprüche zurechtzukommen, auf die Haecker sich ja nachdrücklich bezieht, etwa als Hanns Johst, der Präsident der Reichsschrifttumskammer, ihm noch am 4. Juni 1944, vor dem Hintergrund „Einmarsch der Alliierten in Rom", offiziell zu seinem 65. Geburtstag ein Gratulationsschreiben zukommen lässt (Notat 1078). Ich brauchte Dokumente, Quellen, Informationen, Vergleichsmaterial, doch auch Gespräche mit Zeitzeugen.

III.

Ich hatte Glück, auf der Suche getrieben von dem Gedanken, dass die Zeit nicht auf meiner Seite sei. Im Kopf hatte ich Brechts Zeilen „so was nimmt man doch nicht mit sich fort, / da gibt's doch Papier bei uns und Tinte, / und eine Nachtmahl gibt es auch." War die Rolle des Zöllners, der Laotse nicht reisen lassen will, bevor er seine Weisheit aufgeschrieben hat, etwa die meine? War ich ihr gewachsen? Meine Gastgeber, aber gleichzeitig auch mögliche Quellen meiner Weisheit, wurden von 1984 an in rascher Folge Gerhard Schreiber in Esslingen, Inge Aicher-Scholl und Otl Aicher in Rotis bei Leutkirch, Irene Straub und Irmgard Wild in München, und immer wieder Bernhard Hanssler in Stuttgart. Der Umgang mit ihren Erinnerungen war nicht immer einfach, noch diese immer konkret genug, um mir weiterzuhelfen. Im Ganzen bleibt dennoch der Eindruck großer Bereicherung.

Im S. Fischer Verlag erschienen die Ausgaben der Briefe der Scholls (1984) und Willi Grafs (1988), bearbeitet von Inge und Walter Jens. 1985 folgte Otl Aichers *innenseiten des kriegs.* Im Oktober 1984 las ich die Auswahl aus den Aufzeichnungen von Hans und Sophie Scholl im Zug nach Wien, und dann die ganze Nacht im Hotel. Es konnte kein Zweifel mehr bestehen an der Verbindung zwischen Haecker und der Weißen Rose, oder doch wenigstens zu den Scholls. Ich traute meinen Augen nicht, als ich für *Germanistik* eine 1984 geschriebene, 1986 publizierte Innsbrucker Dissertation zu besprechen hatte, in der einer solchen Beziehung mangels Anhaltspunkten noch alle Wahrscheinlichkeit abgesprochen wird [*Germanistik* 27, 1986, S. 423 f: Karin Masser, *Theodor Haecker – Literatur in theologischer Fragestellung*. Peter Lang: Frankfurt 1986]. Was in der Ausgabe stand, wurde mir ausführlicher bestätigt durch Gespräche mit Zeitzeugen, denen ich als ein Fremder begegnete. Hinterher, bei der Durchsicht meiner fieberhaften mitgeschriebenen Notizen, sah ich oft mehr Fragen als Antworten. Das Wichtigste war mir zunächst die Entstehung der Ausgabe von 1948. Das Gespräch mit Frau Wild führte kaum weiter. Sie hatte wohl nie die Detailkenntnis gehabt, um mir sagen zu können, wer wann warum was hätte getilgt haben können. Sie wies meine Frage fast ungehalten von sich.

Ich wusste inzwischen, schon beim Abtippen von Manuskript-Teilen waren Änderungen und Streichungen eingetreten, wie ein Vergleich zeigte, wo die Vorlage erhalten war. Es blieb für mich dabei, alles Erhaltene aufzunehmen, auch um eine unbewusste oder vorsichtig gezielte Zensur aus Vorsicht des Autors (beim Abtippen noch während des Kriegs) oder des Herausgebers nach dem Krieg auszuschließen. Es gab glättende Auslassungen, mit denen Persönliches verschwand, etwa die unbekannten Notate 1081 und 1082 vom dritten Advent 1944. Nach dem Verlust seiner Wohnung, nach den Wochen auf dem Bruderhof (wo er die Nachricht vom gescheiterten Widerstand der Offiziere erlebt hatte), nach der Rückkehr nach München, nach dem Verlust des väterlichen Erbes in Stuttgart und in tiefer Sorge um den Reinhard, den geliebten jüngsten Sohn, der von der Schule weg zum Militärdienst gekommen war, nach der Flucht nach Ustersbach hatte Haecker geschrieben: „Manche Saite ist doch endgültig zerrissen. Und ich muss, Gott verzeihe es mir, sagen: ohne meine Schuld. Gott hat sie zerreißen lassen. In dem Chor, den auch die Menschen zu seinem Preise mitsingen sollen, da singt sie nicht mehr mit, sie gibt keinen Klang mehr, sie ist tot, sie ist zerrissen ...“ Durfte, musste das fehlen? Nach weiteren zwanzig knappen Notaten verstummt das Tagebuch ganz. Vorsicht und Einsicht waren geboten. Nur – kannte ich alles Erhaltene?

Haecker hatte bewusst angestrebt, das Überleben der Handschrift, in Abschriften – sowohl getippt durch Dritte als von seiner Hand abgeschrieben – zur Sicherheit an mehreren Stellen zu verstecken, vergraben, verborgen in Aktenschränken, usw. Das bei seiner Familie Erhaltene hatte seine Tochter nach Marbach gegeben – aber was war das? Ein Teil, sicher ein sehr großer Teil. Aber war es alles? Es gab einen Menschen, der mir vielleicht hätte helfen können, „H. M.“, zu lesen als Helga Mainz. Ihr Name war mir, unter viel früheren Daten, im Tagebuch des guten Haecker-Freundes und Schwabinger Bohemien Max Stefl, Bibliothekar an der Staatsbibliothek, begegnet. 1936 hatte Haecker ihr nur mit ihren Initialen sein Buch *Schönheit. Ein Versuch* gewidmet. Sie war, wie mir Frau Wild berichtete, Frau Straub bestätigte, und wenige Briefspuren bewiesen, dem Witwer mit drei Kindern, nach dem schweren Tod seiner Frau Margarete Haecker am 9. Januar 1935, ohne Zweifel eine nahe Vertraute geworden, aber nach Haeckers Tod und Kriegsende hatte sie sich ganz zurückgezogen. Sie lebte noch, aber ich fand keinen Weg zu ihr. Nach ihrem Tod kam tatsächlich ein von Haecker gemachtes handschriftliches Exemplar der TNB aus ihrem Besitz nach Marbach, das ich 2001 dort einsehen konnte. Ich habe keine Entdeckungen mehr gemacht, aber völlig textgleich mit meiner Ausgabe war es auch nicht. Sich selbst abschreibend hatte Haecker ein wenig stilistisch geändert. Das passte sehr gut zu Haeckers Arbeitsweise. Auch aus finanziellen Gründen hatten viele seiner Arbeiten mehrere Fassungen, auch Druckfassungen, durchlaufen. Aus einem Vortrag wurde ein Aufsatz für eine Zeitschrift, der in einer Essay-Sammlung oder einem Buch-Kapitel wieder auftauchte, oder gar zu einem seiner „kleinen Bücher“ anwuchs. Das Neue entstand als Überarbeitung des Vorhandenen, manchmal direkt sichtbar als Korrektur alter Druckfahnen, oder Druckseiten. Mir hat immer die Zeit gefehlt, dieser Sisyphusarbeit an anderen Werken nachzugehen. Sie wird wohl nie geleistet werden.

Doch es ist sicher, dass – so leise und zurückhaltend, ja unsicher Haecker uns als Vortragender am Podium, als Vorlesender, beschrieben wird, ein Mann, der auch beim Treffen vertrauter Freunde, wie dem „Samstag“, dem er 1924 eine große frühe Sammlung *Satire und Polemik 1914–1920.* (Brenner-Verlag: Innsbruck) gewidmet hatte, lange schweigend dabei saß, – wenn er sprach, erst recht. wenn er schrieb, wurde er in der Sache apodiktisch. Sein Wort war, wie er früher definiert hatte, das „Scheidewasser“ das das Echte vom Unechten, das Wahre vom Falschen zu trennen suchte. Lakonisch, ein Mann der Melancholie war er, aber auch einer, der vor allem schriftlich bis ins Alter zuschlagen und um sich schlagen konnte. Was in seinen oft aphoristischen, essayistischen, lakonischen Texten stand, das sollte gelten, auch wenn umsichtigere Freunde ihn umzustimmen suchten. Manchmal kam es in einer späteren Auflage zu stillschweigender Milderung, wie die des brutalen Angriffs auf Rudolf Alexander Schröders Übersetzung in der ersten Auflage des programmatischen Vergil-Buches *Vergil. Vater des Abendlandes*. „Quod scripsi, scripsi“, liest man immer wieder in Haeckers Notizzetteln. „Nulla dies sine linea.“ Das waren Worte von theologischer Resonanz und hohem Anspruch.

Durch Gerhard Schreiber gewann ich ein gutes Verständnis der Freundschaft seines Vaters mit Haecker und dessen Rolle im Verlag, die ihm zeitlebens sichere Lebensgrundlage war. Auf meinen Wunsch hat Gerhard Schreiber das 1995 für den Esslinger Sammelband schriftlich formuliert [13]. Dank Friedrich Pfäfflins Vorarbeiten über Haecker und seinen guten Rat hatte ich bald ein Netz von Verbindungen. Sie führten vor allem zu Prälat Bernhard Hanssler, der zu Hitlers Zeiten Jugendpfarrer im Ulm der Scholls, später Studentenpfarrer in Tübingen gewesen war, wo Haecker bei ihm in der Villa Hügel Zuflucht vor den Bomben auf München gefunden hatte. Schon Ende 1928, als Theologiestudent, hatte Hanssler mit Freunden Haecker nach Tübingen eingeladen, wo er Anfang 1929 zum Thema „Wahrheit und Leben“

sprach. Mir wurde Hansslers Stuttgarter Wohnung mit der riesigen Bibliothek, aus der immer neue Schätze herangeholt wurden, bei jeder Deutschlandreise eine wichtige Station, bald Stätte der Freundschaft, hoch über Stuttgart gelegen. Ich war anfangs die Sünderstaffel, so heißt sie wirklich, hinaufgekeucht. Während ich Luft holte, erläuterte er mir vom Balkon: „gut gewohnt, ist halb gelebt".

Bei Inge Aicher-Scholl und Otl Aicher suchte ich auf ihren Wunsch durch persönlichen Besuch ihre Genehmigung, Briefe an Haecker in Marbach einsehen zu dürfen. Sie wurde gewährt. Nach dem Gespräch fand sich die bis dahin vergessene Eintragung Haeckers im Gästebuch der Scholls im Bruderhof in Ewattingen bei Donaueschingen wieder. Sie beginnt mit dem Satz: „Vom 8. Juli bis 24. August 1944 habe ich sieben schöne Wochen im Bruderhof als Gast der Familie Scholl verbracht" [siehe 4, S. 15 f.]. Das war nach der Zerstörung des Schreiber-Hauses in der Möhlstraße. Haecker hatte durch Vermittlung von Pater Alfred Delp Unterkunft in der Ebersberger Straße gefunden, war aber weiter den schweren Luftangriffen auf München ausgesetzt. Im November 1944 floh er endgültig nach Ustersbach bei Augsburg. Das zu wissen war für das Verständnis der zu der Zeit knapper werdenden Notate der TNB wichtig. Dass man das Gästebuch vollkommen vergessen hatte, deutete auf Lücken in der Erinnerung der Zeitzeugen, die unter schwierigsten Bedingungen überlebt hatten.

1985–1986 war mir klar geworden, dass eine „vollständige und kommentierte Ausgabe" der *Tag- und Nachtbücher* zu machen war. Haeckers Tochter stimmte sofort zu; einen Verlag zu finden, war nicht so einfach. Nach Kösel winkten auch Insel und Suhrkamp ab. Die Innsbrucker Herausgeber der Schriften des Brenner-Archivs waren bereit, lösten aber nach meiner Verhandlung mit dem Otto Müller Verlag Salzburg diese Verbindung. Sie einigten sich mit dem Haymon-Verlag in Innsbruck. Nach langer Pause endete es mit einer Gewalttour, die vom Verlag glänzend absolviert wurde und mich in Trab hielt. Zur Eröffnung der Marbacher Kabinett-Ausstellung *Theodor Haecker* reiste Herr Forcher als Verlagschef im April 1989 mit den ersten Exemplaren an.

IV.

Ich bin vorausgeeilt. Bei meiner Abreise aus Marbach Ende Oktober 1985 wusste ich, dass ich dringend ein gutes Verständnis der Lebensstationen Haeckers brauchte, also nicht nur weitere Gespräche in Deutschland zu führen waren und viele verlorene Kontakte Haeckers per Post aufzuspüren waren (wozu oft nicht einmal Adressen vorhanden waren), sondern auch das gesamte Marbacher Haecker-Material zu sichten war. Seine verstreuten Briefe, besonders an Ficker (in Innsbruck), Seewald (in Nürnberg), Muth (in München) und Alexander Dru in England, waren in den Nachlässen der Empfänger aufzuspüren. In Marbach lagen Briefe vieler Zeitgenossen an Haecker, obwohl er, wie seine Tochter berichtete, vor der Umsiedlung nach Ustersbach noch manches vernichtet haben sollte. Das Erhaltene war tatsächlich von großem Interesse.

Unerwartet erhielt ich Einladungen zu zwei Beiträgen, die meine ersten Veröffentlichungen über Haecker wurden, über *Theodor Haecker und die Satire* [1] für eine Tübinger Festschrift, und zu *Thomas Mann und Theodor Haecker* [2] für das erste der Internationalen Thomas-Mann-Kolloquien in Lübeck. Sie wurden Vorarbeiten zur Ausgabe der TNB.

Die Satiren Haeckers stammen vor allem aus der Zeit des ersten Weltkriegs, vor seiner Konversion. Sie sind eine Form tagebuchartiger Stellungnahme zu der chauvinistischen Rechtsorientierung europäischer Intellektueller, darunter anfangs auch Thomas Mann, und der Kirchen. Das reichhaltige, beängstigende allgemeine Material, das dazu in Marbach zu finden war, zeigte erschreckend die Verhunzung der Traditionen und des Bildes vom Menschen, die mit dem Nationalsozialismus Macht bekamen. Schon 1923 hatte Haecker knapp, und gegen Mussolini gerichtet, formuliert „Mit der Deifikation des Staates gleichen Schritt hält die Bestifikation des Menschen“. Sein weit verbreiteter *Brenner*-Essay *„Betrachtungen über Vergil, Vater des Abendlandes“* vom November 1932 hatte daraus einen scharfen Angriff auf das drohende Hakenkreuz- Deutschland gemacht, wenn auch mit beängstigenden Ausfällen gegen Martin Luther. Die Vergötzung des Thrones in Berufung auf den Altar führt zu der unmenschlichen Verunglimpfung der Gegner. Das kannte ich aus den von Heinrich Mann in seinem Roman *Der Untertan* genutzten Predigten Wilhelms II in der Berliner Hofkirche, wo seine Allerhöchste Majestät sich über den Höchsten predigend vernehmen ließ.

Das große Thema der Flugblätter der Weißen Rose kam in den Blick. Nach weiteren vier Wochen in Marbach, im Spätsommer 1986, wurde das folgende Jahr 1987 mit drei Besuchen in Deutschland und Österreich, auch im Zeichen intensiver Vorbereitung der geplanten Marbacher Kabinett-Ausstellung, ein Jahr neuer Entdeckungen. In Innsbruck waren viele Briefe zu exzerpieren, denn der erste Band der dreibändigen Ausgabe des Briefwechsels Ludwig von Fickers war gerade erst erschienen, In Esslingen kam es zu einem mehrstündigen Gespräch mit Gerhard Schreiber und seiner Frau. Auf Einladung des Brenner-Archivs hielt ich in Innsbruck einen Vortrag über den Tagebuchschreiber Haecker, in dessen Rahmen ich Ignaz Zangerle, früher Leiter des Brenner-Archivs, kennenlernte. Zangerle hatte, wie ich inzwischen entdeckt hatte, Ende August 1934 im Namen des katholischen Hochschulvereins über Ficker bei Haecker anfragen lassen, ob der unpromovierte Außenseiter, ohne Studienabschluss, bereit sei, sich für einen an der Universität Salzburg einzurichtenden Lehrstuhl der Philosophie vorschlagen zu lassen. Haecker hatte damals abgewinkt; sein Lebensunterhalt sei gesichert, er sei Außenseiter und nicht zu Amtlichem geeignet. Er hatte Seewalds Kölner Erfahrungen in schlechter Erinnerung. Mit einem der Herausgeber der Schriften des Brenner-Archivs, Sigurd Scheichl, beriet ich ausführlich Einzelheiten der Ausgabe der TNB.

Dann folgte unerwartet im Juni die Einladung, an dem bei Arno-Film für den Bayrischen Rundfunk entstehenden Film *Theodor Haecker. „Es gibt Licht auch im Dunkeln!“* durch ein Interview teilzunehmen. Auch Otl Aicher, Inge Aicher-Scholl, Bernhard Hanssler, Hans Maier und Irene Straub waren interviewt worden. Das Drehbuch, das mir zugeschickt wurde, war in der Grundkonzeption gut, in manchem Detail voller Mängel. Ich reiste für zwei Tage mit Neuentdecktem an. Später sah ich mich in seltsamer Pose vor zwei Wandregalen auf dem Bildschirm, eins voller Bücher, eins voller Flaschen. Das allerdings erst nach Ausstrahlung des Films.

Im Herbst war ich wieder in Esslingen und bekam durch Gerhard Schreiber Einblick in das Verlags-Archiv in der Villa Merkel, das später nach Eichstätt kam. Ich sah Exemplare der *Meggendorfer Blätter*, mit Titelblättern von Richard Seewald, und einige Ausgaben der Schriftenreihe *Deutsche Meister*, an der auch Haecker beteiligt gewesen war. In München traf ich, unvergesslich, Aloys Goergen, der im April 1933 als 22-jähriger Student in den Haecker-Kreis gekommen war. Immer wieder stieß ich auf die Ausstrahlung Haeckers auf junge Menschen, zu denen auch Bernhard Hanssler und später die Weiße Rose gehörten. Es gab im Nachlass erstaunliche Briefe junger Soldaten an Haecker. Aloys Goergen gab mir zu weiterer Orientierung die ihm überreichte Festschrift. Als Titel trug sie das *Brenner*-Motto *Zeit und Stunde* [hrsg. Hermann Kern, Friedrich Piel, Hans Wichmann. Mäander Verlag: München 1985]. Am selben Tag lernte ich Ilse Haecker, die Frau von Haeckers ältestem Sohn Johannes, in langem Gespräch kennen, in deren Wohnung ein ganzes Regal mit den Ausgaben der *Deutschen Meister*-Bändchen stand.

Für einen Literaturwissenschaftler, protestantisch erzogen, wenn auch nahe bei Köln aufgewachsen, gab es viel nachzuholen. Es war den anspruchsvollen Themen des mit den klassischen Sprachen vertrauten Tagebuchschreibers gerecht zu werden. Im schwäbischen Pietismus beheimatet, war er unter dem Einfluss seiner Übersetzungen der Schriften des englischen Konvertiten Kardinal Newman am 5. April 1921 in die katholische Kirche eingetreten. 1925 folgte ihm „nach schweren Kämpfen“ seine Frau. Bernhard Hanssler war der geduldige Freund, der mir mündlich, telefonisch und oft brieflich half, besonders wenn es um die Bücher und Namen ging, die die Katholiken damals umtrieben. Ich steuerte zusehends der Frage zu, welchen Einfluss in schwierigen Zeiten Sprache und Bücher spielen, ohne zu ahnen, dass mit ihr das Verständnis der Weißen Rose möglich wurde.

Zum September 1988 war ich auf drei (es wurden dann vier) Jahre Dekan der Fakultät geworden. Das Manuskript der TNB-Ausgabe war im Druck, der Kommentar vor dem Zeithintergrund der Hitler-Reden, der Sendungen der BBC, der Kriegsereignisse hatte mich überzeugt von der Brisanz der Notate, die ohne diese Anspielungen unverständlich bleiben. Wie gut, dass ich mir 1979 bei Antritt meiner neuen Stelle in Nottingham für die Bibliothek auf Mikrofilm den *Völkischen Beobachter* erbeten hatte. In Ian Kershaw, später Dick Geary hatte ich Historiker-Kollegen, im selben Uni-Gebäude einen Stock höher, die sich in der Hitler-Welt auskannten.

Die Vorbereitung der Marbacher Kabinett-Ausstellung lief, Friedrich Pfäfflin schaffte durch Nachfragen Unbekanntes heran, etwa zum Esslinger Eklat um Haeckers Vater, zum Skandal im Freiburg des Rektors Heideggers, wo Haeckers Vortrag von NS-Studenten angegriffen wurde. Alles ging in Kopie nach Nottingham. Eva Dambacher war eine erfahrene Bibliografin. Ich hatte viel bereitwillige Unterstützung und durfte lernen, dem Fimmel der Akademiker-Sprache freudig zu entsagen, aus dem Gewühl von Einzelheiten das Entscheidende auszuwählen und knapp verständlich vorzutragen. Langsam kam ich dahinter, worum es ging. Während das Magazin im Druck war (die Korrekturfahnen trudelten bei meiner Ankunft ein), reiste ich Ende März zur Auswahl der Exponate und zum Tippen der Legenden der Vitrinen an. Es wurden intensive Wochen. Nicht alles, was wir hätten belegen wollen, ließ sich in visuell wirksame Beweisstücke umsetzen. Am Ende war es soweit. Offizielle Eröffnung, meine erste Führung durch die Ausstellung, erstes Presse-Echo. Ich möchte die Zeit schönster kollegialer Zusammenarbeit und meine Ausbildung zum Museumshilfsarbeiter nicht missen.

V.

Zeit zu größerer Forschungsarbeit würde sich nun erst 1992 finden, wenn ich aus den Dekanatspflichten wieder ausscheiden konnte. Es lockte, die Spuren der Weißen Rose genauer zu verfolgen. Bislang wusste ich nur ein wenig über die Scholls und über Willi Graf. Auch hier war glücklicher Zufall auf meiner Seite. Wir hatten in Nottingham seit vielen Jahren mit dem Goethe-Institut in Manchester zusammengearbeitet, das uns deutsche Gäste auf Vortragsreisen vermittelte, aber auch Fortbildungskurse für Lehrer (und Schüler der Oberklassen) sehr aktiv bereicherte, die wir in Zusammenarbeit mit der Lehrerbildungsstelle der Pädagogik an der Universität veranstalteten. 1989 kam so eine kleine Tagung mit Hans Magnus Enzensberger und dem englischen Dichter Tom Paulin zustande, die mein Kollege J. H. Reid leitete und deren Beiträge wir noch im selben Jahre hausintern ediert hatten.

Als ich bei einem meiner damals regelmäßigen Planungsbesuche in Manchester Gerhard Murjahn, dem Leiter des Instituts, von Haecker und seiner Verbindung zur Weißen Rose berichtete, entstand der Plan, die von Otl Aicher für die Weiße Rose-Stiftung entworfene Ausstellung (die im Ausland damals nur in den USA und Südamerika gezeigt worden war) in die Galerie unserer Universität zu holen, als Mittelpunkt eines Symposions über den Widerstand der Studenten. Als Rahmenprogramm planten wir die öffentliche Vorführung des Films von Michael Verhoeven, ein Konzert des studentischen Streichquartetts mit Lieblingskomponisten der Weißen Rose (Mozart, J. S. Bach). Zu anderer Mittagsstunde würde ich in der Galerie knapp über die heutige Bedeutung der Weißen Rose sprechen. Zwei englische Schauspieler sollten Briefe von Hans und Sophie Scholl, chronologisch ineinander verschachtelt, vorlesen, die erst noch auszuwählen und zu übersetzen waren. Vor dem Hintergrund des Interesses am Studentenwiderstand, der – wie ich von meiner Frau wusste – im Deutschunterricht Abiturthema war, durften wir das Interesse der Oberschulen der weiteren Umgebung voraussetzen. Ein großer Teil der Honorar- und Reisekosten sowie den Transport der Ausstellung wollte das Goethe-Institut übernehmen, falls die notwendigen Mittel in München genehmigt wurden.

Mit einzelnen Hindernissen wurde es dann auch so. Die Mittel wurden bewilligt und Bernhard Hanssler, Hans Hirzel, Ian Kershaw, Marie-Luise Schultze-Jahn, Kurt Sontheimer, und J. P. Stern in London nahmen die Einladungen für Januar 1991 an. Ich verhandelte in München direkt mit der Weiße Rose-Stiftung, deren damaliger Leiter Franz Josef Müller uns die Ausstellung zusagte und selber zur Teilnahme anreisen wollte. Doch im Herbst 1990 war man unerwartet und zu spät anderer Meinung geworden. Die Räume der Galerie seien zu klein und ungeeignet. Gerhard Murjahn gelang es, die Lage zu retten. F. J. Müller trat aus gesundheitlichen Gründen von seiner Zusage zurück. Hildegard Vieregg, damals ehrenamtlich bei der Stiftung tätig, uns unbekannt, bot sich telefonisch an, seine Rolle zu übernehmen.

Dank ihr entstanden später in großartiger Zusammenarbeit, unter sachkundiger Beratung bei der Planung, für 1993 und 1995 noch zwei weitere Widerstandssymposia [8; 12], die neue Bereiche erschlossen. Deren Beiträge, mit einem von Paulus Buscher entworfenen Umschlagblatt, wurden wieder gesammelt gedruckt. Zu den Beiträgern zählten neben Buscher Francis L. Carsten, Barbara Distel, N. Luise Hackelsberger – die Tochter Werner Bergengruens, Hans Maier, Jeremy Oakes und Wilhelm Schepping.

Frau Vieregg hatte durch den katholischen Jugendbund ND engen Kontakt zu Anneliese Knoop-Graf, der Schwester Willi Grafs. Hildegard und Walter Vieregg brachten uns einen schweren Koffer mit zusätzlichen Ausstellungsobjekten mit, die viele Glasvitrinen füllten. Sie wurden uns durch ihre Führung am Tag der Eröffnung erschlossen. Dazu gehörte sich das wieder aufgefundene Exemplar der Katholischen Dogmatik von Schmaus, von Graf in der Haft mit dem Bleistift in der Hand gelesen, das ich später einmal in München sorgfältig zu lesen Gelegenheit bekam. Für mich lief der Kassettenrekorder bei der Führung mit. Ich habe später mehrfach Schulgruppen mit Lehrern geführt, wenn ein Anruf aus der Galerie kam, es sei wieder Bedarf für eine Führung. Die Gespräche mit interessierten jungen Menschen und der Versuch, ihren Fragen gerecht zu werden, blieben unvergesslich. So ergab sich auch eine Einladung nach Pontefract in eine internationale Quaker-Schule zu einem workshop über die Sprache der Flugblätter, ein Thema, das damals bereits Gegenstand eines Seminars mit unseren Studenten geworden war.

Die Ausstellung wurde am 9. Januar 1991 von Vice-Chancellor Professor Colin Campbell, in Anwesenheit von Herrn Goldschmidt, dem Generalkonsul der BRD, mit reger Beteiligung der Universitätskollegen und Studenten eröffnet. Colin Campbell erinnerte als Jurist an die lange Tradition in der Staatsphilosophie zum Thema der Spannung zwischen der Gewissensfreiheit des Einzelnen und dem herrschenden Recht oder den Anforderungen der Regierung. Er verwies auf deren Aktualität für die baltischen Staaten der UdSSR, für die Lage in Belfast, und in Peking. Das Symposium hatte wenige Tage vorher mit guter Beteiligung stattgefunden; die Publikation der Beiträge durch Subskription der Besucher war gesichert.

VI.

Mir blieb aus dem nur flüchtigen Umgang mit dem reichen Schatz unbekannter Dokumente, mit denen ich sechs Wochen später nach München zu Hildegard und Walter Vieregg zurückflog, Anregung zu neuen Entdeckungen. Weiteres Material war zu sammeln, bevor ich daran denken konnte, den kleinen Band über die Flugblätter, der mir damals durch den Kopf ging, für deutsch sprechende englische Schüler und Studenten zu schreiben [11, 1994]. Zwar waren die Briefe und Aufzeichnungen der Scholls und Willi Grafs durch die Ausgaben von Inge Jens wenigstens teilweise bekannt, doch über Christoph Probst, Alexander Schmorell und Professor Kurt Huber gab es wenig, und ihre Briefe, falls sie noch existierten, waren unbekannt. Aus der Weißen Rose-Stiftung schied ich stillschweigend wieder aus.

Nur war mir die unverhunzte Sprache Willi Grafs und der Scholls aufgefallen, die kaum Spuren jener NS-Infizierung bot, denen andere, besonders auch germanistische Texte der Zeit, sich nicht hatten entziehen können oder wollen. Die Übersetzung der Scholl-Briefe für den Vortrag durch englische Schauspieler (und deren gute Verbesserungsvorschläge) hatten mich hellhörig gemacht. Einführend sagte ich vor der Lesung der Briefe über den größeren, ökumenischen Kreis der Weißen Rose einführend: „Was sie zusammenführte und zu gemeinsamem Widerstand veranlasste, war ihre Überzeugung von unserer Verpflichtung, uns einzusetzen für die Gleichheit aller Menschen, ohne Rücksicht auf Konfession, Rasse oder Nationalität, als Kinder eines Schöpfers, der sie alle sich zum Bilde als seine Kinder schuf." Mein eigener Vortrag zu Haecker und der Weißen Rose, mit dem Untertitel „Widerstand im Glauben", belegte ausführlich die damals scheinbar noch anfechtbare Entdeckung der vergessenen Wirkung des Konvertiten Haecker auf die jungen Protestanten Hans und Sophie Scholl. Entscheidender Kernpunkt war die Rolle des Gewissens. In Anspielung auf 1. Mose 1, 27 habe ich der ersten Fassung in dieser deutschen Überarbeitung für das Jahrbuch der Deutschen Schillergesellschaft den Titel gegeben „Vom Bild des Menschen" [6].

Nun war ich dem ökumenischen Reichtum der Quellen des Münchner Studentenwiderstands auf die Spur gekommen. Allerdings, dass Alexander Schmorell in Russland geboren, zuhause fließend russisch sprach und russisch-orthodox aufgewachsen war, wusste ich noch so wenig, wie vieles andere, das später den tiefen Eindruck des Russlandeinsatzes der jungen Medizinstudenten verständlich machen konnte, die dank Schuriks Sprachkenntnissen (und eigener Lernversuche) dort nicht mehr nur als Fremde auftraten.

Zunächst lockte noch ein anderes Lieblings-Projekt, das leider gescheitert ist: nämlich den für die Zeitgeschichte so aufschlussreichen Briefwechsel Haeckers mit seinem guten Freund aus frühesten Münchner Jahren, dem Maler Richard Seewald, etwa 120 Seiten Text, erweitert durch einen Kommentar zu edieren. Seewald war zu Oberbürgermeister Konrad Adenauers Zeiten als Professor an die Kunsthochschule in Köln berufen worden, bis die kulturelle Gleichschaltung ihn in die Schweiz nach Ronco ins Tessin vertrieb. Nach ersten abschlägigen Antworten von Verlagen entdeckte ich, nach langer Verzögerung bei der Kostenkalkulation, dass der Haymon Verlag zwar bereit war, einen solchen Band zu machen, aber nur mit sehr erheblichen Zuschüssen. Der Band wäre in guter Hand gewesen. Die erbetene Druckkostensubvention erschien mir, vielleicht zu Unrecht, unerschwinglich, obwohl Bernhard Hanssler zuversichtlich war, Geldmittel würden sich finden lassen. Ich entschuldigte mich bei der British Academy, die mich zu unterstützen bereit war, und gab den gewährten Zuschuss zu geplanten Archivarbeiten zurück. Auszüge aus dem Briefwechsel und ein Aufsatz über diese „Künstlerfreundschaft" gingen 1995 ein in den Esslinger Sammelband *Theodor Haecker. Leben und Werk* [13]. Im Akademiker Centrum in der Lämmerstraße am Hauptbahnhof Münchens, das mir mehrfach Unterkunft in seinen schönen Räumen anbot, hielt ich im September 1993 auf Einladung des Hausherrn Pater Walter Rupp SJ, einen Lichtbildervortrag über die beiden Münchner Künstler, an dem auch Haeckers Tochter Irene Straub teilnahm.

Vorher war in einer Festschrift für meinen verstorbenen Kollegen Carl Lofmark eine kleine Arbeit „Reflections on the Rhetoric of Conscience" erschienen, die sich mit der Rolle des Gewissens im Widerstand gegen die missbrauchte Staatsgewalt (wie etwa in Schillers *Wilhelm Tell*) beschäftigte. Mir war aufgefallen, wie stark, und verhunzend, auch im NS-Theater sich dessen Helden, wie Hanns Johsts Leo Schlageter sich auf das Gewissen als die „innere Befehlsstelle" berufen, mit demselben schlimmen Recht, mit dem Hitler sich in seinen Reden mit dem Segen des deutschen „Herrgott" brüstet, der nicht anders kann, als die deutschen Waffen zu segnen [9].

Im Herbst 1993 war ich noch einmal fast drei Wochen in Marbach und München. Es galt, Vorarbeiten zu dem genannten Esslinger Sammelband mit „Texten, Briefen, Erinnerungen, Würdigungen" abzuschließen, den ich mit Bernhard Hanssler zusammen zum 50. Todestag Haeckers, unter der Schriftleitung von Walter Bernhardt vom Stadtarchiv Esslingen herausgab. Zu den Erinnerungen und Würdigungen nahmen wir alte und neue Beiträge auf, von Ludwig von Ficker, Curt Hohoff, Inge Aicher-Scholl, Irene Straub, Gerhard Schreiber, Hans Maier, Volker Eid und Georg Karl Frank. Die Textauswahl zu Haecker verdankt Bernhard Hansslers Beratung sehr viel. Ihre Erläuterung wie auch die Briefauswahl und Bibliografie der Schriften waren in meiner Hand.

Es galt aber auch, in München Material für den Flugblätter-Band *Die Weiße Rose und ihre Flugblätter* [11] zu finden, durch Archivarbeiten in der Staats- und Stadtbibliothek, im Stadt- und Universitätsarchiv und im Institut für Zeitgeschichte. Auf der Suche nach unbekannten Briefen und Aufzeichnungen stellte ich mich Erich Schmorell, dem Bruder Alexanders, und Michael Probst, dem Sohn Christoph Probsts, vor. Noch einmal ging es mir wie Hans im Glück. Bei Schmorells wurde ich freundlich gastlich aufgenommen, und dann lange mit Briefen sehr sorgfältig beraten, vor allem über die biografischen Hintergründe. Bei Probsts entdeckte ich nicht nur manches Dokument (wie den Judenstern der geliebten „Ömi") sondern auch die riesige Sammlung von Briefen, die ich drei Tage von morgens bis abends lesen und knapp exzerpieren konnte. Leider wurden mir für die Ausgabe nur ganz kleine wörtliche Zitate gestattet, alles andere war zu umschreiben. Begeistert von den unbekannten Briefen und der Haltung und Sprache Christoph Probsts und Alexander Schmorells bot ich den beiden miteinander befreundeten Familien meine Hilfe als Herausgeber an. Aus deutscher Sicht fehlte mir jedoch, vor allem für die Familie Probst, dazu das öffentliche Profil. Ich freue mich, dass die Briefe nun im Juli 2011 im Lukas Verlag Berlin erscheinen werden, herausgegeben von Christiane Moll in Zusammenarbeit mit der Gedenkstätte Deutscher Widerstand.

Mit meinen Herausgeber-Kollegen der Reihe *German Texts* in Manchester musste ich etwas rangeln, bis sie der von Anfang an so geplanten deutschsprachigen Ausgabe für den Unterricht an Schulen und Universitäten zustimmten. Ich weigerte mich, für den Unterricht in der Zielsprache den jungen Lesern ins Englische gebrachte Zusammenfassungen vorzulegen, wo es doch um die Originalsprache ging. Der Band erschien im Herbst 1994 [11], beinahe gleichzeitig mit dem Aufsatz „Die Weiße Rose and Russia" [10], den ich auf der Britischen Germanistenkonferenz des Jahres vorgetragen hatte.

Ich hatte darin versucht, die neuen Informationen zu integrieren und zusammenzusehen mit der nachweisbaren Lektüre der Münchner Studenten. Ich war der Meinung, dass es uns heute etwa fünfzig Jahre später an Gespür fehlt, theologische oder philosophische Texte in unmittelbaren Bezug zu bringen zu eigenem Erleben, wie es etwa für Sophie Scholls Lesen von Jacques Maritain belegt ist. Wohl spricht man gern vom „zwischen den Zeilen lesen oder hören", aber uns fehlt die eigene Erfahrung, wie sie etwa DDR-Bürger noch hatten. Ich hatte 1988 in Halle und Berlin beobachten können, wie hellhörig ein Publikum spontan bei Theateraufführungen reagieren kann. Es galt, so zu lesen, wie man damals Berdjajew, Bergengruen, Haecker oder Reinhold Schneider gelesen haben muss.

Mit der Flugblätter-Ausgabe habe ich mehrere Jahre mit Studenten Seminare gehalten. An Schulen geschah Ähnliches, bis das Thema dort vom Lehrplan verschwand. Meine Studenten nahmen meist erst staunend, dann begeistert, teil und ich konnte die Leitung der Seminare, gehalten in der Zielsprache, bald kleinen Gruppen anvertrauen, die nach einer mündlichen Präsentation zur Diskussion überleiteten, bis ich zusammenfassend abschloss.

VII.

Die Vorstellung des Esslinger Sammelbandes fand 1995 statt, in demselben Jahre statt, wie das letzte der drei Nottinghamer Symposia mit dem Thema „Kunst und Widerstand“, in dem es vor allem um das Liedgut des Widerstandes ging. Mein kleiner Beitrag „Lyrik – eine Form des Widerstandes?“ war ein Besuch, an wenigen Beispielen anzudeuten, was sich als geplantes größeres Projekt meinem Zugriff entzogen hatte. Über eine stattliche Material- und Bildsammlung war ich nicht hinausgelangt, im Umgang mit soviel Leid und Grauen auf der Suche nach dem Guten und trostreich Wahren.

Das Esslinger Ereignis dagegen war ein besonderes Erlebnis, denn die alte Stauferstadt hatte das ihre getan, ihren ehemaligen Bürger Theodor Haecker zu ehren. Ein neuer Menschenrechtspreis für politischen Mut und Aufrichtigkeit war gestiftet worden und wurde im Juni dem russischen Menschenrechtler Sergej Kowaljow verliehen (Nürnberg ehrte ihn im September dann auch mit seinem Internationalen Menschenrechtspreis). Im April hatte man zu unserer Überraschung Bernhard Hanssler und mir eine Ehrengabe zum Theodor-Haecker-Preis verliehen. Ich sollte im Juni wieder anreisen, um Kowaljow ein Exemplar der *Tag- und Nachtbücher* zu übergeben. Malcolm Jones, mein slawistischer Kollege in Nottingham, hatte mir einen Satz Russisch aufgeschrieben, den ich im Flugzeug übend meiner Frau vorgetragen hatte. Am Rednerpult begrüßte ich den Gast auf Russisch mit den Worten „Ich bewundere Ihren furchtlosen Kampf für die Menschenrechte und gegen den Krieg und bin sicher, Theodor Haecker wäre derselben Meinung gewesen.“ Für einen Moment durfte der Dolmetscher pausieren, und ich sah, wie plötzlich das Gesicht des mir noch unbekannten Preisträgers strahlte vor Freude. Auf Deutsch zitierte ich noch den Satz Haeckers aus dem Jahre 1941 nach dem deutschen Überfall auf Russland: „Seit 22. Juni trinkt die russische Erde Blut und wird nicht satt. Ach, hat es noch einen Sinn, nach dem Sinn der Welt zu fragen? Hat Gott Ruhe? …“ (Notat 907). Der Gast reiste nach einer großen öffentlichen Diskussionsrunde, noch am späten Abend unter dem Eindruck der schlimmen Nachrichten aus Grosny wieder zurück nach Tschetschenien. Der Preis musste ihm in all der Aufregung per Taxi an den Flughafen nachgebracht werden.

Das gastliche Haus Gerhard Schreibers, oben am Hang mit Blick auf Esslingen, war der Ort, wo sich Haecker-Freunde, darunter auch Bernhard Hanssler, um die alte Teekanne des Haecker-Kreises zu angeregtem „Haeckern“ trafen. Ein Desiderat war uns geblieben: eine öffentliche Tagung, in deren Mittelpunkt das Werk Haeckers und auch seine Wirkung auf die Weiße Rose stehen würde. Auch das wurde noch möglich. Durch Vermittlung von Günter Knoll, Pfarrer in Herrenberg, und dank bereitwilliger Übernahme in das Programm der Akademie Rottenburg-Stuttgart durch Gebhard Fürst, bald Bischof der Diözese, gelang es, kurz vor Ostern 2000 in Hohenheim eine ökumenische Tagung *Theodor Haecker. Verteidigung des Bildes vom Menschen* [20] zu veranstalten. Hans Maier und ich arbeiteten außerdem zusammen mit Peter Kastner im Kulturreferat der Stadt Esslingen und über Friedrich Pfäfflin mit dem Deutschen Literaturarchiv in Marbach. Nach einleitenden Worten des Esslinger Oberbürgermeisters Udo Goldmann zum Haecker-Preis trugen Bernhard Hanssler (wieder ohne Manuskript sprechend), Florian Mayr, Hilde Vieregg und ich vor. Hans Maier steuerte die Diskussion an mancher Klippe vorbei in interessante Bereiche.

Ich sprach abschließend über „Totalitäre Erfahrung aus der Sicht eines christlichen Essayisten" mit neuem Material aus den Bänden der *Fliegenden Blätter*, die ich zwei Wochen lang in der Staatsbibliothek exzerpiert hatte. Zu einer Zeit intensiver Kontrolle durch die Zensur hatte Haecker im Januar 1942, nach dem Tode seines Jugendfreundes Ferdinand Schreiber, die Führung des Verlags übernehmen müssen, dessen Verwaltung in den Händen von Frau Gertrud Schreiber lag. Man war gezwungen, die alten antisemitischen Witze der *Fliegenden Blätter* aus dem 19. Jahrhundert wieder abzudrucken. Jedes illustrierte Titelblatt war eine nationalsozialistische Propaganda-Karikatur. In diesen schweren Jahren, die auch die Jahre der Weißen Rose waren, arbeitete Haecker wieder als Übersetzer Newmans. Die Übertragungen der Predigten erschienen erst postum als *Das Mysterium der Dreieinigkeit und der Menschwerdung Gottes (1950)* und *Der Antichrist. Nach der Lehre der Väter* (1951) im Kösel-Verlag. Bereits 1948 wurde der Newman-Band *Historische Skizzen* veröffentlicht.

In mehreren kleinen Arbeiten schrieb ich noch über Haecker und Maritain [15], über seine Zusammenarbeit mit Alexander Dru in Sachen Kierkegaard [16, gemeinsam mit John Heywood Thomas] und mehrfach zusammenfassend über den Widerstand der Weißen Rose [17, 18, 19]. Von einer geplanten Reihe französischer Übersetzungen im Ad Solem Verlag in Genf erschien leider nur das Vergil-Buch [11, mit meiner Einleitung]. Geplante weitere Bände, *Die Versuchungen Christi,* die *Metaphysik des Fühlens* und *Was ist der Mensch?,* die Bernhard Hanssler und ich einleiten sollten, sind nie erschienen.

Den Mut, eine Biografie Haeckers zu schreiben, wie J. P. Stern es mir 1991 nachdrücklich empfohlen hatte, habe ich nicht gefunden. 2003 kehrte ich ein letztes Mal zur Frage der Wirkung anregender Lektüre zurück [22], am Beispiel von Helmuth James von Moltke, der Weißen Rose, Haecker, Thomas Mann, Dietrich Bonhoeffer und meinem pazifistischen Freund in Bangor, Keith Spalding, der 1933 als zwanzigjähriger Karl-Heinz Spalt aus Darmstadt nach Wien hatte fliehen müssen und schließlich in Coventry und Birmingham Zuflucht fand.

Für eine Biografie verbleiben mir, je länger, je mehr, zu viele Rätsel und weiße Stellen im Leben des Lyrikers, Satirikers, Melancholikers, des Übersetzers aus dem Dänischen, Englischen und Lateinischen, des Tagebuchschreibers, des Liebhabers der Kunst und Musik, des Privatgelehrten mit langem Studium ohne allen Abschluss, des Autodidakten und alles Amtliche hassenden Extraordinarius, des Konvertiten und Gottesfreundes, dem die Nacht beim Schreiben zum Tag wird.

Er hatte im April 1940 notiert: „Für eines der verwegensten Unterfangen halte ich, die Biographie eines Menschen zu schreiben, die über die äußeren Tatsachen hinausgeht und die innersten Motive anzugeben versucht. Zum Verlogensten gehören Selbstbiographien." [TNB, S. 164] Thomas Mann, der Münchner Nachbar, den Haecker erbittert angefeindet hatte, ließ sich von der Zeit, in der er lebte, bewegen zu den großen Reden und Essays der Jahre 1918 bis 1933 und sprach von seiner Aufgabe als seinem „Dienst an der Zeit" [HS, *Thomas Mann Jahrbuch* 10 (1997), 167-85], bis er ins Exil ging. Haecker blieb in Deutschland. Seine Gründe zum Widerstehen hatten, wenigstens zum Teil, andere Quellen. Doch auch er hat sich der Rolle, für den Tag und die Stunde zu schreiben nicht entziehen können. „Hora et tempus est" war das Motto des *Brenner* gewesen.

Arbeiten und Veröffentlichungen zu Theodor Haecker

[1] „Der Schriftsteller Theodor Haecker und die Satire" in: Spuren. Festschrift für Theo Schumacher, ed. Heidrun Colberg and Doris Peterson (Stuttgarter Arbeiten zur Germanistik vol. 184) (H-D Heinz: Stuttgart 1986), S. 435-52.

[2] „Thomas Mann und Theodor Haecker", in: Internationales Thomas-Mann-Kolloquium 1986 in Lübeck, Thomas Mann Studien VII, (Francke: Berne 1987), S. 246-270.

[3] „The diarist Theodor Haecker: Tag- und Nachtbücher. 1939–1945", Oxford German Studies, 17 (1988), S. 118-131.

[4] Theodor Haecker, Tag- und Nachtbücher 1939–1945, Erste vollständige und kommentierte Ausgabe, hrsg. Hinrich Siefken, (Brenner-Studien, vol. IX, Haymon: Innsbruck 1989).

[5] Theodor Haecker 1879–1945. Bearbeitet von Hinrich Siefken. Mit einer Haecker-Bibliographie von Eva Dambacher, (Marbacher Magazin 49/1989, Deutsche Schillergesellschaft, ed. Ulrich Ott, Friedrich Pfäfflin, Stuttgart 1989).

[6] Die Weiße Rose. Student Resistance to National Socialism 1942–1943. Forschungsergebnisse und Erfahrungsberichte. A Nottingham Symposium, ed. Hinrich Siefken (University of Nottingham Monographs in the Humanities, General Editor Richard A. Cardwell, vol. VII, 1991): "Die Weiße Rose comes to Nottingham", S. 1-10; "Die Weiße Rose und Theodor Haecker", S. 117-146; "Letters and Notes by Hans and Sophie Scholl", selected and translated by Hinrich Siefken, S. 195-217. – "Vom Bild des Menschen. Die Weiße Rose und Theodor Haecker", Jahrbuch der deutschen Schillergesellschaft, XXXVII (1993), S. 361-80.

[7] „Theodor Haecker, Tag- und Nachtbücher. 1939–1945: Diaries from the 'Dark Ages', in German Politics and Society from 1933 to the Wende", hrsg. Janet Wharton (University of Nottingham 1992), S. 7-25.

[8] Resistance to National Socialism: Arbeiter, Christen, Jugendliche, Eliten. Forschungsergebnisse und Erfahrungsberichte, Second Nottingham Symposium, ed. Hinrich Siefken and Hildegard Vieregg (University of Nottingham Monographs in the Humanities, Ge-

neral Editor Richard A Cardwell, vol. IX, 1993): „The Second Nottingham Resistance Symposium“, S. 1-3;: „What is Resistance?“, S. 5-19.

[9] Reflections on the Rhetoric of Conscience, in: Carl Lofmark Memorial Volume. Essays in Germanic Studies. Ed. and introduced by Anthony Bushell (Trivium, 28 (1993) (Trivium Publications: Saint David's University College, Lampeter 1993), S.67-82.

[10] „Die Weiße Rose and Russia“, in: German Life and Letters, 47 (1994), S. 14-44.

[11] Die Weiße Rose und ihre Flugblätter. Dokumente, Texte, Lebensbilder, Erläuterungen, ed. with an introduction, notes and vocabulary by Hinrich Siefken (Manchester German Texts) (Manchester University Press: Manchester and New York 1994).

[12] “Introduction”, in Theodor Haecker, Virgile, Pere de L'Occident. Traduit de l'allemand et annote par Claude Martingay (Ad Solem: Geneve 1994), S. 5-33.

[13] Resistance to National Socialism: Kunst und Widerstand. Forschungsergebnisse und Erfahrungsberichte, Third Nottingham Symposium, ed. Hinrich Siefken and Hildegard Vieregg, (iudicium verlag GmbH: Munich 1995): „Lyrik – eine Form des Widerstandes?“, S. 89-110; [with Hildegard Vieregg] Auswahlbibliographie: „Widerstand und Kunst“, S. 211-214.

[14] Theodor Haecker: Leben und Werk. Texte, Briefe, Erinnerungen, Würdigungen. Hrsg. Bernhard Hanssler und Hinrich Siefken zum 50. Todestag am 9. April 1995 (Esslinger Studien).

[15] (Stadtarchiv Esslingen: 1995: „Vorwort“, 7; „Einführung“, 8; „Theodor Haecker. Eine Chronik 1879–1945“. Nach der Chronik des Marbacher Magazins 49/1989 neu bearbeitet, S, 9-25; „Texte aus dem Werk Theodor Haeckers 1913–1945“. Ausgewählt und erläutert', S. 27-86; „Briefe Theodor Haeckers aus den Jahren 1914–1944“. Ausgewählt und erläutert', S. 87-140; „Bildteil“, after 140; „Theodor Haecker und Richard Seewald. Eine Künstlerfreundschaft“, S. 197-219; „Theodor Haecker und die Satire 1913–1945“, 237-260; „Theodor Haeckers Veröffentlichungen zu seinen Lebzeiten“. Nach der Bibliographie von Eva Dambacher (Marbacher Magazin 49/1989) zusammengestellt, S. 283-291. –„Theodor Haecker heute“, Christophorus, 40, 2 (April/Juni 1995), S. 64-72.

[16] “Correspondance Jacques Maritain – Theodor Haecker, présentée” par Hinrich Siefken, in: Cahiers Jacques Maritain, 31 (Decembre 1995), S. 23-40.

[17] John Heywood-Thomas and Hinrich Siefken, „Theodor Haecker and Alexander Dru: A Contribution to the Discovery of Kierkegaard in Britain“, Kierkegaardiana, 18 (1996), S. 173-190.

[18] „Die Stimme des Gewissens. Zum Widerstand der Münchener Studenten der Weißen Rose“, in Mutual Exchanges. Sheffield-Münster Colloquium I, ed. R. J. Kavanagh, (Peter Lang: Frankfurt 1999), S.138-51.

[19] „Der Zweite Weltkrieg aus der Sicht Münchener Dissidenten“, in Mutual Exchanges. Sheffield-Münster Colloquium II, ed. Dirk Jürgens, (Peter Lang: Frankfurt 1999), S. 386-402.

[20] “Inalienable Right to Political Dissent?”, Epworth Review, 28, 5 (Oct. 2001), S. 42-8.

[21] Theodor Haecker [1879-1945). Verteidigung des Bildes vom Menschen, ed. Gebhard Fürst, Peter Kastner, Hinrich Siefken (Hohenheimer Protokolle, vol. 55, Stuttgart 2001): „Zum Geleit“, S. 7-9 (with Hans Maier); „Leben und Werk des christlichen Essayisten Theodor Haecker. Eine Einführung“, S. 17-41; „Totalitäre Erfahrungen aus der Sicht eines christlichen Essayisten – Theodor Haecker in München“, S. 97-123.

[22] Experiencing Tradition: Essays of Discovery. In Memory of Keith Spalding (1913–2002), ed. Hinrich Siefken and Anthony Bushell (William Sessions Limited: York 2003: “Engaging Discovery: Inspirational Reading in Dark Times”, S. 151-158.

[23] „Totalitäre Erfahrungen aus der Sicht eines christlichen Essayisten. Theodor Haecker im Dritten Reich“, in: Die totalitäre Erfahrung. Deutsche Literatur und Drittes Reich, ed. Frank-Lothar Kroll (Duncker & Humblot: Berlin 2003), S. 117-51.

Katharina und Hermann Probst

Hermann Probst – der Vater
Familiäre Wurzeln von Christoph Probst

JAKOB KNAB

Als ich vor Jahren die Broschüre von Helmut Moll „Die Weiße Rose – vor 60 Jahren zerschlagen“[1] durchblätterte, entdeckte ich einen Satz, der mich stutzig machte: „Zunächst soll etwas über die Herkunft von Christoph Probst gesagt werden. Väterlicherseits stammte er aus einer alten Kaufmannsfamilie aus Kaufbeuren.“ Dies Mitteilung hatte mich überrascht; denn ich wohnte doch selbst seit langem dort und hatte nie davon gehört. So begann meine Spurensuche; dabei nahm ich u.a. Kontakt mit Altbürgermeister Hans Espermüller (1931–2004) auf. Er zeigte mir den Stammbaum seiner Familie

1 Helmut Moll (Hg.), Weiße Rose – vor 60 Jahren zerschlagen. Presseamt des Erzdiözese Köln, Köln 2003, (PEK-Skript).

und erzählte mir wenige Monate vor seinem Ableben, wie er mit Christoph Probst von der Weißen Rose verwandt sei. Mit Spürsinn und zäher Beharrlichkeit konnte ich auch die Krankenakte des unglücklichen Hermann Probst auffinden.[2] Eher zufällig entdeckte ich am Pfingstmontag 2009 auf dem Alten Städtischen Friedhof Kaufbeuren diese Grabinschrift:

Dr. Hermann Probst
Chemiker
1886 – 1936

Christoph Probst wuchs in einer ungewöhnlichen bürgerlichen Familie auf. Sein Vater Hermann war bestimmend für seine Entwicklung in der Jugend, da es eine sehr bewegte Zeit für Christoph und seine Familie war. Er erlebte innerfamiliäre Spannungen und gesellschaftliche Nichtkonformität. Sein Vater Hermann Julius Probst wurde am 30. März 1886 in Kaufbeuren als Sohn von Richard Probst und seiner Ehefrau Clementine, geb. Génève, geboren. Die Mutter stammte aus Kempten. Noch in seinem Geburtsjahr 1886 verstarb sie 24-jährig. Zwei Jahre später heiratete der Vater Emilie Zeitlmann [1864–1943).[3] Mit vier Stiefgeschwistern aus dieser Ehe wuchs Hermann Probst in Kaufbeuren auf. Sein Vater gehörte zur Großkaufmanns-Dynastie Probst, der die Betriebe L. M. de Crignis und J. J. Probst (benannt nach Johann Jakob Probst) gehörten. Richard Probst galt als „dämonisch strenger“ Vater. Wenn etwa der kleine Hermann in einen Apfel biss und dabei schmatzte, verpasste ihm sein Vater regelmäßig eine Ohrfeige.[4] In dem Lebenslauf, den Hermann Probst seiner Promotionsschrift, die seinem Vetter Paul Probst „in dankbarer Freundschaft gewidmet“ war, heißt es: „Im Jahr 1895 kam ich an das Gymnasium St. Stephan in Augsburg und bestand nach neun Jahren die Reifeprüfung am Realgymnasium zu München.“ Über sein Studium berichtet er: „Vom Jahre 1904 bis 1908 widmete ich mich naturwissenschaftlichen Studien am Polytechnikum in München und an der Universität in Freiburg, spezialisierte mich dann auf das Chemiestudium, das ich in Bonn im Jahre 1908 begann und im Juli 1913 beendete.“[5]

Als junger Student an der Universität Freiburg lernte Hermann Probst den jüdischen Mitstudenten Erich Rosenthal kennen. Zwei Gleichgesinnte pflegten nun ihre Freundschaft; ihre Interessen waren am Rande der bürgerlichen Wissenschaft angesiedelt. Rosenthal begeisterte sich für die Ideen von Rudolf Steiner. Er suchte, so erinnert sich sein Sohn Joseph, nach einem

---

2 Siehe hierzu auch meine frühe Version dieses Beitrages: Jakob Knab, Dr. Hermann Probst. Abkehr von Kaufbeurer Bürgerlichkeit, in: Kaufbeurer Geschichtsblätter, 18 (2010),12, S. 429-432. – Erstmals konnte ich am 23. Juli 2010 die Ergebnisse meiner zeitgeschichtlichen Forschungen beim Heimatverein Kaufbeuren vortragen.

3 Auskunft des Stadtarchivs Kaufbeuren vom 1. Oktober 2009.

4 Gespräch mit Herrn Max Espermüller, Kaufbeuren, am 23. Juli 2010.

5 Lebenslauf, in: Hermann Probst, Beiträge zur Kenntnis der Pinakolinumlagerung und deren Umkehrung. Inaugural-Dissertation zur Erlangung der Doktorwürde, Bonn 1913.

„Christentum ohne Priester und Dogma.“[6] Auch war er von Steiners Anthroposophie angezogen, da sie nach humaneren und natürlicheren Lebensweisen strebte. Auch die Homöopathie faszinierte Rosenthal: „In meiner Kindheit“, so Sohn Joseph im Rückblick[7], „spielte die Homöopathie bei uns eine große Rolle; meine Eltern hatten außerordentliches Vertrauen in einen Münchner Homöopathen, Doktor Kleeblatt,[8] der ohne Zweifel über große spirituelle Kräfte verfügte.“[9]

Die beiden Studenten konnten damals freilich nicht ahnen, dass jener Doktor Kleeblatt einmal die erste Ehefrau von Hermann Probst ehelichen würde: Katharina (Karin) von der Bank, die aus Burtscheid (bei Aachen) stammte.[10] Erich Rosenthals Sohn Joseph Rovan schrieb über diese Freundschaft: „In Freiburg freundete sich mein Vater mit einem Kommilitonen an, der aus einer wohlhabenden katholischen Familie des Allgäus stammte, jenem kleinen gebirgigen Landstrich zwischen Bayern und Baden-Württemberg, der allmählich in die Tiroler Berge Österreichs übergeht. Hermann Probst war groß und schlank, während mein Vater, der kaum größer war als ich, einen dicken Bauch vor sich hertrug; zwischen diesen äußerlich so verschiedenen Männern entwickelte sich eine tiefe Freundschaft, dies bis zum Tod von ‘Onkel Hermann’ 1936 fortbestand. Ich nannte ihn ‘Onkel’, weil er der Freund meines Vaters war, aber er wurde es wirklich, weil er in zweiter Ehe Tante Lise heiratete, eine der Schwestern meines Vaters.“[11]

---

6 Joseph Rovan, Erinnerungen, München 2003, S. 32.

7 Joseph Rovan (1918–2004). Joseph Rovan war Publizist, Mitarbeiter in vier französischen Ministerien, politischer Berater französischer und deutscher Regierungen, lehrte deutsche Geschichte an der Sorbonne. Er war Präsident des „Bureau International de Liaison et de Documentation“ der Gesellschaft für deutsch-französische Zusammenarbeit. Zahlreiche Veröffentlichungen, darunter „Geschichte der Deutschen“ und „Im Zentrum Europas“. Er gilt als einer der wichtigsten Förderer der deutsch-französischen Beziehungen im 20. Jahrhundert.

8 Dr. med. Heinrich (Heinz) Kleeblatt (* 3. Juni 1878 in Elberfeld). Er studierte Medizin in Freiburg i.Br., Kiel, München, Berlin, Bonn und Gießen. 1916 wurde er als landsturmpflichtiger Arzt zum Kriegsdienst eingezogen. Seine erste Ehe schloss er in London am 2. Dezember 1907 mit Maria Pohle (* 2. April 1882 in Rheydt). Ende 1936 trat er zusammen mit seiner Ehefrau aus der evangelischen Kirche aus. Nach dem Tod seiner Ehefrau Maria (10. Januar 1938 in München) heiratete er im Oktober 1941 Karin Sasse, die Mutter von Angelika und Christoph Probst. Er starb am 7. Februar 1952 in München.

9 Rovan, Erinnerungen (Anm. 6), S. 32

10 In erster Ehe war Katharina (Karin) Josephine Agnes von der Bank (* 6. August 1889 in Burtscheid, 1897 nach Aachen eingemeindet) mit Dr. Hermann Probst verheiratet, in zweiter Ehe mit Dr. Eugen Sasse aus Nürnberg, in dritter Ehe mit Dr. Heinrich (Heinz) Kleeblatt aus München. Nach dem Tod ihres dritten Ehemannes Dr. Heinz Kleeblatt (7. Februar 1952 in München) verbrachte sie als „Oma Karin“ ihren Lebensabend am Tegernsee. Sie starb am 15. November 1963 in Tegernsee, Reisbergerhof; ihre letzte Ruhestätte fand sie neben ihrem Sohn Christoph Probst auf dem Friedhof am Perlacher Forst. – Ich danke Herrn Herbert Kleeblatt (München) für seine freundlichen Auskünfte.

11 Rovan, Erinnerungen (Anm. 6), S. 38. – Mit „Tante Lise“ ist Elise Rosenthal (1887–1961), geschiedene Jaffée, gemeint. Später wird sie im Familien- und Bekanntenkreis

Am 1. August 1914 hatte der erste Weltkrieg begonnen. Heute gilt dieser Krieg als die Urkatastrophe des 20. Jahrhunderts. Hermann Probst hatte sich zunächst als Kriegsfreiwilliger[12] zu einem sechsmonatigen Garnisonsdienst gemeldet. Als er den ersten Heimaturlaub antrat, ließ er diesen Urlaub wegen „Nervosität" verlängern. Schließlich wurde dann aus der Familie unerfindlichen Gründen „dauernd dienstunfähig" geschrieben.[13] Im Februar 1915 wurde er wegen „Dienstunbrauchbarkeit" entlassen.[14]

Auch an den Universitäten München, Freiburg, Bonn und Berlin hatte Hermann Probst nach Orientierung gesucht. In Berlin belegte er vorübergehend Kunstwissenschaft und besuchte auch Vorlesungen von Albert Einstein.[15] Nach der Hochzeit im Juli 1917 zog er mit seiner Frau Katharina nach Kochel am See, von wo es nicht weit zur Künstlerkolonie Murnau am Staffelsee war. Er befasste sich nun auch mit Astrologie, Anthroposophie und den östlichen Weisheitslehren. Freilich bleib er Mitglied der katholischen Kirche.[16] Diese Fluchtbewegungen und diese Suche nach Freiräumen waren vermutlich Ausdruck von Protest und ein stiller Aufschrei gegen die erlittene Strenge des Vaters. Er brauchte Distanz; er suchte die räumliche und geistige Entfernung zu dem streng bürgerlichen Elternhaus in Kaufbeuren (Allgäu). Er spürte, dass die Interessenlinien des wohlhabenden Großbürgertums zu Lebensfesseln werden können.

Als Hermann Probst im Kriegsjahr 1917 die Kunst Emil Noldes entdeckte, da wurde dieses Erlebnis zu einem „Wendepunkt" in seiner Lebensgeschichte.[17] Da er nicht an berufliche Pflichten gebunden war, füllte nun die expressionistische Kunst seine existenzielle Leere. Die Korrespondenz mit Nolde begann 1917, als Probst die beiden Gemälde von Emil Nolde „Sonnenuntergang III" 1915 und „Springbrunnen" 1916 für seine Sammlung erwarb. Noch 1953 schrieb die Tochter Angelika Probst an Emil Nolde.[18] Mit grellen Farben und oft verzerrten Formen gaben die expressionistischen Maler den spontanen Gefühlsimpulsen Ausdruck. Nicht mehr das Abbild von Realität, sondern der Ausdruck innerer Bilder im Bild war das Thema der expressionistischen Malerei. Auch der Protest gegen eine fortschreitend technisierte, seelenlose Industriegesellschaft gehörte zu den treibenden Kräften der Expressionisten. Bereits 1913/14 hatte Emil Nolde eine Südseereise unternommen, um neue gestalterische Impulse zu sammeln. Hermann Probst selbst wollte zu einer „tieferen Lebensgestaltung" gelangen, er wollte den

---

„Ömi" genannt.

12 Christiane Moll (Hg.), Alexander Schmorell / Christoph Probst. Gesammelte Briefe, Berlin 2011, S. 56.

13 Staatsarchiv Ludwigsburg, Sign. PL 423, Bü 1330.

14 Vgl. Moll, Briefe (Anm. 12), S. 56.

15 Am 1. April 1914 war Albert Einstein zum Direktor des Kaiser-Wilhelm-Instituts für Physik ernannt worden.

16 Kath. Sterberegister Kaufbeuren I 631.

17 Vgl. Moll, Briefe (Anm. 12), S. 55.

18 Auskunft der Nolde-Stiftung Seebüll vom 25. Juli 2011.

„Blick nach innen senken."[19] Im Juli 1919 trug sich Hermann Probst mit dem Gedanken, nach Indien zu den Felsentempeln und nach China in die Heimat von Laotse zu reisen.[20]

Christoph Probst erlebte einen Vater, der seinen ausgeprägten geistigen Neigungen nachging. Sein Vater hatte früh die vorgegebenen bürgerlichen Berufsbahnen verlassen und nach neuen Sinnhorizonten gesucht. Auch gehörten Künstler, Sinnsucher und jüdische Bekannte früh zur Familie. Auch diese Begegnungen schufen eine Grundlage, um später Distanz zum NS-Regime und seiner Gleichmacherei zu gewinnen. An dieser Stelle muss Erich Rosenthals Sohn Joseph Rovan vorgestellt werden: Er wurde am 25. Juli 1918 in München als Joseph Rosenthal geboren. Die Familie war vom Judentum zum Protestantismus konvertiert. Nach dem Boykott jüdischer Geschäfte im April 1933 emigrierte Josephs Vater nach Frankreich. Joseph Rovan war ursprünglich als *nom de plume* und als Deckname gedacht. Im Sommer 1942 knüpfte er Kontakte zur Résistance. Er spielte eine zunehmend gewichtige Rolle, wenn es darum ging, falsche Papiere für die Widerstandskämpfer im Untergrund herzustellen sowie Verstecke und Routen für Juden auf der Flucht zu organisieren. Über den englischen Radiosender BBC erfuhr er Ende Februar 1943 von den Aktionen der Weißen Rose in München und vom Tod der Aktivisten Hans Scholl, Sophie Scholl und Christoph Probst. Im Februar 1944 wurde Rovan in Paris verhaftet. Am Pfingstsonntag 1944 wurde er in einer geheimen Nottaufe in die katholische Kirche aufgenommen. Von Juli 1944 bis zur Befreiung Ende April 1945 war Joseph Rovan Häftling in der entmenschlichten Welt des KZ Dachau.

Mit spürbarer Skepsis berichtet Jahrzehnte später Joseph Rovan über die esoterischen Neigungen des Hermann Probst: „Allerdings hatten die Ratschläge von Onkel Hermann nichts mit den Weissagungen einer Wahrsagerin zu tun. Er sagte oder schrieb meinem Vater, dass die Sternenkonstellation es ihm ratsam erscheinen ließe, in den nächsten drei oder vier Wochen keine wichtigen Entscheidungen zu treffen. Obwohl ich Onkel Hermann liebte und bewunderte (er wusste sehr gut mit Kindern umzugehen, weil er sie ernst nahm), rief diese Annäherung der Grenzen zwischen dem Natürlichen und Übernatürlichen bei mir denselben Widerwillen, dieselbe grundsätzliche Ablehnung hervor wie die Anthroposophen."[21]

Katharina Karin Probst hatte ihren Ehemann Hermann Probst im Juli 1919 verlassen, da er zunehmend in sich gekehrter wurde, als er sich dem Studium östlicher Weisheitslehren zuwandte. Er wollte sich auch die Sprachen Sanskrit und Pali aneignen, um sich in die Überlieferungen des Buddha zu versenken.[22] Gleichzeitig zog sich er als Sinnsucher und Privatgelehrter aus den alltäglichen Pflichten des Familienlebens zurück. Dies wurde von

19 Vgl. Moll, Briefe (Anm. 12), S. 57.
20 Vgl. Moll, Briefe (Anm. 12), S. 60.
21 Rovan, Erinnerungen (Anm. 6), S. 42.
22 Vgl. Moll, Briefe (Anm. 12), S. 60.

der Ehefrau als Passivität wahrgenommen. Unermüdlich freilich kopierte er Sanskrittexte, worüber er in fast ekstatische Verzückungen geraten konnte.[23]

In diese Welt wurden Christoph Probst und seine zwei Jahre ältere Schwester Angelika hineingeboren. Im Rückblick sieht Joseph Rovan diese Eheschließung so: „Onkel Hermann Probst wiederum hatte ein hübsches Ding namens Käthe geheiratet, die ihren Vornamen jedoch in Karin umänderte, weil sie ihn schöner fand."[24] In diesem Kriegsjahr 1917 kam das erste Kind Angelika zur Welt.[25] Das junge Ehepaar lebte zusammen mit der jüdischstämmigen Frau Elise Jaffée, geb. Rosenthal, die ihr Haus in Kochel am See zur Verfügung stellte. Joseph Rovan schildert seine Tante Lise so: „Sie war eine sehr kleine Frau, die zerbrechlich wirkte, aber sie besaß außerordentlich viel Energie und einen unvergleichlichen Lebensmut. Man hatte sie mit einem jüdischen Geschäftsmann namens Jaffé verheiratet; natürlich war das eine Vernunftheirat. Sie hatte zwei Kinder mit diesem beschränkten und abstoßenden Ehemann. Man erzählte sich, dass er einmal morgens vor seinem weichgekochten Frühstücksei saß, daran roch, es seiner Frau reichte und sagte: 'Das Ei ist faul, iß du es, Elise!'"[26]

Das zweite Kind Christoph Hermann Ananda[27] wurde am 6. November 1919 in Murnau am Staffelsee geboren. Doch schon im Juli 1919, also Monate vor der Geburt des zweiten Kindes Christoph, hatte Katharina Probst ihren Ehemann verlassen. Zwei Jahre später wurde die Scheidung ausgesprochen. Joseph Rovan erinnert sich an seine Spielkameraden Angeli und Christl: „Angelika war ein Jahr älter und Christoph ein Jahr jünger als ich. Im Sommer in Murnau waren sie meine besten Spielkameraden. Onkel Hermann und Käthe-Karin trennten sich, und Tante Lise wurde, nachdem sie ihren Berliner Rüpel verlassen hatte, zunächst die Lebensgefährtin und später die Ehefrau des Freundes meines Vaters. Da die Probst-Kinder den Sommer bei diesem Vater verbrachten, waren wir sehr oft zusammen, denn Hermann und Lise bewohnten damals eine kleine Villa im oberbayrischen Kochel, das wie Murnau, unser Wohnsitz, an einem See in den Voralpen liegt."[28]

Christoph Probst wurde in eine Welt des privaten und politischen Umbruchs hineingeboren. Er erlebte auch die Welt der Künste und der Künstler. Es gibt ein Kinderbildnis von Christoph, das der Expressionist Emil Nolde gemalt hat.[29] Sein Vater Hermann kannte nicht nur Emil Nolde, sondern

---

23 Staatsarchiv Ludwigsburg, Sign. PL 423, Bü 1330.

24 Rovan, Erinnerungen (Anm. 6), S. 39.

25 Die Beziehungen und Familienverhältnisse im Umfeld der Weißen Rose sind sehr kompliziert. Angelika Probst (1917–1976) heiratete 1938 Dr. Bernhard Knoop (1908–1994). Nach der Trennung Anfang 1946 heiratete Knoop die Schwester Willi Grafs, Anneliese Graf (1921–2009). – Angelika Probst war die große Liebe von Alexander Schmorell.

26 Rovan, Erinnerungen (Anm. 6), S. 39.

27 Ananda (skt. für Abwesenheit von Unglück), ein Bruder des Buddha, war in den letzten Jahren des Lebens des Buddha sein Lieblingsjünger. – In der Geburtsurkunde lautet der dritte Vorname „Anando".

28 Rovan, Erinnerungen (Anm. 6), S. 39.

29 Emil Nolde (1867–1956) war einer der führenden Maler des Expressionismus. Nolde ist

auch Paul Klee.[30] Mutter Katharina war mit Maria Marc, der Witwe von Franz Marc,[31] und mit Gabriele Münter[32] befreundet. Nachdem Gabriele Münter, die Gefährtin von Wassily Kandinsky (1866–1944), 1925 nach Berlin übersiedelte, bezog die Mutter Katharina Kleeblatt mit ihren Kindern Angelika und Christoph das „Münterhaus" in Murnau, im Volksmund auch „Russenhaus" genannt.[33]

1926 heiratete Hermann Probst in Oberstdorf die knapp zehn Jahre ältere Elise Jaffée, geb. Rosenthal, die seit 1917 ohnehin zur Familie gehörte. Sie ist die Schwester von Erich Rosenthal, dem Vater von Joseph Rovan. Als Hermann Probst 1927 mit Sohn Christoph vorübergehend ins Allgäu übersiedelte, besuchte Christoph die Privatschule Dr. Schult in Oberstdorf. 1928 zog die Mutter mit den beiden Kindern zu ihrem neuen Ehemann Dr. Eugen Sasse nach Nürnberg-Wolkersdorf. Für Christoph folgte nun eine Zeit häufiger Umzüge und Schulwechsel. Bereits 1929 war Vater Hermann von Kochel am See in das Dorf Zell bei Ruhpolding umgezogen. In dieser Zeit war Hermann Probst ein gesuchter Gesprächspartner dank „seiner Tiefgründigkeit, seines ungeheuren Wissens und seiner seltenen Einfühlungsfähigkeit."[34]

In der Lebensgeschichte von Christoph Probst gibt es eine Konstante: Wechsel, Umzug, Änderung, Brüche. Dies brachte vielfältige Erfahrungen mit sich, aber auch Unsicherheit. In diesen Umbrüchen wuchs in Christoph die tiefe Sehnsucht nach Harmonie und nach einer echten Heimat, die ihm sein feinsinniger, in sich gekehrter und mitunter schwermütiger Vater nicht zu geben vermochte. Am 28. Mai 1936 schrieb Christoph an seinen „lieben, guten Paps", der sich seit einigen Wochen in einer Nervenklinik befand: „Wie geht es Dir, Paps? Ich würde mich sehr freuen, wen Du mir bald mal wieder schreiben würdest, aber nur, wenn Du Lust hast. Ich wünsch Dir recht schöne Pfingsttage."[35] Als Christoph diese Zeilen verfasste, konnte er nicht ahnen, dass sein Vater einen Tag später aus dem Leben scheiden würde. Im Alter von 50 Jahren setzte Hermann Probst seinem Leben am 29. Mai 1936 in der Nervenklinik Kennenburg (Esslingen) ein Ende. Einen Einblick

---

bekannt für seine ausdrucksstarke Farbwahl. – Expressionismus war eine stilistische Bewegung in der deutschen Kunst zwischen 1905 und 1925.

30 Paul Klee (1879–1940) war ein deutscher Maler. Sein Werk wird verschiedenen Kunstrichtungen zugeordnet, dem Expressionismus, Konstruktivismus, Kubismus und dem Surrealismus.

31 Franz Marc (1880–1916) gilt als bedeutender Maler des Expressionismus in Deutschland; er gehört zu den Mitgründern der Künstlervereinigung „Der Blaue Reiter".

32 Gabriele Münter (1877–1962) war eine Malerin des Expressionismus. Bekannt wurde sie auch als Lebensgefährtin Wassily Kandinskys. – Wassily Kandinsky (1866–1944) war ein russischer Maler und Kunsttheoretiker, der auch in Deutschland und Frankreich lebte und wirkte. Er war ein Künstler des Expressionismus und vor allem der abstrakten Kunst.

33 Weiterführend hierzu: Marion Hruschka, Kunst, Literatur und Musik, in: dies. (Hg.), Markt Murnau am Staffelsee, Murnau 2002.

34 Staatsarchiv Ludwigsburg, Sign. PL 423, Bü 1330.

35 Brief Christoph Probst, 28. Mai 1936, in: Moll, Briefe (Anm. 12), S. 571.

in sein Seelenleben gibt diese Schilderung aus seiner Krankenakte: „... meistens ekstatisch verzückt der Sonne zugewandt, um die Lichtkräfte in sich aufzunehmen. Von einer Menge von Ängsten gequält, Gott habe ihn verlassen oder werde ihn verlassen. ... Häufig lautes Beten, Gott möge ihn nicht verlassen."[36] Dies erinnert an die Klage des sterbenden Jesus am Kreuz: „Mein Gott, warum hast Du mich verlassen?" Nach den großen Suchbewegungen des Hermann Probst, in der buddhistischen Weisheit Erfüllung zu finden, tastete er, von Ängsten geplagt, in denen letzten Lebensmonaten seinen Weg zurück zur angestammten christlichen Gläubigkeit. Doch die Gefahr des Absturzes in den eigenen, ausweglosen Seelengrund konnte nicht gebannt werden. Der Verstorbene fand seine letzte Ruhestätte auf dem Alten Städtischen Friedhof in seiner Geburtsstadt Kaufbeuren.

Im Alter von 17 Jahren musste Christoph Probst diesen schweren Schicksalsschlag, den frühen Tod seines Vaters, verkraften. Doch er verstummte nicht, sondern fasste sein inneres Leiden in Worte: „Oft kommt der Schmerz, den Vater hier auf Erden verloren zu haben, ungeheuer stark über mich. Ich bin dann so allein. Ich war ihm so, so nah, hab' ihn so geliebt und verehrt."[37] Es gehörte auch zur Trauerarbeit des Jugendlichen, seinen Vater zu idealisieren: „Bei allem Edlen und Schönen, was ich sehe, muß ich an Papa denken, weil er selbst so edel war und das Edle so liebte. Kein Mensch konnte mich jedoch bisher an ihn erinnern, da ich noch keinen fand, der nur einen Teil seines Adels in sich trug. Dies letztere erfüllt mich mit Stolz und Verzweiflung zugleich."[38]

---

36 Staatsarchiv Ludwigsburg, Sign. PL 423, Bü 1330.
37 Brief Christoph Probst, 13. Juni 1936, in: Moll, Briefe (Anm. 12), S. 577.
38 Brief Christoph Probst, 9. Juli 1936, in: Moll, Briefe (Anm. 6), S. 590.

Anhang

Die Flugblätter der „Weissen Rose“[1]

(Flugblatt I:)

Flugblätter der Weissen Rose. I

Nichts ist eines Kulturvolkes unwürdiger, als sich ohne Widerstand von einer verantwortungslosen und dunklen Trieben ergebenen Herrscherclique "regieren" zu lassen. Ist es nicht so, daß sich jeder ehrliche Deutsche heute seiner Regierung schämt, und wer von uns ahnt das Ausmaß der Schmach, die über uns und unsere Kinder kommen wird, wenn einst der Schleier von unseren Augen gefallen ist und die grauenvollsten und jegliches Maß unendlich überschreitenden Verbrechen ans Tageslicht treten? Wenn das deutsche Volk schon so in seinem tiefsten Wesen korrumpiert und zerfallen ist, daß es, ohne eine Hand zu regen, im leichtsinnigen Vertrauen auf eine fragwürdige Gesetzmäßigkeit der Geschichte das Höchste, das ein Mensch besitzt und das ihn über jede andere Kreatur erhöht, nämlich den freien Willen, preisgibt, die Freiheit des Menschen preisgibt, selbst mit einzugreifen in das Rad der Geschichte und es seiner vernünftigen Entscheidung unterzuordnen - wenn die Deutschen, so jeder Individualität bar, schon so sehr zur geistlosen und feigen Masse geworden sind, dann, ja dann verdienen sie den Untergang.

Goethe spricht von den Deutschen als einem tragischen Volke, gleich dem der Juden und Griechen, aber heute hat es eher den Anschein, als sei es eine seichte, willenlose Herde von Mitläufern, denen das Mark aus dem Innersten gesogen und die nun ihres Kerns beraubt, bereit sind, sich in den Untergang hetzen zu lassen. Es scheint so - aber es ist nicht so; vielmehr hat man in langsamer, trügerischer, systematischer Vergewaltigung jeden einzelnen in ein geistiges Gefängnis gesteckt, und erst als er darin gefesselt lag, wurde er sich des Verhängnisses bewußt. Wenige nur erkannten das drohen-

---

1 Der Abdruck der vielfach nachveröffentlichten Flugblätter der „Weissen Rose“ an dieser Stelle soll den Leser/innen den Nachvollzug der Darlegungen und Argumentationen der Autor/innen der Beiträge dieses Bandes erleichtern. Die Texte liegen ungekürzt vor unter www.bpb.de/themen/EG49IN,0,0,Wir_sind_Euer_b%F6ses_Gewissen%21.html. Die dort zudem wiedergegebenen Faksimiles vermitteln einen Eindruck von der äußeren Gestaltung der Flugblätter. Die Hervorhebungen und Unterstreichungen in der hier vorgelegten Textwiedergabe sind den Faksimiles entnommen.

de Verderben, und der Lohn für ihr heroisches Mahnen war der Tod. Über das Schicksal dieser Menschen wird noch zu reden sein.

Wenn jeder wartet, bis der andere anfängt, werden die Boten der rächenden Nemesis unaufhaltsam näher und näher rücken, dann wird auch das letzte Opfer sinnlos in den Rachen des unersättlichen Dämons geworfen sein. Daher muß jeder einzelne seiner Verantwortung als Mitglied der christlichen und abendländischen Kultur bewußt in dieser letzten Stunde sich wehren, soviel er kann, arbeiten wider die Geißel der Menschheit, wider den Faschismus und jedes ihm ähnliche System des absoluten Staates. Leistet passiven Widerstand - W i d e r s t a n d -, wo immer Ihr auch seid, verhindert das Weiterlaufen dieser atheistischen Kriegsmaschine, ehe es zu spät ist, ehe die letzten Städte ein Trümmerhaufen sind, gleich Köln, und ehe die letzte Jugend des Volkes irgendwo für die Hybris eines Untermenschen verblutet ist. Vergeßt nicht, daß ein jedes Volk diejenige Regierung verdient, die es erträgt!

Aus Friedrich Schiller, "Die Gesetzgebung des Lykurgus und Solon":

"....Gegen seinen eigenen Zweck gehalten, ist die Gesetzgebung des Lykurgus ein Meisterstück der Staats- und Menschenkunde. Er wollte einen mächtigen, in sich selbst gegründeten, unzerstörbaren Staat; politische Stärke und Dauerhaftigkeit waren das Ziel, wonach er strebte, und dieses Ziel hat er so weit erreicht, als unter seinen Umständen möglich war. Aber hält man den Zweck, welchen Lykurgus sich vorsetzte, gegen den Zweck der Menschheit, so muß eine tiefe Mißbilligung an die Stelle der Bewunderung treten, die uns der erste flüchtige Blick abgewonnen hat. Alles darf dem Besten des Staats zum Opfer gebracht werden, nur dasjenige nicht, dem der Staat selbst nur als ein Mittel dient. Der Staat selbst ist niemals Zweck, er ist nur wichtig als eine Bedingung, unter welcher der Zweck der Menschheit erfüllt werden kann, und dieser Zweck der Menschheit ist kein anderer, als Ausbildung aller Kräfte des Menschen, Fortschreitung. Hindert eine Staatsverfassung, daß alle Kräfte, die im Menschen liegen, sich entwickeln; hindert sie die Fortschreitung des Geistes, so ist sie verwerflich und schädlich, sie mag übrigens noch so durchdacht und in ihrer Art noch so vollkommen sein. Ihre Dauerhaftigkeit selbst gereicht ihr alsdann viel mehr zum Vorwurf als zum Ruhme - sie ist dann nur ein verlängertes Übel; je länger sie Bestand hat, um so schädlicher ist sie.
.....Auf Unkosten aller sittlichen Gefühle wurde das politische Verdienst errungen und die Fähigkeit dazu ausgebildet. In Sparta gab es keine eheliche Liebe, keine Mutterliebe, keine kindliche Liebe, keine Freundschaft es gab nichts als Bürger, nichts als bürgerliche Tugend.
.....Ein Staatsgesetz machte den Spartanern die Unmenschlichkeit gegen ihre Sklaven zur Pflicht; in diesen unglücklichen Schlachtopfern wurde die Menschheit beschimpft und mißhandelt. In dem spartanischen Gesetzbuche selbst wurde der gefährliche Grundsatz gepredigt, Menschen als Mittel und

nicht als Zwecke zu betrachten dadurch wurden die Grundfesten des Naturrechts und der Sittlichkeit gesetzmäßig eingerissen.
.....Welch schöneres Schauspiel gibt der rauhe Krieger Gaius Marcius in seinem Lager vor Rom, der Rache und Sieg aufopfert, weil er die Tränen der Mutter nicht fließen sehen kann!

...Der Staat (des Lykurgus) könnte nur unter der einzigen Bedingung fortdauern, wenn der Geist des Volks stillstünde; er könnte sich also nur dadurch erhalten, daß er den höchsten und einzigen Zweck eines Staates verfehlte."

Aus Goethes "Des Epimenides Erwachen", zweiter Aufzug, vierter Auftritt:

Genien:

Doch was dem Abgrund kühn entstiegen,
Kann durch ein ehernes Geschick
Den halben Weltkreis übersiegen,
Zum Abgrund muß es doch zurück.
Schon droht ein ungeheures Bangen,
Vergebens wird er widerstehn!
Und alle, die noch an ihm hangen,
Sie müssen mit zu Grunde gehn.

Hoffnung:

Nun begegn‘ ich meinen Braven,
Die sich in der Nacht versammelt,
Um zu schweigen, nicht zu schlafen,
Und das schöne Wort der Freiheit
Wird gelispelt und gestammelt,
Bis in ungewohnter Neuheit
Wir an unsrer Tempel Stufen
Wieder neu entzückt es rufen:
(Mit Überzeugung, laut:)
Freiheit!
(gemässigter:)
Freiheit!
(von allen Seiten und Enden Echo:)
Freiheit!

Wir bitten Sie, dieses Blatt mit möglichst vielen Durchschlägen abzuschreiben und weiterzuverteilen!

(Flugblatt II:)

Flugblätter der Weissen Rose II

Man kann sich mit dem Nationalsozialismus geistig nicht auseinandersetzen, weil er ungeistig ist. Es ist falsch, wenn man von einer nationalsozialistischen Weltanschauung spricht, denn wenn es diese gäbe, müßte man versuchen, sie mit geistigen Mitteln zu beweisen oder zu bekämpfen - die Wirklichkeit aber bietet uns ein völlig anderes Bild: schon in ihrem ersten Keim war diese Bewegung auf den Betrug des Mitmenschen angewiesen, schon damals war sie im Innersten verfault und konnte sich nur durch die stete Lüge retten. Schreibt doch Hitler selbst in einer frühen Auflage "seines" Buches (ein Buch, das in dem übelsten Deutsch geschrieben worden ist, das ich je gelesen habe; dennoch ist es von dem Volke der Dichter und Denker zur Bibel erhoben worden): "Man glaubt nicht, wie man ein Volk betrügen muß, um es zu regieren." Wenn sich nun am Anfang dieses Krebsgeschwür des deutschen Volkes noch nicht allzusehr bemerkbar gemacht hatte, so nur deshalb, weil noch gute Kräfte genug am Werk waren, es zurückzuhalten. Wie es aber größer und größer wurde und schließlich mittels einer letzten gemeinen Korruption zur Macht kam, das Geschwür gleichsam aufbrach und den ganzen Körper besudelte, versteckte sich die Mehrzahl der früheren Gegner, flüchtete die deutsche Intelligenz in ein Kellerloch, um dort als Nachtschattengewächs, dem Licht und der Sonne verborgen, allmählich zu ersticken. Jetzt stehen wir vor dem Ende. Jetzt kommt es darauf an, sich gegenseitig wiederzufinden, aufzuklären von Mensch zu Mensch, immer daran zu denken und sich keine Ruhe zu geben, bis auch der Letzte von der äußersten Notwendigkeit seines Kämpfens wider dieses System überzeugt ist. Wenn so eine Welle des Aufruhrs durch das Land geht, wenn "es in der Luft liegt", wenn viele mitmachen, dann kann in einer letzten, gewaltigen Anstrengung dieses System abgeschüttelt werden. Ein Ende mit Schrecken ist immer noch besser als ein Schrecken ohne Ende.

Es ist uns nicht gegeben, ein endgültiges Urteil über den Sinn unserer Geschichte zu fällen. Aber wenn diese Katastrophe uns zum Heile dienen soll, so doch nur dadurch: durch das Leid gereinigt zu werden, aus der tiefsten Nacht heraus das Licht zu ersehnen, sich aufzuraffen und endlich mitzuhelfen, das Joch abzuschütteln, das die Welt bedrückt.

Nicht über die Judenfrage wollen wir in diesem Blatte schreiben, keine Verteidigungsrede verfassen - nein, nur als Beispiel wollen wir die Tatsache kurz anführen, die Tatsache, daß seit der Eroberung Polens dreihunderttausend Juden in diesem Land auf bestialischste Art ermordet worden sind. Hier sehen wir das fürchterlichste Verbrechen an der Würde des Menschen, ein Verbrechen, dem sich kein ähnliches in der ganzen Menschengeschichte an die Seite stellen kann. Auch die Juden sind doch Menschen - man mag sich zur Judenfrage stellen wie man will -, und an Menschen wurde solches verübt. Vielleicht sagt jemand, die Juden hätten ein solches Schicksal verdient; diese Behauptung wäre eine ungeheure Anmaßung; aber angenommen, es sagte jemand dies, wie stellt er sich dann zu der Tatsache, daß die gesamte polnische adelige Jugend vernichtet worden ist (gebe Gott, daß sie es noch nicht ist!)? Auf welche Art, fragen Sie, ist solches geschehen? Alle männlichen Sprößlinge aus adeligen Geschlechtern zwischen 15 und 20 Jahren wurden in Konzentrationslager nach Deutschland zur Zwangsarbeit, alle Mädchen gleichen Alters nach Norwegen in die Bordelle der SS verschleppt! Wozu wir dies Ihnen alles erzählen, da Sie es schon selber wissen, wenn nicht diese, so andere gleich schwere Verbrechen des fürchterlichen Untermenschentums? Weil hier eine Frage berührt wird, die uns alle zutiefst angeht und allen zu denken geben m u s s . Warum verhält sich das deutsche Volk angesichts all dieser scheußlichsten menschenunwürdigsten Verbrechen so apathisch? Kaum irgend jemand macht sich Gedanken darüber. Die Tatsache wird als solche hingenommen und ad acta gelegt. Und wieder schläft das deutsche Volk in seinem stumpfen, blöden Schlaf weiter und gibt diesen faschistischen Verbrechern Mut und Gelegenheit, weiterzutöten -, und diese tun es. Sollte dies ein Zeichen dafür sein, daß die Deutschen in ihren primitivsten menschlichen Gefühlen verroht sind, daß keine Saite in ihnen schrill aufschreit im Angesicht solcher Taten, daß sie in einen tödlichen Schlaf versunken sind, aus dem es kein Erwachen mehr gibt, nie, niemals? Es scheint so und ist es bestimmt, wenn der Deutsche nicht endlich aus dieser Dumpfheit auffährt, wenn er nicht protestiert, wo immer er nur kann, gegen diese Verbrecherclique, wenn er mit diesen Hunderttausenden von Opfern nicht mitleidet. Und nicht nur Mitleid muß er empfinden, nein, noch viel mehr: Mitschuld. Denn er gibt durch sein apathisches Verhalten diesen dunklen Menschen erst die Möglichkeit, so zu handeln, er leidet diese "Regierung", die eine so unendliche Schuld auf sich geladen hat, ja, er ist doch selbst schuld daran, daß sie überhaupt entstehen konnte! Ein jeder will sich von einer solchen Mitschuld freisprechen, ein jeder tut es und schläft dann wieder mit ruhigstem, bestem Gewissen. Aber er kann sich nicht freisprechen, ein jeder ist schuldig, schuldig, schuldig! Doch ist es noch nicht zu spät, diese abscheulichste aller Mißgeburten von Regierungen aus der Welt zu schaffen, um nicht noch mehr Schuld auf sich zu laden. Jetzt, da uns in den letzten Jahren die Augen vollkommen geöffnet worden sind, da wir wissen, mit wem wir es zu tun haben, jetzt ist es allerhöchste Zeit, diese braune Horde auszurotten. Bis zum Ausbruch des Krieges war der größte Teil des deutschen Volkes geblendet, die Nationalsozialisten zeigten sich nicht in ihrer wahren Gestalt, doch jetzt, da man sie erkannt hat, muß es die einzige und höchste Pflicht, ja heiligste Pflicht eines jeden Deutschen sein, diese Bestien zu vertilgen.

"Der, des Verwaltung unauffällig ist, des Volk ist froh. Der, des Verwaltung aufdringlich ist, des Volk ist gebrochen.
Elend, ach, ist es, worauf Glück sich aufbaut. Glück, ach, verschleiert nur Elend. Wo soll das hinaus? Das Ende ist nicht abzusehen. Das Geordnete verkehrt sich in Unordnung, das Gute verkehrt sich in Schlechtes. Das Volk gerät in Verwirrung. Ist es nicht so, täglich, seit langem?
Daher ist der Hohe Mensch rechteckig, aber er stößt nicht an, er ist kantig, aber verletzt nicht, er ist aufrecht, aber nicht schroff. Er ist klar, aber will nicht glänzen." Lao-tse.

. . . . .

"Wer unternimmt, das Reich zu beherrschen und es nach seiner Willkür zu gestalten; ich sehe ihn sein Ziel nicht erreichen; das ist alles."
"Das Reich ist ein lebendiger Organismus; es kann nicht gemacht werden, wahrlich! Wer daran machen will, verdirbt es, wer sich seiner bemächtigen will, verliert es."
Daher: "Von den Wesen gehen manche vorauf, andere folgen ihnen, manche atmen warm, manche kalt, manche sind stark, manche schwach, manche erlangen Fülle, andere unterliegen."
"Der Hohe Mensch daher läßt ab von Übertriebenheit, läßt ab von Überhebung, läßt ab von Übergriffen." Lao-tse

. . . . .

Wir bitten, diese Schrift mit möglichst vielen Durchschlägen abzuschreiben und weiterzuverteilen

(Flugblatt III:)

Flugblätter der Weissen Rose III

"Salus publica suprema lex."

Alle idealen Staatsformen sind Utopien. Ein Staat kann nicht rein theoretisch konstruiert werden, sondern er muß ebenso wachsen, reifen wie der einzelne Mensch. Aber es ist nicht zu vergessen, daß am Anfang einer jeden Kultur die Vorform des Staates vorhanden war. Die Familie ist so alt wie die Menschen selbst, und aus diesem anfänglichen Zusammensein hat sich der vernunftbegabte Mensch einen Staat geschaffen, dessen Grund die Gerechtigkeit und dessen höchstes Gesetz das Wohl Aller sein soll. Der Staat soll eine Analogie der göttlichen Ordnung darstellen, und die höchste aller Utopien, die civitas Dei, ist das Vorbild, dem er sich letzten Endes nähern soll. Wir wollen hier nicht urteilen über die verschiedenen möglichen Staatsformen, die Demokratie, die konstitutionelle Monarchie, das Königtum usw. Nur eines will eindeutig und klar herausgehoben werden: jeder einzelne Mensch hat einen Anspruch auf einen brauchbaren und gerechten Staat, der die Freiheit des einzelnen als auch das Wohl der Gesamtheit sichert. Denn der Mensch soll nach Gottes Willen frei und unabhängig im Zusammenleben und Zusammenwirken der staatlichen Gemeinschaft sein natürliches Ziel, sein irdisches Glück in Selbständigkeit und Selbsttätigkeit zu erreichen suchen.

Unser heutiger "Staat" aber ist die Diktatur des Bösen. "Das wissen wir schon lange", höre ich Dich einwenden, "und wir haben es nicht nötig, daß uns dies hier noch einmal vorgehalten wird." Aber, frage ich Dich, wenn Ihr das wißt, warum regt Ihr Euch nicht, warum duldet Ihr, daß diese Gewalthaber Schritt für Schritt offen und im verborgenen eine Domäne Eures Rechts nach der anderen rauben, bis eines Tages nichts, aber auch gar nichts übrigbleiben wird als ein mechanisiertes Staatsgetriebe, kommandiert von Verbrechern und Säufern? Ist Euer Geist schon so sehr der Vergewaltigung unterlegen, daß Ihr vergeßt, daß es nicht nur Euer Recht, sondern Eure s i t t l i c h e P f l i c h t ist, dieses System zu beseitigen? Wenn aber ein Mensch nicht mehr die Kraft aufbringt, sein Recht zu fordern, dann muß er mit absoluter Notwendigkeit untergehen. Wir würden es verdienen, in alle Welt verstreut zu werden wie der Staub vor dem Winde, wenn wir uns in dieser zwölften Stunde nicht aufrafften und endlich den Mut aufbrächten, der uns seither gefehlt hat. Verbergt nicht Eure Feigheit unter dem Mantel der Klugheit. Denn mit jedem Tag, da Ihr noch zögert, da Ihr dieser Ausgeburt der Hölle nicht widersteht, wächst Eure Schuld gleich einer parabolischen Kurve höher und immer höher.

Viele, vielleicht die meisten Leser dieser Blätter sind sich darüber nicht klar, wie sie einen Widerstand ausüben sollen. Sie sehen keine Möglichkeiten. Wir wollen versuchen, ihnen zu zeigen, daß ein jeder in der Lage ist, etwas beizutragen zum Sturz dieses Systems. Nicht durch individualistische Gegnerschaft, in der Art verbitterter Einsiedler, wird es möglich werden, den Boden für einen Sturz dieser "Regierung" reif zu machen oder gar den Umsturz möglichst bald herbeizuführen, sondern nur durch die Zusammenarbeit vieler überzeugter, tatkräftiger Menschen, Menschen, die sich einig sind, mit welchen Mitteln sie ihr Ziel erreichen können. Wir haben keine reiche Auswahl an solchen Mitteln, nur ein einziges steht uns zur Verfügung - der passive Widerstand.

Der Sinn und das Ziel des passiven Widerstandes ist, den Nationalsozialismus zu Fall zu bringen, und in diesem Kampf ist vor keinem Weg, vor keiner Tat zurückzuschrecken, mögen sie auf Gebieten liegen, auf welchen sie auch wollen. An allen Stellen muß der Nationalsozialismus angegriffen werden, an denen er nur angreifbar ist. Ein Ende muß diesem Unstaat möglichst bald bereitet werden - ein Sieg des faschistischen Deutschland in diesem Kriege hätte unabsehbare, fürchterliche Folgen. Nicht der militärische Sieg über den Bolschewismus darf die erste Sorge für jeden Deutschen sein, sondern die Niederlage der Nationalsozialisten. Dies muß unbedingt an erster Stelle stehen. Die größere Notwendigkeit dieser letzten Forderung werden wir Ihnen in einem unserer nächsten Blätter beweisen.

Und jetzt muß sich ein jeder entschiedene Gegner des Nationalsozialismus die Frage vorlegen: Wie kann er gegen den gegenwärtigen "Staat" am wirksamsten ankämpfen, wie ihm die empfindlichsten Schläge beibringen? Durch den passiven Widerstand - zweifellos. Es ist klar, daß wir unmöglich für jeden einzelnen Richtlinien für sein Verhalten geben können, nur allgemein andeuten können wir, den Weg zur Verwirklichung muß jeder selber finden.

Sabotage in Rüstungs- und kriegswichtigen Betrieben, Sabotage in allen Versammlungen, Kundgebungen, Festlichkeiten, Organisationen, die durch die nationalsozialistische Partei ins Leben gerufen werden. Verhinderung des reibungslosen Ablaufs der Kriegsmaschine (einer Maschine, die nur für einen Krieg arbeitet, der allein um die Rettung und Erhaltung der nationalsozialistischen Partei und ihrer Diktatur geht). Sabotage auf allen wissenschaftlichen und geistigen Gebieten, die für eine Fortführung des gegenwärtigen Krieges tätig sind - sei es in Universitäten, Hochschulen, Laboratorien, Forschungsanstalten, technischen Büros. Sabotage in allen Veranstaltungen kultureller Art, die das "Ansehen" der Faschisten im Volke heben könnten. Sabotage in allen Zweigen der bildenden Künste, die nur im geringsten im Zusammenhang mit dem Nationalsozialismus stehen und ihm dienen. Sabotage in allem Schrifttum, allen Zeitungen, die im Solde der "Regierung" stehen, für ihre Ideen, für die Verbreitung der braunen Lüge kämpfen. Opfert nicht einen Pfennig bei Straßensammlungen (auch wenn sie unter dem Deckmantel wohltätiger Zwecke durchgeführt werden). Denn dies ist nur eine Tarnung. In Wirklichkeit kommt das Ergebnis weder dem Roten Kreuz noch den Notleidenden zugute. Die Regierung braucht dies Geld nicht, ist auf diese Sammlungen finanziell nicht angewiesen - die Druckmaschinen laufen ja ununterbrochen und stellen jede beliebige Menge Papiergeld her. Das Volk muß aber dauernd in Spannung gehalten werden, nie darf der Druck der Kandare nachlassen! Gebt nichts für die Metall-, Spinnstoff- und andere Sammlungen. Sucht alle Bekannten auch aus den unteren Volksschichten von der Sinnlosigkeit einer Fortführung, von der Aussichtslosigkeit dieses Krieges, von der geistigen und wirtschaftlichen Versklavung, von der Zerstörung aller sittlichen und religiösen Werte durch den Nationalsozialismus zu überzeugen und zum p a s s i v e n W i d e r s t a n d zu veranlassen!

Aristoteles, "Über die Politik": ".....ferner gehört es" (zum Wesen der Tyrannis), "dahin zu streben, daß ja nichts verborgen bleibe, was irgendein Untertan spricht oder tut, sondern überall Späher ihn belauschen, ... ferner alle Welt miteinander zu verhetzen und Freunde mit Freunden zu verfeinden und das Volk mit den Vornehmen und die Reichen unter sich. Sodann gehört es zu solchen tyrannischen Maßregeln, die Untertanen arm zu machen, damit die Leibwache besoldet werden kann, und sie, mit der Sorge um ihren täglichen Erwerb beschäftigt, keine Zeit und Muße haben, Verschwörungen anzustiften... Ferner aber auch solche hohe Einkommensteuern, wie die in Syrakus auferlegten, denn unter Dionysios hatten die Bürger dieses Staates in fünf Jahren glücklich ihr ganzes Vermögen in Steuern ausgegeben. Und auch beständig Kriege zu erregen, ist der Tyrann geneigt..."
Bitte vervielfältigen und weitergeben!

(Flugblatt IV:)

Flugblätter der Weissen Rose IV

Es ist eine alte Weisheit, die man Kindern immer wieder aufs neue predigt, daß, wer nicht hören will, fühlen muß. Ein kluges Kind wird sich aber die Finger nur einmal am heißen Ofen verbrennen.

In den vergangenen Wochen hatte Hitler sowohl in Afrika, als auch in Rußland Erfolge zu verzeichnen. Die Folge davon war, daß der Optimismus auf der einen, die Bestürzung und der Pessimismus auf der anderen Seite des Volkes mit einer der deutschen Trägheit unvergleichlichen Schnelligkeit anstieg. Allenthalben hörte man unter den Gegnern Hitlers, also unter dem besseren Teil des Volkes, Klagerufe, Worte der Enttäuschung und der Entmutigung, die nicht selten in dem Ausruf endigten: "Sollte nun Hitler doch...?"

Indessen ist der deutsche Angriff auf Ägypten zum Stillstand gekommen, Rommel muß in einer gefährlich exponierten Lage verharren aber noch geht der Vormarsch im Osten weiter. Dieser scheinbare Erfolg ist unter den grauenhaftesten Opfern erkauft worden, so daß er schon nicht mehr als vorteilhaft bezeichnet werden kann. Wir warnen daher vor j e d e m Optimismus.

Wer hat die Toten gezählt, Hitler oder Goebbels - wohl keiner von beiden. Täglich fallen in Rußland Tausende. Es ist die Zeit der Ernte, und der

Schnitter fährt mit vollem Zug in die reife Saat. Die Trauer kehrt ein in die Hütten der Heimat und niemand ist da, der die Tränen der Mütter trocknet, Hitler aber belügt die, deren teuerstes Gut er geraubt und in den sinnlosen Tod getrieben hat.

Jedes Wort, das aus Hitlers Munde kommt, ist Lüge. Wenn er Frieden sagt, meint er den Krieg, und wenn er in frevelhaftester Weise den Namen des Allmächtigen nennt, meint er die Macht des Bösen, den gefallenen Engel, den Satan. Sein Mund ist der stinkende Rachen der Hölle, und seine Macht ist im Grunde verworfen. Wohl muß man mit rationalen Mitteln den Kampf wider den nationalsozialistischen Terrorstaat führen; wer aber heute noch an der realen Existenz der dämonischen Mächte zweifelt, hat den metaphysischen Hintergrund dieses Krieges bei weitem nicht begriffen. Hinter dem Konkreten, hinter dem sinnlich Wahrnehmbaren, hinter allen sachlichen, logischen Überlegungen steht das Irrationale, d.i. der Kampf wider den Dämon, wider den Boten des Antichrists. Überall und zu allen Zeiten haben die Dämonen im Dunkeln gelauert auf die Stunde, da der Mensch schwach wird, da er seine ihm von Gott auf Freiheit gegründete Stellung im ordo eigenmächtig verläßt, da er dem Druck des Bösen nachgibt, sich von den Mächten höherer Ordnung loslöst und so, nachdem er den ersten Schritt freiwillig getan, zum zweiten und dritten und immer mehr getrieben wird mit rasend steigender Geschwindigkeit - überall und zu allen Zeiten der höchsten Not sind Menschen aufgestanden, Propheten, Heilige, die ihre Freiheit gewahrt hatten, die auf den Einzigen Gott hinwiesen und mit seiner Hilfe das Volk zur Umkehr mahnten. Wohl ist der Mensch frei, aber er ist wehrlos wider das Böse ohne den wahren Gott, er ist wie ein Schiff ohne Ruder, dem Sturme preisgegeben, wie ein Säugling ohne Mutter, wie eine Wolke, die sich auflöst.

Gibt es, so frage ich Dich, der Du ein Christ bist, gibt es in diesem Ringen um die Erhaltung Deiner höchsten Güter ein Zögern, ein Spiel mit Intrigen, ein Hinausschieben der Entscheidung in der Hoffnung, daß ein anderer die Waffen erhebt, um Dich zu verteidigen? Hat Dir nicht Gott selbst die Kraft und den Mut gegeben zu kämpfen? Wir m ü s s e n das Böse dort angreifen, wo es am mächtigsten ist, und es ist am mächtigsten in der Macht Hitlers.

> "Ich wandte mich und sah an alles Unrecht, das geschah unter der Sonne; und siehe, da waren Tränen derer, so Unrecht litten und hatten keinen Tröster; und die ihnen Unrecht taten, waren so mächtig, daß sie keinen Tröster haben konnten.
>
> Da lobte ich die Toten, die schon gestorben waren, mehr denn die Lebendigen, die noch das Leben hatten...." (Sprüche)

> Novalis: "Wahrhafte Anarchie ist das Zeugungselement der Religion. Aus der Vernichtung alles Positiven hebt sie ihr glorreiches Haupt als neue Weltstifterin empor... Wenn Europa wieder erwachen wollte,

wenn ein Staat der Staaten, eine politische Wissenschaftslehre bevorstände! Sollte etwa die Hierarchie... das Prinzip des Staatenvereins sein?... Es wird so lange Blut über Europa strömen, bis die Nationen ihren fürchterlichen Wahnsinn gewahr werden, der sie im Kreis herumtreibt, und von heiliger Musik getroffen und besänftigt zu ehemaligen Altären in bunter Vermischung treten, Werke des Friedens vornehmen und ein großes Friedensfest auf den rauchenden Walstätten mit heißen Tränen gefeiert wird. Nur die Religion kann Europa wieder aufwecken und das Völkerrecht sichern und die Christenheit mit neuer Herrlichkeit sichtbar auf Erden in ihr friedenstiftendes Amt installieren."

Wir weisen ausdrücklich darauf hin, daß die Weiße Rose nicht im Solde einer ausländischen Macht steht. Obgleich wir wissen, daß die nationalsozialistische Macht militärisch gebrochen werden muß, suchen wir eine Erneuerung des schwerverwundeten deutschen Geistes von innen her zu erreichen. Dieser Wiedergeburt muß aber die klare Erkenntnis aller Schuld, die das deutsche Volk auf sich geladen hat, und ein rücksichtsloser Kampf gegen Hitler und seine allzuvielen Helfershelfer, Parteimitglieder, Quislinge usw. vorausgehen. Mit aller Brutalität muß die Kluft zwischen dem besseren Teil des Volkes und allem, was mit dem Nationalsozialismus zusammenhängt, aufgerissen werden. Für Hitler und seine Anhänger gibt es auf dieser Erde keine Strafe, die ihren Taten gerecht wäre. Aber aus Liebe zu kommenden Generationen muß nach Beendigung des Krieges ein Exempel statuiert werden, daß niemand auch nur die geringste Lust je verspüren sollte, Ähnliches aufs neue zu versuchen. Vergeßt auch nicht die kleinen Schurken dieses Systems, merkt Euch die Namen, auf daß keiner entkomme! Es soll ihnen nicht gelingen, in letzter Minute noch nach diesen Scheußlichkeiten die Fahne zu wechseln und so zu tun, als ob nichts gewesen wäre!

Zu Ihrer Beruhigung möchten wir noch hinzufügen, daß die Adressen der Leser der Weißen Rose nirgendwo schriftlich niedergelegt sind. Die Adressen sind willkürlich Adreßbüchern entnommen.

Wir schweigen nicht, wir sind Euer böses Gewissen; die Weiße Rose läßt Euch keine Ruhe!

Bitte vervielfältigen und weitersenden!

(Flugblatt V:)

Flugblätter der Widerstandsbewegung in Deutschland.

Aufruf an alle Deutsche!

Der Krieg geht seinem sicheren Ende entgegen. Wie im Jahre 1918 versucht die deutsche Regierung alle Aufmerksamkeit auf die wachsende U-Boot-Gefahr zu lenken, während im Osten die Armeen unaufhörlich zurückströmen, im Westen die Invasion erwartet wird. Die Rüstung Amerikas hat ihren Höhepunkt noch nicht erreicht, aber heute schon übertrifft sie alles in der Geschichte seither Dagewesene. Mit mathematischer Sicherheit führt Hitler das deutsche Volk in den Abgrund. Hitler kann den Krieg nicht gewinnen, nur noch verlängern! Seine und seiner Helfer Schuld hat jedes Maß unendlich überschritten. Die gerechte Strafe rückt näher und näher!

Was aber tut das deutsche Volk? Es sieht nicht und es hört nicht. Blindlings folgt es seinen Verführern ins Verderben. Sieg um jeden Preis! haben sie auf ihre Fahne geschrieben. Ich kämpfe bis zum letzten Mann, sagt Hitler - indes ist der Krieg bereits verloren.

Deutsche! Wollt Ihr und Eure Kinder dasselbe Schicksal erleiden, das den Juden widerfahren ist? Wollt Ihr mit dem gleichen Maße gemessen werden wie Eure Verführer? Sollen wir auf ewig das von aller Welt gehaßte und ausgestoßene Volk sein? Nein! Darum trennt Euch von dem nationalsozialistischen Untermenschentum! Beweist durch die Tat, daß Ihr anders denkt! Ein neuer Befreiungskrieg bricht an. Der bessere Teil des Volkes kämpft auf unserer Seite. Zerreißt den Mantel der Gleichgültigkeit, den Ihr um Euer Herz gelegt! Entscheidet Euch, ehe es zu spät ist!

Glaubt nicht der nationalsozialistischen Propaganda, die Euch den Bolschewistenschreck in die Glieder gejagt hat! Glaubt nicht, daß Deutschlands Heil mit dem Sieg des Nationalsozialismus auf Gedeih und Verderben verbunden sei! Ein Verbrechertum kann keinen deutschen Sieg erringen. Trennt Euch rechtzeitig von allem, was mit dem Nationalsozialismus zusammenhängt! Nachher wird ein schreckliches, aber gerechtes Gericht kommen über die, so sich feig und unentschlossen verborgen hielten.

Was lehrt uns der Ausgang dieses Krieges, der nie ein nationaler war?

Der imperialistische Machtgedanke muß, von welcher Seite er auch kommen möge, für alle Zeit unschädlich gemacht werden. Ein einseitiger preußischer Militarismus darf nie mehr zur Macht gelangen. Nur in großzügiger Zusammenarbeit der europäischen Völker kann der Boden geschaffen werden, auf welchem ein neuer Aufbau möglich sein wird. Jede zentralistische Gewalt, wie sie der preußische Staat in Deutschland und Europa auszuüben versucht hat, muß im Keime erstickt werden. Das kommende Deutschland kann nur föderalistisch sein. Nur eine gesunde föderalistische Staatenordnung vermag heute noch das geschwächte Europa mit neuem Leben zu erfüllen. Die Arbeiterschaft muß durch einen vernünftigen Sozialismus aus ihrem Zustand niedrigster Sklaverei befreit werden. Das Truggebilde der autarken Wirtschaft muß in Europa verschwinden. Jedes Volk, jeder einzelne hat ein Recht auf die Güter der Welt!

Freiheit der Rede, Freiheit des Bekenntnisses, Schutz des einzelnen Bürgers vor der Willkür verbrecherischer Gewaltstaaten, das sind die Grundlagen des neuen Europa.

Unterstützt die Widerstandsbewegung, verbreitet die Flugblätter!

(Flugblatt VI:)

Kommilitoninnen! Kommilitonen!

Erschüttert steht unser Volk vor dem Untergang der Männer von Stalingrad. Dreihundertdreißigtausend deutsche Männer hat die geniale Strategie des Weltkriegsgefreiten sinn- und verantwortungslos in Tod und Verderben gehetzt. Führer, wir danken dir! Es gärt im deutschen Volk: Wollen wir weiter einem Dilettanten das Schicksal unserer Armeen anvertrauen? Wollen wir den niedrigsten Machtinstinkten einer Parteiclique den Rest unserer deutschen Jugend opfern? Nimmermehr!

Der Tag der Abrechnung ist gekommen, der Abrechnung der deutschen Jugend mit der verabscheuungswürdigsten Tyrannis, die unser Volk je erduldet hat. Im Namen des ganzen deutschen Volkes fordern wir vom Staat Adolf Hitlers die persönliche Freiheit, das kostbarste Gut der Deutschen zurück, um das er uns in der erbärmlichsten Weise betrogen hat.

In einem Staat rücksichtsloser Knebelung jeder freien Meinungsäußerung sind wir aufgewachsen. HJ, SA und SS haben uns in den fruchtbarsten Bildungsjahren unseres Lebens zu uniformieren, zu revolutionieren, zu narkotisieren versucht. "Weltanschauliche Schulung" hieß die verächtliche Methode, das aufkeimende Selbstdenken und Selbstwerten in einem Nebel leerer Phrasen zu ersticken. Eine Führerauslese, wie sie teuflischer und zugleich bornierter nicht gedacht werden kann, zieht ihre künftigen Parteibonzen auf Ordensburgen zu gottlosen, schamlosen und gewissenlosen Ausbeutern und Mordbuben heran, zur blinden, stupiden Führergefolgschaft. Wir "Arbeiter des Geistes" wären gerade recht, dieser neuen Herrenschicht den Knüppel zu machen. Frontkämpfer werden von Studentenführern und Gauleiteraspiranten wie Schulbuben gemaßregelt, Gauleiter greifen mit geilen Späßen den Studentinnen an die Ehre. Deutsche Studentinnen haben an der Münchner

Hochschule auf die Besudelung ihrer Ehre eine würdige Antwort gegeben, deutsche Studenten haben sich für ihre Kameradinnen eingesetzt und standgehalten. Das ist ein Anfang zur Erkämpfung unserer freien Selbstbestimmung, ohne die geistige Werte nicht geschaffen werden können. Unser Dank gilt den tapferen Kameradinnen und Kameraden, die mit leuchtendem Beispiel vorangegangen sind!

Es gibt für uns nur eine Parole: Kampf gegen die Partei! Heraus aus den Parteigliederungen, in denen man uns politisch weiter mundtot halten will! Heraus aus den Hörsälen der SS-Unter- und -Oberführer und Parteikriecher! Es geht uns um wahre Wissenschaft und echte Geistesfreiheit! Kein Drohmittel kann uns schrecken, auch nicht die Schließung unserer Hochschulen. Es gilt den Kampf jedes einzelnen von uns um unsere Zukunft, unsere Freiheit und Ehre in einem seiner sittlichen Verantwortung bewußten Staatswesen.

Freiheit und Ehre! Zehn lange Jahre haben Hitler und seine Genossen die beiden herrlichen deutschen Worte bis zum Ekel ausgequetscht, abgedroschen, verdreht, wie es nur Dilettanten vermögen, die die höchsten Werte einer Nation vor die Säue werfen. Was ihnen Freiheit und Ehre gilt, das haben sie in zehn Jahren der Zerstörung aller materiellen und geistigen Freiheit, aller sittlichen Substanz im deutschen Volk genugsam gezeigt. Auch dem dümmsten Deutschen hat das furchtbare Blutbad die Augen geöffnet, das sie im Namen von Freiheit und Ehre der deutschen Nation in ganz Europa angerichtet haben und täglich neu anrichten. Der deutsche Name bleibt für immer geschändet, wenn nicht die deutsche Jugend endlich aufsteht, rächt und sühnt zugleich, ihre Peiniger zerschmettert und ein neues geistiges Europa aufrichtet.

Studentinnen! Studenten! Auf uns sieht das deutsche Volk! Von uns erwartet es, wie 1813 die Brechung des Napoleonischen, so 1943 die Brechung des nationalsozialistischen Terrors aus der Macht des Geistes. Beresina und Stalingrad flammen im Osten auf, die Toten von Stalingrad beschwören uns!

"Frisch auf mein Volk, die Flammenzeichen rauchen!"

Unser Volk steht im Aufbruch gegen die Verknechtung Europas durch den Nationalsozialismus, im neuen gläubigen Durchbruch von Freiheit und Ehre!

Faksimile des Protokolls der Geheimen Staatspolizei zum nicht mehr verteilten Entwurf des letzten Flugblattes der Weißen Rose

7

Geheime Staatspolizei München, den 21. Febr.1943.
Staatspolizeileitstelle München
B.Nr. . 13226/43 II A/Sondk.

P r o b s t Christoph aus der Pol.Haft vorgeführt und zum Text seines Manuskripts befragt, erklärt folgendes:

Auf Grund der mir vorgelegten Unterlagen - Maschinenschriftübersetzung - und Photokopie des Originals, bin ich in der Lage die Lücken wie folgt zu ergänzen:

Stalingrad!

200000 deutsche Brüderwurden geopfert für das Prestige eines militärischen Hochstplers. Die menschlichen Kapitulationsbedingungen der Russen wurden den geopferten Soldaten verheimlicht. General Paulus erhielt für diesen Massenmord das Eichenlaub. Hohe Offiziere haben sich im Flugzeug aus der Schlacht von Stalingrad gerettet. Hitler verbot den Eingekesselten sich zu den rückwärtigen Truppen zurückzuziehen. Nun klagt das Blut von 200 000 dem Tod geweihten Soldaten denMörder Hitler an.
Tripolis! Es ergab sich bedingungslos der 8. englischen Armee. Und was taten die Engländer, sie liessen das Leben der Bürger in den gewohnten Geleisen weiter laufen. Belassen sogar Polizei und Beamte in ihren Stellen.
Nur eines machten sie gründlich, sie säuberten die grösste italienische Kolonialstadt von allen falschen Rädelsführern und Untermenschen. Mit tödlicher Sicherheit kommt die vernichtende, erdrückende Übermacht von allenSeiten herein. Viel weniger als Paulus kapitulierte, wird Hitler kapitulieren. Gäbe es doch für ihn dann kein Entkommen mehr. Und wollt Ihr Euch genau so belügen lassen wie die 200000 Mann, die Staligrad auf verlorenem Posten verteidigten? dass ihr maserkriert, sterilisiertoder Eurer Kinder beraubt werdet? Roosevelt, der mächtigste Mann der Welt,sagt am 26.Januar 1943 in Casablanca: Unser Vernichtungskampf richtet sich nicht gegen die Völker, sondern gegen die politischen Systeme. Wir kämpfen bis zur bedingungslosen Kapitulation. Bedarf es da noch eines Nachdenkens um die Entscheidung zu fällen. (Folgenden

7/1

. Satz. kann ich nur noch dem Sinne nach feststellen:)
Es handelt sich nunmehr um Millionen Menschenleben.
Soll Deutschland das Schicksal von Tripolis erfahren.?
Der Text folgt jetzt wieder einwandfrei im Original weiter:
Heute ist ganz Deutschland eingekesselt wie es Stalingrad war. Soll dem Sendboten des Hasses und des Vernichtungswillens alle Deutschen geopfert werden! Ihm der die Juden zu Tode marterte, die Hälfte der Polen ausrottete, Russland vernichten wollte, ihm der Euch Freiheit, Frieden, Familienglück, Hoffnung und Frohsinn nahm und dafür Inflationsgeld gab. Das soll, das darf nicht sein! Hitler und sein Regime muss fallen, damit Deutschland weiter lebt. Entscheidet Euch, Stalingrad und der Untergang, oder Tripolis und die hoffnungsvolle Zukunft. Und wenn Ihr Euch entschieden habt, dann handelt.

Ich habe mich bemüht, den Text in seinem Ursprung so lückenlos als möglich wiederzugeben. Eine weitere Erklärung will ich dazu nicht mehr anführen.

Christoph Probst

Aufgenommen:

Geith

Krim.Sekr.

Einblick in die Welt christlicher Literatur

ZUSAMMENSTELLUNG:
JAKOB KNAB

Im Widerstandskreis der Weißen Rose wurden die großen Autoren der „christlichen und abendländischen Kultur" gelesen. Diese Lektüre gab Halt und Orientierung, die Briefe und Aufzeichnungen der Weißen Rose legen Zeugnis davon ab. Aus dem überlieferten, reichen Fundus werden hier wenige Auszüge ausgewählt. Sie wollen dem heutigen Leser nahe bringen, welche Texte in den letzten Lebensjahren eine prägende Rolle gespielt haben. Die ausgewählten Stellen geben auch zu erkennen, auf welch' anspruchsvollem Niveau die großen Sinnfragen erörtert wurden. Dieser Blick auf die Welt der religiösen Literatur eröffnet auch eine Sichtweise auf die inneren Beweggründe der Weißen Rose. Dies ist hilfreich, um die christlichen Motive des Widerstandes zu begreifen.

Anfang Mai 1941 empfahl Inge Scholl ihrer Schwester Sophie diese drei Stellen aus den *„Confessiones – Bekenntnissen"* des Augustinus:

> Du hast uns geschaffen hin zu Dir,
> und unruhig ist unser Herz, bis es ruht in Dir.
> ...
> In inneren Stacheln triebst Du mich,
> daß ich ungeduldig war,
> bis Du mir in innerer Schau gewiß warst.
> ...
> Spät habe ich Dich geliebt, Schönheit so alt und so neu, – spät habe ich Dich geliebt! Und siehe, innen warst Du, und ich draußen, und dort suchte ich Dich; und in das Gestaltige das Du schufst, stürzte ich mich hinein, der Entstellte. Mit mir warst Du, und mit Dir war ich nicht. … Du blitztest auf, und leuchtenden Glanzes, und triebst in die Flucht meine Blindheit. Wie Duft stiegst Du auf, und ich zog ein den Hauch, und atme

Dir. Ich kostete, und ich hungere, und ich dürste. Du rührtest mich an, und ich entbrannte in Deinen Frieden.[1]

*****

Auszüge aus dem ersten Kapitel seines Buches *„Schöpfer und Schöpfung"*, aus dem Theodor Haecker am 4. Februar 1943 vor dem Freundeskreis im Atelier Eickemeyer vorlas:

Diese Dinge allein, selbst wenn es sie in der Nacht der Angst dieser Welt flieht, füllen doch in Wahrheit das Herz des Menschen, welches *miserum* ist, elend und erbärmlich, aber begabt mit einer unstillbaren Sehnsucht nach dem Gott der *misericordia*, der Barmherzigkeit. Es ist wohl zu beachten, dass diese letzten Erkenntnisse nicht auf einem einheitlichen Plan, auf einer nivellierten Ebene neutraler Wissenschaft gewonnen werden, dort vielmehr ihre Kraft verlieren, sondern in Tiefen und auf Höhen lebendiger Existenz, *de profundis* und *in excelsis*, im Feuerofen, in der Grube der Löwen, in der Arena, auf der Reise zum Martyrium, und hinwiederum auf dem Berge Thabor, im dritten Himmel, in der Nacht des Nichts und der Verzückungen der Heiligen. Sie müssen zuerst einmal existentiell gewonnen worden sein, selbst ehe sie in die Doktrin eingehen. Wer gibt nicht das klägliche Unterfangen auf, im Schweiße seines Angesichts nach Argumenten für eine Theodizee zu suchen, wenn in seine stumpfe Arbeit das Lied der Jünglinge im Feuerofen ertönt? Aber auch hier ist die große tragische Schuld und Schwäche in diesen Tagen. Ist es nicht eine falsche Scham, zu verschweigen, daß man keiner Sache so gewiß ist, dass man nichts mit so überirdischer Sicherheit erfahren hat wie die Liebe Gottes? Dieses Zeugnis könnten, weiß Gott, sehr viele geben, gerade heute, im tiefsten Elend, und geben es doch nicht. Dieses Verschweigen eines höchsten Seins ist ein großes Unheil.[2]

*****

---

1 Erich Przywara, Augustinus. Die Gestalt als Gefüge, Leipzig 1934, S. 194 f., Notate 123, 124 und 125.

2 Theodor Haecker, Schöpfer und Schöpfung, Leipzig 1934, S. 81 f.

Hans Scholl bat am Nachmittag vor der Hinrichtung am 22. Februar 1943 Pfarrer Karl Alt, ihm zwei Bibelabschnitte vorzulesen, Psalm 90 aus dem Alten Testament und das *Hohe Lied der Liebe* aus dem Paulus-Brief an die Korinther (Kap. 13):

Psalm 90

HERR, Gott, du bist unsre Zuflucht für und für.
Ehe denn die Berge wurden und die Erde und die Welt geschaffen wurden,
bist du, Gott, von Ewigkeit zu Ewigkeit.
Der du die Menschen lässest sterben und sprichst: Kommt wieder, Menschenkinder!
Denn tausend Jahre sind vor dir wie der Tag, der gestern vergangen ist, und wie eine Nachtwache.
Lehre uns bedenken, daß wir sterben müssen, auf daß wir klug werden.
HERR, kehre doch wieder zu uns und sei deinen Knechten gnädig!
Fülle uns früh mit deiner Gnade, so wollen wir rühmen und fröhlich sein unser Leben lang. Erfreue uns nun wieder, nachdem du uns so lange plagest, nachdem wir so lange Unglück leiden.

Das Hohe Lied der Liebe

Die Liebe höret nimmer auf, so doch die Weissagungen aufhören werden und die Sprachen aufhören werden und die Erkenntnis aufhören wird.
Denn unser Wissen ist Stückwerk, und unser Weissagen ist Stückwerk.
Wenn aber kommen wird das Vollkommene, so wird das Stückwerk aufhören.
Da ich ein Kind war, da redete ich wie ein Kind und war klug wie ein Kind und hatte kindische Anschläge; da ich aber ein Mann ward, tat ich ab, was kindisch war.
Wir sehen jetzt durch einen Spiegel in einem dunkeln Wort;
dann aber von Angesicht zu Angesicht.
Jetzt erkenne ich's stückweise;
dann aber werde ich erkennen, gleichwie ich erkannt bin.
Nun aber bleibt Glaube, Hoffnung, Liebe, diese drei;
aber die Liebe ist die größte unter ihnen.[3]

3 Auszüge aus Psalm 90 und aus dem Hohen Lied der Liebe in der Bibel-Übersetzung von Martin Luther, revidierte Fassung von 1912.

Register

Das folgende Register zeigt die Zusammenhänge der Teile dieses Bandes an und verknüpft sie mit den im Anhang wiedergegebenen Flugblättern der „Weissen Rose“ I bis VI. Es konzentriert sich auf Namen von Personen und Orten. Es verzichtet darauf, alle Vorkommen im Text anzuzeigen. Vielmehr fokussiert es auf Schwerpunkte ihrer Betrachtung. Bei Ortsnamen werden vor allem andere Orte als der Herkunftsort München der „Weissen Rose“ benannt.
Aus den Flugblättern I bis VI gewonnene Stichworte sind kursiv gesetzt.

Zusammenstellung:
draft fachlektorat frieden, Wilhelm Nolte, Berlin

A

B

C

Q

R

S

Autorinnen und Autoren

Detlef Bald, Dr. phil., geboren 1941 in Plettenberg/Westfalen; Studium der Geschichte und Politikwissenschaft in Freiburg i. Br.; Promotion 1968. Nach Tätigkeiten am Arnold-Bergstraesser-Institut Freiburg und an der Universität Frankfurt am Main Übernahme der Leitung des Bereichs Militär und Gesellschaft des Sozialwissenschaftlichen Instituts der Bundeswehr in München; seit 1996 freier wissenschaftlicher Publizist in München. Schwerpunkte: moderne Militärgeschichte, Friedens- und Konfliktforschung.

Jakob Knab, geboren 1951 in Waidhofen (Obb.), Studium in München, Edinburgh und an der Sommeruniversität Oxford (Christ Church), Fachbetreuer für Kath. Religionslehre am Jakob-Brucker-Gymnasium Kaufbeuren (Allgäu), Gründer der „Initiative gegen falsche Glorie"; Veröffentlichungen zur Geschichtspolitik und Erinnerungskultur.

Hans Maier, Dr. phil., Dr. jur. h.c., geboren 1931 in Freiburg im Breisgau, seit 1962 Professor für politische Wissenschaft in München, war von 1970 bis 1986 bayerischer Staatsminister für Unterricht und Kultus. 1976 bis 1988 war er Präsident des Zentralkomitees der deutschen Katholiken (ZdK). 1988 bis 1999 hatte er den Guardini-Lehrstuhl für Christliche Weltanschauung, Religions- und Kulturtheorie an der Ludwig-Maximilians-Universität München inne. Er ist u. a. Mitglied der Deutschen Akademie für Sprache und Dichtung. Seine Lebenserinnerungen sind erschienen unter dem Titel „Böse Jahre, gute Jahre. Ein Leben 1931 ff." (München 2011).

Hinrich Siefken, Dr. phil., D. Litt., geboren 1939 in Köln, Promotion 1967, von 1979 bis 1997 Professor an der University of Nottingham als Leiter des „German Department"; Veröffentlichungen u.a.: „Ungeduld und Lässigkeit". Die Romane Franz Kafkas (1974), Thomas Mann – Goethe, „Ideal der Deutschheit". Wiederholte Spiegelungen. (1981), Herausgeber der Tag- und Nachtbücher 1939-1945 von Theodor Haecker (1989).

Renate Wind, Dr. theol., geboren 1950 in Hamm/Westfalen, Studium der Theologie und Erziehungswissenschaft in Bethel und Heidelberg, Pfarrerin, Professorin für Biblische Theologie und Kirchengeschichte an der Evangelischen Hochschule in Nürnberg im Fachbereich Religionspädagogik, Kirchliche Bildungsarbeit und Diakonik. Veröffentlichungen und Veranstaltungen im Bereich der sozialgeschichtlichen Bibelauslegung, der Kirchengeschichte und der Biografieforschung.

Danksagung

Damit ein Werk werden kann, braucht es mancherlei Anregungen und Anstöße. In unserem Fall wichtig war die Broschüre über den „Christlichen Widerstand im Dritten Reich“, herausgegeben von Hans Günter Hockerts und Hans Maier, die den Autoren vor einigen Jahren zugesandt wurde. Die dortigen Analysen ließen erkennen, wie viel an Unklarheiten und Undeutlichkeiten über die religiöse Welt der Weißen Rose bestand, also: Der Forschungsbedarf zum christlichen Fundament des Münchener Widerstandskreises war benannt.

Ohne die fachliche Unterstützung in den Archiven wäre diese Arbeit kaum möglich gewesen. Nach Beratung mit dem Leiter Dr. Peter Pfister war Susanne Kornacker sehr hilfreich, aus den umfangreichen Beständen des Archivs des Erzbistums München und Freising, besonders der Schenkung Warmedinger und des Nachlasses von Kardinal Faulhaber, die richtige Auswahl zu treffen. Gleichermaßen dankbar sind wir für die Unterlagen aus dem Institut für Zeitgeschichte in München, wo im Archiv Walter Hammer die historische Sammlung von Ricarda Huch 1946/47 aufbewahrt ist. In Verbindung mit den entsprechenden Bereichen des Nachlasses von Inge Aicher-Scholl liegt dort ein wichtiger Bestand zur Weißen Rose. Ebenso konnte auf den Nachlass von Kurt Huber im Stadtarchiv München zurückgegriffen werden.

Ein ganz besonderer Dank gilt dem Zeitzeugen des Münchener Widerstandes, Jürgen (George) Wittenstein aus Santa Barbara in Kalifornien. Er hatte schon vor Jahren sein Manuskript-Tagebuch über die Monate der Famulatur der Sanitätsfeldwebel an der Ostfront 1942 zur Verfügung gestellt, aus dem hier die Texte über die Tage in Warschau übernommen wurden; mit seinen Aufzeichnungen und Beobachtungen konnten die Verhältnisse am Ghetto faktenreich und verständlicher dargelegt werden.

Für die großzügige Benutzung der Spezialbibliothek zur Forschung über Romano Guardini sei unser Dank der Katholischen Akademie in München ausgesprochen, besonders Studienleiter Stephan Höpfinger; hilfreich erwiesen sich die umfangreichen Hinweise von Professor Dr. Hans Mercker.

Unser herzlicher Dank gebührt auch Frau Dr. Birgitta Klemenz vom Stiftsarchiv der Benediktinerabtei St. Bonifaz in München sowie Abt Dr. Johannes Eckert OSB.

Ein Wort des Dankes gilt auch Frau Eva Maria Waldmann und ihren Kolleginnen von der Stadtbücherei Kaufbeuren für die stets freundliche und kompetente Betreuung.

Herrn Dr. Ludger Claßen ist zu verdanken, dass auch dieses Werk, eine Weiterführung des von Detlef Bald herausgegebenen Bandes „Wider die Kriegsmaschinerie" (2005), im Klartext-Verlag veröffentlicht werden konnte.

Herr Wilhelm Nolte (draft fachlektorat frieden, Berlin) hat sich einfühlend und intensiv in die Texte aller Autoren hineingedacht, lektoriert und die elektronische Vorlage für den Klartext-Verlag angefertigt.

Wir danken auch Herrn Ansgar Wimmer von der Toepfer-Stiftung in Hamburg für die Unterstützung.

Schließlich gilt der aufrichtige Dank der Herausgeber Herrn Professor Hans Maier für die freundliche Erlaubnis, seine Überlegungen und Einsichten zum christlichen Widerstand im Dritten Reich unserem Band als Geleitwort voranstellen zu dürfen.

Abbildungsnachweis

Die Umschlagbilder zeigen auf dem Bandtitel:
Innenraum der Basilika der Benediktinerabtei St. Bonifaz in München
auf dem Bandrücken:
Ruine der Basilika der Benediktinerabtei St. Bonifaz in München

Beide Abbildungen mit freundlicher Genehmigung des Stiftsarchivs der Benediktinerabtei St. Bonifaz, München, Archiv-Nr. B 1055, Fotograf der Ruine: Ernst Hofmann, München

Hinweis: Die Herausgeber haben sich um die Einholung aller Rechte an den Abbildungen bemüht; soweit Rechte Dritter gleichwohl unzureichend angezeigt wurden, wird um diesbezügliche Nachricht gebeten.